英语学习妙法精粹

A Guide to English Learning

宋兆鸿 著　马雁 整理

中山大学出版社
SUN YAT-SEN UNIVERSITY PRESS
·广州·

图书在版编目（CIP）数据

英语学习妙法精粹/宋兆鸿著；马雁整理. —广州：中山大学出版社，2024.5
ISBN 978 - 7 - 306 - 07887 - 2

Ⅰ. ①英…　Ⅱ. ①宋…②马…　Ⅲ. ①英语—学习方法　Ⅳ. ①H319.3

中国国家版本馆 CIP 数据核字（2024）第 045558 号

YINGYU XUEXI MIAOFA JINGCUI

出 版 人：王天琪
策划编辑：徐　劲　邓子华
责任编辑：邓子华
封面设计：曾　斌
责任校对：麦颖晖
责任技编：靳晓虹
出版发行：中山大学出版社
电　　话：编辑部 020 - 84110283，84113349，84111997，84110779，84110776
　　　　　发行部 020 - 84111998，84111981，84111160
地　　址：广州市新港西路 135 号
邮　　编：510275　传　真：020 - 84036565
网　　址：http://www. zsup. com. cn　E-mail：zdcbs@ mail. sysu. edu. cn
印 刷 者：广州市友盛彩印有限公司
规　　格：787mm×1092mm　1/16　16.25 印张　380 千字
版次印次：2024 年 5 月第 1 版　2024 年 5 月第 1 次印刷
定　　价：92.00 元

序

在知识爆炸时期，高效和精准的国际学术交流显得尤为重要。作为国际交流的通用语言，英语历经1 400多年的发展，已形成一套成熟的、规范的表达体系，我们称之为语法。由于东西方文化和语言的差异悬殊，我们对西方语言的表达规律往往比较陌生，在英语口语交流和笔头书写时，常常苦恼于如何规范地、准确地表达。因此，我们需要掌握简明扼要而又切实可用的英语语法规律，以便更好地在国际学术舞台上发出中国声音，讲好中国故事。

我的父亲宋兆鸿先生从事英语教学五十余年，总结了一些学习和运用英语语法的规律。记得我小时候每逢英语考试前夕，父亲都要提醒我，完成答题后若有时间，一定要从"六大点"进行检查。这"六大点"是他从多年英语教学经验中提炼出来的，涵盖英语语法的精要，也是训练正确英语写作的基础。在这里，我试着凭记忆，给大家简要叙述。

（1）句型。父亲常说，语言是人类在长期发展过程中形成的交流工具，在句式表达上有着厚重的积淀。因此，有必要在大量阅读时背诵经典的文段和句子，从中理解遣词造句的规律，而不是凭空创造句型。句子成分分析是理解和掌握句型规律的基本功。通过分析句子成分，可以把各类实词、词组（短语）和从句按照它们在句子中担任的成分进行功能归类。名词大致上可作为主语、宾语（包括动词宾语和介词宾语）、表语、同位语、定语、补语（包括宾语补足语和主语补足语），在某种特殊的语境和搭配中还可以担当状语的作用。动词一般作为谓语，常被称为动词谓语或谓语动词。形容词可作为定语、表语或补语。副词一般作为状语，也可作为表语和补语。代词和数词的功能基本同名词或形容词的。在划分短语的语法功能上，父亲巧妙地把各类短语和词类进行类比。例如，不定式短语在功能上相当于名词、形容词或者副词。这些词类可以担当什么成分，不定式短语即可担当什么成分，因此，不定式短语具有除谓语外的各种成分功能。同理，分词短语相当于形容词或副词，动名词相当于名词，介词短语相当于形容词或副词。记住这些规律，在使用非谓语短语和介词短语造句时就不容易出错。关于从句，顾名思义，以其功能来命名，只要注意其中的形式变化便可。值得一提的是，父亲谈到主表（主语和表语）关系的时候，有很精辟的总结。他认为，名词做表语时要与主语"相等"，而形容词做表语时则不需要。例如，"He is a teacher."的 he 和 teacher（老师）在语义上可以等同，是正确的表述。而"He is importance."则是错句——he 和 importance（重要性）不能等同，需要改为"He is important."，以形容词做表语。又如，在论述宾语补足语的作用时，父亲指出宾语和宾语补足语之间具有逻辑上的主谓或动宾关系。这些规律，都是我在课堂上和一些英语语法专著里面没有学到的。

1

（2）主谓一致。英文语法与中文语法的一个显著差别在于：英语的谓语动词会随着主语的单数、复数性质而变化（在一般现在时时态下，单数性质的主语后面的动词谓语加 s），我们在写作时稍有不慎便会犯主语与谓语不一致的错误。一般情况下，名词作为主语时，单数、复数的区分比较容易，但是也有很多特定的情况，尤其是一些惯用的组合作为主语时，谓语的变化就有点复杂。父亲在主语和谓语保持一致方面，做了简明清晰的归纳总结，本书独辟章节来进行论述。

（3）实词变化。在英语的十大词类中，六种是具有实际词汇意义和语法功能意义的词，即在句子中担任成分的词，为实词。父亲用很简练的口诀概括了实词变化的规律，包括名词的单数、复数用法，动词的时态、语态、语气，代词的性、数、格，形容词和副词的级变化（比较级和最高级），数词中的基数词、序数词等。这些总结在考试纠错和写作过程中非常实用。

（4）实词及虚词的搭配。谈到词语的搭配，除了常见的实词与实词搭配，更值得关注的是实词与虚词的搭配。在介词短语中用什么介词搭配其后的名词宾语，在动词短语中用什么介词搭配前面的动词，这些都是困扰非英语母语人士的问题。词语搭配是自古以来英语使用者积累下来的惯用法，父亲常说的"语无常法"，在这方面的表现尤为突出。要靠多阅读，多总结，多记诵，才能慢慢掌握英语语感，做到搭配准确、运用自如。本书总结了很多值得记诵的词语搭配。

（5）语序。英语句子的语序特别有趣，为了强调，可以用完全倒装语序，即把整个动词谓语放在主语前面。此外，疑问句或者其他一些特别的结构会把动词谓语部分放置到主语前面，这被称为部分倒装。父亲用简单明了的描述教会我如何造部分倒装句子，而当时我还只是一名小学生。按照谓语动词的结构，他把句子分为 3 种：①谓语由 2 个或 2 个以上的动词构成的，把第一个动词放置到主语前面即可；②谓语只有 1 个动词的，如果语义是"是"或"有"，可直接把谓语放在主语前面；③谓语只有 1 个动词的，且语义既不是"是"又不是"有"时，则需要加字，即在主语前面加上 do、does 或 did。这么简单的规则，我在小学低年级时一听就能掌握，而且记住。本书专门梳理和总结了各类语境和句型中完全倒装或部分倒装语序的使用方法。

（6）冠词、标点符号与大小写字母的使用。父亲常常强调，在考试时复查试卷和英语写作的过程中，即使是最小的细节，如冠词、标点与大小写字母的运用，都要讲究。确实，什么时候该使用冠词，使用定冠词还是不定冠词，什么时候不该用冠词，这些看似很小的细节，却能体现英文使用者的水平。冠词用得不好，虽不影响语义，但是文章读起来就不够地道，味道也差很远。

以上这"六大点"，虽说不能涵盖英语语法的全部精要，但对我求学时期每次英语考试的答卷的复查，到出来工作后的英语写作，乃至出国访学时的英语写作，都有着重要的指导意义。自我有记忆以来，父亲给我留下最深刻的印象，便是他埋头整理英语美文警句、总结分析语法规律时的身影。可以说，上述的"六大点"是父亲多年英语语法教学经验的总结。在他生前，他曾撰写一部《精通英语妙法新萃》。该著作集结了他的毕生所学，但由于条件所限，没有正式出版。为了让更多读者受惠，我邀请中山大学中山医学院外语教研中心的马雁老师重新整理了这部著作，更正了其中的一些笔误，增加了部分例句，并对其中个别要点做了详细解释，呈现本书，并命名为《英语学习妙法精粹》。希望本书能把父亲毕生的英语语法教学经验传世，帮助读者更好地梳理和掌握英语语法的基础知识，进一步提高英语写作能力。

宋尔卫

2023 年 5 月 18 日

作者简介

　　宋兆鸿，1928 年出生于香港，祖籍广东鹤山，为中国科学院院士宋尔卫的父亲。宋兆鸿一生辗转于不同职场，阅尽千帆，纵使遇到挫折和不公，也从来没有怨天尤人，一直坚守乐观主义精神，相信自己会做出一些贡献。

　　宋兆鸿拥有深厚的爱国主义情怀。太平洋战争爆发后，他以当时全省第二名的成绩考取中国海军军官学校，奔赴重庆求学参军，在民族存亡之际立志报效祖国。中华人民共和国成立后，在广州黄埔成立的黄埔人民海校需要招收大量教员时，他辞去香港一家英国轮船公司的工作，毅然回广州应聘。

　　宋兆鸿持之以恒地崇文重教。由于任职的黄埔人民海校整体搬迁到大连，他留在广州，成为一位中学英语教师。业余时他还到大学授课。他大半辈子都教授外语，积累了精辟独到的教学方法，栽培桃李万千。学生们都佩服他，爱戴他。很多学生还成为他终生的朋友。在他的悉心培养下，两个儿子术业有专攻，在各自从事的领域都做出不俗的成绩。次子宋尔卫为中国科学院院士。

　　宋兆鸿热爱阅读，书籍是他一生中最宝贵的财富。他有句口头禅——"有书真富贵，无事小神仙"。晚年时期，他仍心系祖国、心系教育，并嘱托家人将藏书捐赠。为缅怀宋兆鸿深厚的家国情怀和无私奉献的精神，其家属特设藕香书斋，将宋兆鸿生前藏书与大家分享。

本书整理说明

宋兆鸿先生（1928—2022）少时即聪颖好学，资质超众拔群。在香港英文书院完成中小学教育后，他以优异成绩考取中国海军军官学校。其后，他就职于香港英国轮船公司，担任英国商船大副，负责船务、航务及英籍船长的翻译工作。中华人民共和国成立后，宋兆鸿先生毅然辞去高薪职位，选择以专业知识报效国家，进入黄埔人民海校担任教员。此后，他又在多所中学和大学任英语教师，直至退休。五十余年的英语教学生涯中，宋兆鸿先生殚精竭虑育桃李，精益求精研教学，将数十年的实践与思考积累为精辟独到的英语教学方法心得，并将毕生所思所悟编撰成书，以启来者。

原稿《精通英语妙法新萃》曾由宋兆鸿先生在广州市中学教师进修班、广州业余大学（现为广州城市职业学院）、广州市广播电视大学、现代英语中心、出国进修班等各级单位的英语教学培训中作为辅导教材选用。本书的不少篇章曾在美国相关专业刊物发表。

2022年7月，本人有幸受宋兆鸿先生的次子宋尔卫院士委托，重新整理书稿。在整理过程中，对编排理念、内容顺序、知识点及例句均遵照原稿的来进行整理，以尽可能地保留书稿原貌。整理稿更正了原稿中少许明显的笔误和不合时宜的表达，删除了原稿的俄语例句，对某些有可能引起歧义的词句进行补充解释或增加例句，对某些章节则进行合并且重新命名章节题目。

书稿整理的过程是一个难得的学习过程。宋兆鸿先生学识广博、专业精深、认真严谨、一生为学，堪称吾辈楷模。能够秉承原稿的宗旨，让宋兆鸿先生的书稿重现于世，完成老先生的遗愿，弥补当年书稿由于种种原因无法付梓的缺憾，既是吾辈新一代英语教学工作者的责任与使命，又是宋兆鸿先生终生奉行的教育精神薪火相传的意义所在。

马雁

2023 年 5 月 10 日 于广州

目　　录

1 学习方法撷英

英语的学习与应用，概括说来要过 4 个"关口"。

（1）"明其义"。例如，要使主语补足语与宾语补足语相互转换，就要先懂得主语补足语是什么，宾语补足语又是什么。

（2）"记得牢"。例如，要懂得构成主语补足语，不但要记牢"是＋过去分词"这一被动语态的动词公式，还要记住哪类词才能充当主语补足语；而要懂得构成宾语补足语，也得记牢它的结构公式。

（3）"灵活运用"。例如，要懂得灵活地将主语补足语与宾语补足语此两者相互变换的办法，应懂得将句中其他成分（如主语与宾语等）灵活变换的办法。

（4）"熟练快速"。试想，如果不够熟练，又如何深入理解别人表达的不同词义的细微差异？更毋论确保自己词句表达的精确性。再者，如果不够快速，又怎能抓得住别人一闪而过地"吐"出的精辟词语？

"工欲善其事，必先利其器"。掌握科学的学习方法和记忆方法是"明其义"，继而获得"熟练快速"的金钥匙。这里介绍英语学习的 10 个有效方法。学习英语贵在坚持。找到适合自己的方法，多运用，多温故，成功就一定属于你！

1.1 联想对比

运用联想学习英语，从各个不同领域进行大量联想对比，是英语知识得到巩固的首要途径。

1.1.1 新旧材料联想对比

1.1.1.1 对比同音词（homophones）

对比 sew（缝补）、so（因此）、sow（播种）等。

1.1.1.2 对比同形词（homographs）

对比 lead/liːd/（引领）、lead/led/（铅）等。

1.1.1.3 对比同音同形异义词（perfect homonyms）

对比 bank（堤）、bank（银行）等。

1.1.1.4 对比同义词（synonyms）

对比 reply（答复）、answer（回答）等。

1.1.1.5 对比反义词（antonyms）

对比 doubtful（怀疑的）、certain（确定的）等。

1.1.1.6 对比形近词（similar words in spelling）

对比 web（网）、wed（结婚）、wet（湿的）等。

1.1.1.7 对比同根词（paronyms）

对比 relax（放松）、relaxation（放松）、laxative（泻药）、laxity（松弛）等。

1.1.1.8 对比前缀（prefix）或后缀（suffix）

对比 invaluable（无价的）、valueless（没有价值的）等。

1.1.1.9 对比同类场景的词（words in the same scene）

（1）对比教室用品相关词，如 blackboard（黑板）、desk（书桌）、chalk（粉笔）、ink（墨水）、book（书）、pen（钢笔）、pencil（铅笔）等。

（2）对比儿童活动相关词，如 get on a swing（荡秋千）、play on a slide（滑滑梯）、walk on stilts（踩高跷）、blow bubbles（吹泡泡）、throw rings（掷圈）、spin a top（转陀螺）、play catch（传接球）、jump rope（跳绳）、kite flying（放风筝）、seesaw（跷跷板）、paper folding（折纸）、cutouts（剪纸）、shadowgraph（手影）、rocking horse（摇摇木马）、marbles（玻璃弹珠）、sling shot（弹弓）、tug of war（拔河）等。

（3）对比节日相关词，如 New Year's Day（元旦，Jan. 1）、Spring Festival（春节）、International Working Women's Day（国际劳动妇女节，Mar. 8）、International Labor Day（国际劳动节，May 1）、International Children's Day（国际儿童节，Jun. 1）、the Birthday of the Communist Party of China（中国共产党建党纪念日，Jul. 1）、Army Day（建军节，Aug. 1）、Chinese National Day（中国国庆节，Oct. 1）、Valentine's Day（情人节，Feb. 14）、Halloween（万圣节，Oct. 31）、Thanksgiving Day（感恩节，the fourth Thursday in November）、Christmas Day（圣诞节，Dec. 25）等。

1.1.2 列表对比

1.1.2.1 对比冠词的使用情况

（1）将冠词的使用情况列成表 1 - 1，以便于记忆。

表 1-1　冠词的使用情况

用 a	用 an	用 the	不用冠词	错误用法
a university	an MP	the United Kingdom	May Day	an English
a typical English-woman	an Englishman	the English（＝English people）	He is English.	a typical English
……	……	……	……	……

1.1.2.2　对比不同词类在句中的功能

将不同词类在句中的功能加以整理，总结成表 1-2 来记忆。

表 1-2　词在句中功能

词类	可转用的词类	在句中的功能
动词	大多数形容词、大多数普通名词、部分副词	谓语
名词	动名词、部分代词、数词、不定式	主语（及其同位语）、主语补足语、宾语补足语、表语（及其同位语）、宾语、定语、呼语
形容词	部分代词、数词、不定式、名词前的副词、大多数名词、分词、介词词组	定语
副词	分词、介词词组	状语、插入语
冠词、介词、连词、叹词	—	不作为句子成分

1.1.3　图形、符号对比

图形与符号较文字形象，一旦记住，常能经久不忘。因此，对于较为抽象的材料，在可能的范围内，可借助图形、符号，并结合例句来进行联系、对比。

（1）借助图形学习虚词（图 1-1）。

图 1-1　借助图形学习虚词

（2）对虚词 before 的理解，可以通过画图进行学习。

The ship sailed before the wind. 船顺风行驶。

（wind…→ship…→）

（3）借助例句对比并学习下划线上的虚词。

Birds are flying over the river. 鸟在河上飞。

The towel hangs above the bed. 毛巾挂在床上。

Because there is no bridge, we can't get across the river. 由于那边没桥，我们不能过河。

1.1.4　用词联句以做比对

1.1.4.1　编成顺口溜

将一些本来毫无联系的词合并成几个小组，如果可能的话，把它们编成顺口溜。

记 took、book、wood、good、boot、foot、soon、noon、pool、cool 这 10 个单词时，尽管它们本身毫无联系，但如果能够分成若干小组，或者如果能够把它们凑成顺口溜，将会便于记忆。

第一组：At noon I took a good book. 中午我拿了一本好书。

第二组：And sat by the pool in the wood. 坐在树林里的池塘边。

第三组：I soon took off my boot. 我很快脱掉靴子。

第四组：And put my foot in the pool. 把脚放进池塘。

第五组：Oh! How cool, how cool! 哦！好凉！好凉！

按上述的顺口溜组合起来，这 10 个零碎单词便容易记多了。

1.1.4.2　编在同一句中

对一些意义或搭配相类似的单词，设法把它们编在同一句中，这样就易于诵记。

（1）为了弄清两个意义相近，但搭配各不相同的单词，如 look 和 see，可以编成 "We looked at the inside of the box but saw nothing（我们看盒子里头，但什么也没看见）." 来熟读，就易于记忆 look 是和 at 搭配在一起，解作"注视"；而 see 则直接与自己的宾语 nothing 连在一起，解作"看不到"。

（2）为了记住 on 和 above 的细微差别，即 on 指"贴放在上"，而 above 指"悬离于上"，可将它们编成 "My shaving things are on the shelf above the basin（我的剃须用具在洗脸盆上方的架子上）." 来熟读，这样便于记忆。

注意：

（1）对新学而相互近似的单词，若不能凑成整个句子，就不要都放在同一时间去硬记，这会导致对它们长时间的混淆不清。

例如，若从未接触过 web（网）、wad（填料）、wet（湿的）这 3 个形近词，且未能把它们编成句子或顺口溜来记忆，则不要把它们放在同一个时间来记忆，以免混淆。只有当其中两个词已经学会，再学习另一个单词时，拿来一起对比才会事半功倍。

（2）学习某一生词时不必企图一下子把它的全部词义记住，而应采取逐个记忆的办法。即先记该词在句中的本义（本义一般在词典中排于该词条义项的首位），记牢后再联系记忆它的引申义。例如，go 的词义很多，初次学习时就想把它的几十个词义和用法一下子记住是难有好效果的。

（3）避免先入为主的错误。例如，一开始就读错了，而又长期不注意加以纠正，错误成为习惯后就难改了。

1.2　分段循环

据心理学家的研究结果，"所要记忆的内容从放下后的一秒起已是遗忘的开始"。因此，在它未被完全遗忘之时，必须及时地加以复习巩固。如果所要记的内容较多、较复杂，则必须下决心去记，否则，即使看过一百遍，也是记不牢的。

具体做法应该是：将材料分成若干组，对一组全新的材料首先应该反复记诵好几遍。过一小段时间后，对记诵过的内容再略加复习一下。而在另一天，则将此组材料作为旧材料进行复习处理，所使用的时间可以相对缩短一些，而对另一组全新材料又再按前法学习。如此以旧带新，反复记忆。

每次所掌握的时间应为：愈是新的材料，所用的时间就愈多，而对旧的材料复习所用时间则可相对递减，多次循环记忆后才陆续、顺次抛掉其中较熟练的部分。如此周而复始，不断进行，使所记材料像滚雪球似的愈积愈多。然而，阶段不同，记忆内容、分量、方法也应有所不同，具体要求应因人而异。

总之，只要坚持这样一步一脚印地分阶段循环记忆，一般都能得到理想的学习效果。

1.3　公式规律

将零碎的材料加以系统整理，根据规律编成公式口诀以便记忆学习。初时可加用示例以便联想。

1.3.1　肯定句与疑问句的转换

要学会将肯定句变成疑问句形式，按照教科书的一般处理办法是将各种不同情况的转换方式列成表格，以使学习者可以"依样画葫芦"地记忆并加以套用。这种"套用句型"的办法虽然有一定的优点，但也不应是唯一的办法。学习方法掌握得愈多，当然愈有好处。因此，除"套用句型"外，如果将肯定句与疑问句的转换编成"规律"加以运用，或进行"加、减"变换，则会更便于记忆。

要将肯定句式变成一般疑问句形式，只需要掌握以下三点口诀：

（1）要不要加词？

动词为"是"、"有"或有 2 个及 2 个以上的动词时，就不用加词；而其余情况则要加词。

（2）加什么词？

加词时，从加 do、does 或 did 来考虑即可。

（3）若加了词，其后的动词得改回原形；若不加词，则只需将第一个动词调到主语之前。

He is a student. →Is he a student? 他是学生吗？

He has a computer. →Has he a computer? 他有电脑吗？

He can swim. →Can he swim? 他会游泳吗？

You swim. →Do you swim? 你游泳吗？

He swims. →Does he swim? 他游泳吗？

He swam. →Did he swim? 他原来游泳吗？

He is swimming. →Is he swimming? 他正在游泳吗？

1.3.2　动词形式的构成

对动词形式的构成，在学习时一般靠熟记 26 种形式，但此法难记易忘。不过如果能够总结出规律，则可以永久牢记动词形式的构成。

1.3.2.1　九个情态动词的动词公式

can、could、may、might、shall、should、will、would、must 这 9 个词有 2 个共同特点，即本身形式不变，其后的第一个动词形式也不变。

注意：

（1）need、dare 和 ought to 不包括在内，因为它们另有其他搭配和变化用法。

（2）had better 也可算是一个情态动词。

You had better（＝may as well）keep it a secret. 你最好保守秘密。

1.3.2.2　时态变换的动词公式

（1）"情态动词＋动词原形"的动词公式同 1.3.2.1 的动词公式。

（2）"有＋过去分词"＝完成式。

（3）"是 + 现在分词" = 进行式。

（4）"是 + 过去分词" = 被动式。

句中只有 1 个动词或以 do 的任一形式作为助动词时，无须运用以上动词公式。

1.3.2.3 动词变化的顺序依次是完成时态、进行时态、被动语态

1）变谓语动词形式的要求。

（1）第一个动词与主语一致。

（2）符合 1.3.2.2 中所述各公式。

（3）语音勿重复。

主语是 he，动词是 do 的句子，时态变成"现在完成进行时"时，具体方法如下：

根据主谓一致的要求，在 have 和 has 两者之间应选 has，即 he has，运用 1.3.2.2 公式（2）和公式（3）考虑，则变化为"He has been doing…"。

下面以 he 为主语，以 it 为宾语作为例子，将 do 的动词限定形式变成 26 种形式。

主动语态：

（1）He does it.（一般现在时。）

（2）He did it.（一般过去时。）

（3）He will do it.（一般将来时。）

（4）He would do it.（一般过去将来时。）

（5）He has done it.（现在完成时。）

（6）He had done it.（过去完成时。）

（7）He will have done it.（将来完成时。）

（8）He would have done it.（过去将来完成时。）

（9）He is doing it.（现在进行时。）

（10）He was doing it.（过去进行时。）

（11）He will be doing it.（将来进行时。）

（12）He would be doing it.（过去将来进行时。）

（13）He has been doing it.（现在完成进行时。）

（14）He had been doing it.（过去完成进行时。）

（15）He will have been doing it.（将来完成进行时。）

（16）He would have been doing it.（过去将来完成进行时。）

被动语态：

（17）It is done by him.（一般现在时。）

（18）It was done by him.（一般过去时。）

（19）It will be done by him.（一般将来时。）

（20）It would be done by him.（一般过去将来时。）

（21）It has been done by him.（现在完成时。）

（22）It had been done by him.（过去完成时。）

（23）It will have been done by him.（将来完成时。）

（24）It would have been done by him.（过去将来完成时。）

（25）It is being done by him.（现在进行时。）

（26）It was being done by him.（过去进行时。）

这 26 种动词的限定形式全都符合 1.3.2.3 的 1）所述的要求。

现以"It is being done by him."为例进行检查。

（1）第一个动词 is 与主语 it 相一致。

（2）is being 符合"是 + 现在分词"的进行式公式，而 being done 则符合"是 + 过去分词"的被动式公式。

（3）虽然 is 和 being 都由 be 变化而来，但由于读音不同，故 is being 不算有"语音重复"现象。

因此，所列出的时态变换形式完全正确。

然而，若将句子时态变为"将来进行时被动语态"，则"It will be being done by him."有 be being 的语音重复现象，这显然是错误的。故没有"将来进行时被动语态"形式。

2）变动名词形式的要求。

（1）第一个词的词尾都有-ing。

（2）符合 1.3.2.2 中所述各公式。

（3）语音勿重复。

do 的动名词形式有 4 个，即 doing、being done、having done、having been done，按上述三点要求检查。

（1）第一个词的词尾都有-ing。

（2）doing 符合主动式，being done 符合被动式（"是 + 过去分词"），having done 符合主动完成式（"有 + 过去分词"），而 having been done 则符合完成被动式（"有 + 过去分词"，即 having been）及被动式（"是 + 过去分词"，即 been done）。

（3）它们全都没有语音重复现象。但若写成 having been doing 则有 2 个-ing 词尾的语音重复现象，因而是错误的。

3）do 的分词形式。

do 的分词形式有 5 个，即 doing、being done、having done、having been done、done。除前 4 个与动名词形式相同外，第五个 done 则是 do 的过去分词。

4）变 do 的不定式的要求。

（1）以 to 开头，其后的第一个词的形式要用动词原形。

（2）符合 1.3.2.2 中所述各公式。

（3）语音勿重复。

do 的 6 个不定式形式 to do、to be done、to have done、to have been done、to be doing、to have been doing 全都符合上述要求。

1.4　逻辑分析

　　从逻辑角度分析，也便于学习。例如，有很多作为表语的形容词，不能以"人"作为句中的主语。而这类特殊的形容词数量实在太多，一时很难将它们全部记下来。但若用下列方法，则易记多了。

　　例如，不能说 necessary students，即不能说"必需的学生"，因此，以 necessary 作为表语时，就不能以 students 作为主语，而只能以 it 引导。即可以说"It is necessary to do that（做那个是必要的）."，或"It is necessary for the students to do that（学生做那个是必要的）."，而不能说成"The students are necessary to do that."。此外，既然可以说 kind students，就可以说"The students are kind（学生们很体贴）."，而且也可以说"It is kind of the students to do that（学生们真体贴，做了那件事）."。

　　有时，也有例外。由于 good、bad 都可以修饰名词，即"人"或"物"，故介词 of 或 for 皆可用。可以说"It is good for you to do that（做那个对你好）."，也可以说"It is good of you to do that（你真好，做了那个）."。

1.5　寻底追根

　　有疑难时，不妨刨根问底。明白道理后，印象深刻了就会记得牢固，学得更好。

　　学习句子"He made them happy."和"He made them happily."时，可以这么做：

　　（1）追问自己：知道前句中的 happy 为形容词和后句中的 happily 为副词有何用？

　　答：形容词 happy 在句中作为宾语补足语，而副词 happily 在句中作为状语。

　　（2）再追问：知道又如何？

　　答：知道 happy 作为宾语补足语，则可知道前句的宾语 them 与宾语补足语 happy 有逻辑上的主表关系，即表示"他使他们愉快"，但并不一定表示"他愉快"；而后一句主语 he 则与状语 happily 有逻辑关系，故表示"他愉快地制造它们"。

　　（3）还可以再问：两句中的 made 和 them 的译法相同吗？

　　答：不相同。前句 made 译作"使得"，them 则译作"他们"；后句 made 译作"制造"，而 them 则解作"它们"。

　　（4）进一步追问：从何得知它们具有不同译法？

　　答：因宾语补足语通常具备 4 个条件：①作宾语补足语的词大多是形容词或与形容词相当的词，如分词、不定式、介词词组等。而如果用名词或与名词相当的词，如动名词等作为宾语补足语时，则应该用与宾语相等的词才行，例如，"He made them good students."。由于宾语 them 是复数，宾语补足语 students 就该用复数。若宾语补足语用抽象名词 happiness，则不能与宾语 them 相等，故此句是错的。②句中要有使役动词（factitive verb）。因为前句有 made 及 happy，所以 made 译作"使……变得……"。③如果句中有使役动词而缺少宾语补足语，则句意不够完整。前句有宾语补足语 happy，但若缺了 happy，则译作"他使他们……"显然，此句句意就不够完整了。④宾语和宾语补足语之间要有逻辑上的主表关系或主谓关系。前句的宾语和宾语补足语之间是主表关系，即"他们愉快"而不是"他（主语）愉快"。而后句的 made 是及物动词，译作"制造"，若将后一句的 them 译作"他们"，整句译作"他愉快地制造他们"，显然就不通了。

（5）也可再问：在词典中一般没有标明哪个是使役动词，要找出它有什么办法？

答：①应从及物动词中去找——大多数及物动词都可转作使役动词。②使役动词大多译作"使得、要求、认为、称为"等。③使役动词之后一定有宾语和宾语补足语，而宾语补足语多是由相当于形容词或名词的词所构成。

（6）可继续问：哪些宾语与宾语补足语之间有主谓关系？

答："He asked her to come."句中的宾语 her 和宾语补足语 to come 有逻辑上的主谓关系。此句译作：他要求她来。

因此，对某一特定汉英结构差异较大的句子做进一步探讨，不断地提出问题，定会增强记忆。何况，通过这种追根法示例的启迪，可使英语水平较低的读者也懂得从何处去发掘问题。

至此，有人可能会问：对以上句子又何必费神提出如斯众多的语法问题？

答：平时如果你每遇上某一模糊之处都能主动发掘疑难的话，经此长期深化锻炼，日后在实际处境中就必当自然而然地反应迅速、得心应手了。

1.6　难点巧记

对毫无联系的、难记的内容，有时不妨借助于看来似乎牵强附会的单词本身的字母、数目等办法来帮助记忆。

如 avenue 与 street 都可解释作"街道"，这是它们的相同点。而它们的相异点是什么？原来，avenue 指的是"南北向的街"，而 street 指的却是"东西向的街"。试想：street 的 st 不是和 east（东）、west（西）的 st 相类似吗？而 avenue 则当然是"南北向"了。

又如，until 的字母较 till 的多，以此来记 until 的用途较 till 的广，即 until 可用于肯定句，也可用于否定句；而 till 则只能用于肯定句，何况 till 之前无字母 un，它不用于否定句，显然这样就较易记忆了。还有，until 的字母较多，也就可用来联系它的位置，即它既可在句首，也可放在句中；而 till 则只放在句中。

此外，till 由 4 个字母所组成，意味着可将其"等分"为二，以此来记它只放在句中，而不能放在句首，这样记忆将会永生难忘。类似这种可利用的办法极多。只要适当，不妨暂时加以利用。一旦记牢后，这类牵强的办法即可如同音标一样舍弃了。不过要注意，避免使用中文谐音来记忆英语单词词义的方法。如果将 school 用中文谐音"师姑"来记其词义，就必将导致混乱，此种做法极不可取。

1.7　有的放矢

对外语的教或学，下列四点虽互有联系，不可偏废，但也不妨按不同的学习目的而有所侧重，做到有的放矢。

（1）对社交人士要求熟练。

为了交流思想，特别是口头对话的需要，从事教或学的人员就得在熟练程度上狠下功夫，而不必像老学究般去钻研、考证。试想，如果将托福考试相关的"a lot of 多用于肯定句，many 或 much 多用于否定句、疑问句"的标准来"规范"日常人们的谈话，那会是多么滑稽啊！

（2）对研究人士要求深钻。

为了中文、英文两种文本对译的准确，对其异同及关键所在尤须注意深钻——对某一词的肤浅理解，往往差之毫厘，谬以千里，以致整段文章全然不通。

（3）对各行人士要求广博。

大千世界，各种知识领域包罗万象且互有联系。一位不懂航海术语的英语系教授与海员们谈论航海操作业务时能够得心应手吗？因此，那些有了一定英语基础的人，若能多方面涉猎专业知识，多听、多读，精读、泛读并举，则有利于提高英语水平。

（4）对应试人士要求正确。

若为了应试考核，则必须追求理解和表达的准确度。

1.8　理解要领

1.8.1　先后分别处理法

先从句法结构入手，再从意义方面去理解文段。

（1）It matters little who does it so long as it is done. 只要做了，谁做的并不重要。

从结构可以看出 matters 不是名词而是动词，故应将 it matters little 译作"它不重要"，而不译作"它事情少"。从其前缺了 a 的 little 中可以判断出此句应具否定含义。但如果 little 之前有不定冠词 a，则会导致整句变为"肯定"意义了。

（2）He worked many hours a day until/though he became seriously ill.

若从结构上来看，较难判定得出该用哪个词时，则可从语义方面去判断，此句该用 until。意思是：他一天工作好几个小时，直到病重。

（3）The next morning she went to the hotel to visit us.

此句从结构上检查难以看出有何毛病，但从语义了解则可发现 went 与 to visit us 之间不符合思维逻辑习惯，可见此句错了。若将 went 改为 came，则此句正确。

1.8.2　化简法

如果句子长且复杂时，宜先将其化简，即首先摘出其主语、谓语，然后再加以检查。

With such knowledge he can determine which properties are relevant to his particular problem and know whether the listed values for specific properties are, or are not, directly applicable, depending on whether the standardized test conditions are the same as will be encountered in use.

句中的主语、谓语为 he can determine… and know…，然后将其余相应的成分（包括从句及宾语、定语、状语）补回去，就可以立刻检查出它们有无语法错误，而且易于译出：有了这样的知识，他就能确定哪些属性和他的特定问题有关，并根据标准测试条件和使用条件是否一致来确知所列的特定属性值是否可以直接应用。

1.8.3　因果关系法

You may well be praised, seeing that you work so hard.

由于分词 seeing 及连词 that 带有原因状语意义，故此句译作：你受嘉许是理所当然的，因为你工作非常努力。

显然，由于不定式作为状语时含有"目的"语义，此处不能用不定式。

1.8.4　排除法

（1）选择 It、Whatever、Each、Why 任一词填空。

_____ brings about happiness has utility, according to the doctrine of utilitarianism.

由于 it 和 each 无连接从句功能，故可以排除。又由于 why 不是名词，不作为主语，故亦可排除。而剩下的 whatever 就必然是正确答案。何况，whatever 既可作为主语，也可起连接从句的作用。此句译作：以功利主义宗旨，只要带来幸福，无论是什么都有益。

（2）译解"Like will to like."。

对此类结构较短而意义差异较大的句子，一般人大多采用"强记、硬译"法。其实只要知道第一个 like 不可能是名词或动词，而只能是介词时，则可知应译作"相似"。

其次，此处的 will 显然不能作为动词而作为名词，故应译作"愿望"。然后将 to like 排除了作为"不定式"的可能性而确定其作为介词词组，那么 to like 应译作"对相同嗜好的人"，且译时将之置于句首。故全句直译作"对相同嗜好的人会有相似愿望"，再转译作"物以类聚，人以群分"。

1.8.5 专业词义处理法

对特定行业的专业词汇、固定语法搭配导致的词义的处理，则要考虑行业的特殊性而不应以常规的办法处理。

下文是关于"保险"的贸易信函，我们在检查它是否误译或搭配错误时就不应以普遍性代替它的特殊性。

If the foreign clients wish to insure their materials and the assembled products themselves under their floating policy, it is advisable that for safety's sake, the insurance shall cover such risks, as are necessary by virtue of the nature of the materials and assembled products including "w/w clause". 国外客户对其原料及成品在预约保险项下自行投保，则请予注意：为了安全起见，应根据原料和成品的性质投保必要的各种保险类别，包括"仓到仓条款"。

1.8.6 逻辑推理法

遇到难句时，若认为简单要求学员们反复硬记就可以了事，则收效甚微，且使他们惯于盲从而不开动脑筋，而不明道理时就难以记忆。尽管有时各类词语之间存在着固定搭配现象（对这类现象则不必强求推理），但如果启发学员如何运用逻辑思维的方法进行分析，将会收到事半功倍的效果。

I am sure that that "that" that that speaker has just used is right.

对此，首先应回忆以往所学过的知识，即 that 的用法只有 3 种：①作为连词时 that 只起连接作用，而不作为成分；②作为指示代词时 that 则可作为成分，而不能连接从句；③作为关系代词时，that 则作为成分，也起连接定语从句的作用。然后，用逻辑推理法推知第一个 that 由于不作为成分，故只能作为连词；第二个 that 则由于不再能起连接作用，故应为指示代词，作为定语修饰第三个 that；第三个 that 显然也不能起连接作用，故应为指示代词，作为 is 的主语；第四个 that 则是关系代词，作为 has used 的宾语，放在定语从句的前面并连接之；而第五个 that 则不起连接作用，是指示代词作定语，修饰 speaker。

至此，整句可译作：我确信那位演讲者刚才所使用的那个 that 是对的。

1.9 听说窍门

1.9.1 "听"是"说"的前提

切勿臆造句子。模仿是学"说"的正途，而"说"之前，首先就要靠"听"，有了"听"这一感性认识，才能从中获得"说"的原始材料，不宜每句都企求详细分析语法。要积极、主动学会想到什么就能直接用英语"吐"什么，这样才算是最理想的学习方法。

这里并非意味着我们要反对在初学时采用的那种"双语反复诵读训练法"，即讲一个中文词汇，就跟着讲一个英语词汇。开始时不必求快——即使是外国人，尤其是老年人，也有很多人的语速较慢。若一时未能应对，则采用"过渡词"这个好办法，如 after all（毕竟）、all in all（总体而言）、as a result（结果）、by the way（顺便说）、for example（举个例子）、for instance（例如）、I might say（也许我可以说）、in conclusion（总之）、in the same way（同样地）、in this case（以此而言）、on the contrary（相反）、on the one hand（一方面）、on the other hand（另一方面）、that reminds me（那使我想起来）、to be brief（简而言之）、to begin with（首先）、to be sure（的确）、to make matters worse（更糟的是）、to return to the subject（言归正传）、to pass to another subject（换个话题）、to speak frankly（老实说）、to sum up（总之）。这样可以使句子停顿一下，以便慢慢措辞。

1.9.2 训练之初，先学"动词"

不宜先学有关"描述"的表达，而应着重熟习一些要求别人"干这干那"的动词典型句式，如 put in a bulb（装灯泡）、turn on the light（开灯），等等。这样边讲边做，收效最好。然后，才选练陈述事实的语句。而这类语句大多可以运用进行时，如"The bell is ringing（打铃了）.""The teacher is coming（老师来了）."等。此外，更可以选练阐述自己意见的句式，如"I'll read the material three times（我会读 3 遍这个材料）.""After that you will retell the story（之后你复述故事）.""Don't write down anything while I'm reading（我读时，不要写）."，等等。还要注意每次内容不宜太杂，且不必全部新颖。

1.9.3 不宜漫无边际"被动地"听说

预先有准备地熟悉每段中心内容，听说练习效果必会更佳。开始练听说时，不必力求听英美人士所编写的地道英语，可以先听与中文差异较小的英语材料，为的是从易入手。

1.9.4 练习时不宜有问无答

练习时不宜有问无答，应以"一问一答"作为有回应的句组训练基础以便进行日常的情景对话。训练时注意多提问题，收效自当更佳。有时为了避免谈话中断，表示对对方的话感兴趣，或仅仅表示听到了，可用以下句式应对。

（1）A：I'm tired. 我累了。

B：Are you？/So am I. 是吗？/我也累了。

（2）A：I don't care for fish. 我不喜欢鱼。

B：Don't you？/Nor do I. 不喜欢吗？/我也不喜欢。

（3）A：I went to the park. 我去了公园。

B：Did you？ 是吗？

（4）A：I can't go to the hotel. 我不能去酒店。

B：Can't you？ 不能吗？

（5）A：They intend to go out. 他们想出去。

B：Do they？/I suppose so./I don't suppose so. 是吗？/我想是这样。/我不这么想。

（6）A：You may do it. 你可以做。

B：May I？ 我可以吗？

（7）A：She has told me about it. 她已经告诉了我这件事。

B：Has she？ Really？ 是吗？ 真的吗？

（8）A：There is someone telling me. 有人告诉我。

B：Is there？ Indeed？ 是吗？ 真的？

（9）A：There is no need to do so. 没必要那么做。

B：Isn't there？ Not really？ 没有吗？ 不是吧？

（10）A：It is…它是……

B：It is, isn't it？ 是的，不是吗？

（11）A：She studies…她学……

B：She does, doesn't she？ 是的，不是吗？

（12）A：They have…他们有……

B：They have, haven't they？ 是的，不是吗？

（13）A：They can't…他们不能……

B：They can't, can they？ 不能，是吗？

（14）A：They won't…他们不会……

B：They won't, will they？ 不会，是吗？

以上的应对语虽与反意问句相似，但实不相同。

1.9.5　对练习的分量不必贪多冒进

练习时，应从短到长，即从词组到简单句再到较长的复合句有步骤地循序渐进。"少吃多餐"，以便"温故而知新"。对材料不够熟练时，不要把训练方式变化太多。但有了一定基础后，却又忌方式一成不变。例如，不宜死背原句而全然不考虑其中变化，而起码应以新词套旧句，或变换各种句型，变换前后的单词搭配或变换同义词、反义词，等等。甚至连速度也不宜一成不变，而应逐渐加快。须知听与说能够熟练进行，才能在实际中做到得心应手。

1.9.6　重复练习

对各种典型词句不妨多次重复，但练习时间不宜持续太长，每次不宜超过 1 小时，避免因疲劳而生厌。要大声朗读，像诗歌式背诵，兴味自生。

1.9.7　训练顺序

原则上不宜颠倒"听说领先、读写跟上"的训练顺序，而在特殊情况或专一训练时则除外。

1.9.8　不宜采用孤立训练方式

对"听、说、读、写"此四者，不宜采用孤立训练方式，在短暂期间虽然也可重点突出其中某一项目，但从长远而言就总得将"听说、听读、听写"轮番进行双双演练，切忌"只听不读"，也忌"只念不背"。对"硬背"不仅不宜全然排斥，而且应当把它作为基本功来不断重复训练；特别是遇上一些较短但不按常理组合而难记的词句，更不妨着意将之汇成精简短语，以便朗朗上口，背诵如流。

1.9.9　不必面面俱到

不必企图将每个音节、每个单词，特别是轻读单词都"兼收并蓄"，因为每篇文章的有效信息一般只占 1/4。最忌"只见树木，不见森林"。也不必怕听错、讲错而致"习、练"停滞，错了尽早改正就行。平时不懂就问，不必害羞，而好奇心更是学"听、说"的动力。

1.9.10 力创英语语言环境

有了一定基础后，就得尽力创造英语语言环境，在日常生活中进行实际演练。想到什么，就得要求自己用英语将它表达出来，若实在做不到，则不妨马上请教别人或查找有关资料，要随时随地应用得上或结合图、文、声进行各种听、说、做的综合训练。所听说的内容不宜过于单调枯燥，力求学会活用句型。除了日常用语外，平日还须尽力搜罗一些有趣的惯用语来进行情景实习。依据自己的兴趣点找话题对诱导且不断提高学习的积极性是很有帮助的。复述并讨论故事情节是练习口语的最佳途径。

1.10 活用语法

就使用本族语言的一般人而论，对本族语言的语法不必钻研也能行得通。若以简单的日常外语交谈，当然也无须对语法多加考虑。但是，对那些长期使用本族语言，且对那些难有机会反复"浸泡"在外语环境中的成年人来说，要弄清较复杂的，特别是与本族语言结构迥异的外国语言，读懂外国文学或科技等作品，如果无视外国语言的规律（即语法），就难免产生费解、误译，甚至感到无从着手。主张不学语法的人主要是认为：既然每个语言点都会有它的例外，也就是没有规律，那么学语法不就多余了吗？对此，我认为，各类不同的语言点中，例外的只占 1%～2%，而可以总结成语言规律加以运用的却占语言点的 98% 以上。显而易见，如果因此而认为不必学语法，就等于主张因噎废食。我们不妨试问：如果想确切掌握动词的各类变化形式，于没有具备英语环境的中国人而言，他们要花多长时间、读多少本书才能找到有关规律或才能分辨"对"与"错"？

Mastering a foreign language is important. 掌握一门外语是重要的。

The mastery of a foreign language is of importance. 一门外语的掌握很重要。

为什么前句无 of，而后句却有 2 个 of？靠强记它们的不同点行吗？

显然，以上问题对稍具语法基础的人来说是不难理解的。问题不在于应不应该学语法，而是该用哪种方法才能简易迅速地将语法学上手。

1.10.1 活用语法的重点是紧抓变与用以及对比异同

1.10.1.1 掌握词形变化

The operation was successful but I still feel a lot of <u>pain</u>. 手术是成功的，但我还是觉得很痛。

单数 pain 译作"痛"，复数 pains 则译作"辛劳"。

1.10.1.2 词法与句法相结合，留意单词在句中的运用

I think you short-changed me. 我认为你少找我钱了。

由于"少找钱"在句中作为谓语，应该使用陈述语气、主动语态、过去时态的动词，即 short-changed。

1.10.1.3 对比异同

比较 want、wish 与 hope。

相同点：都有"想要，希望"的意思。

相异点：

want 多用于口语，可用 want sth.、want to do sth. 或 want sb. to do sth. 等搭配。

wish 较 want 强烈，用于问句则较 want 更正式、有礼。其句型除与 want 相同外，其后还可加过去时的宾语从句，表示"梦想"。

hope 表示能实现的愿望，可有 hope to do sth.、"hope + that 从句"、hope for sth. 的搭配，而 hope sb. to do sth. 则是错的。

1.10.2 检查错漏

掌握一套检查错漏的方法极其重要。下面是判断造句、翻译、语法有无错误的有效检查办法。

1.10.2.1 选对句型

（1）She never used to swim, did she? （正确。）她以前从不游泳，是吗？

（2）She never used to swim, wasn't it? （不符合反义疑问句句型，因此错误。）

1.10.2.2 主语、谓语要一致

（1）She ordered that everything be in order. （正确，order 后的宾语从句谓语宜用动词原形。）她要求一切井然有序。

（2）She ordered that everything are in order. （错误。）

1.10.2.3 词与词之间的搭配要适当

（1）Would you mind opening the window? 你介意开窗吗？

（2）She cuts her boy friend dead on the campus. 在校园里她假装没看见她男友。

1.10.2.4 要考虑每种实词的变化

1）使用名词时，要注意它的单数、复数、所有格变化及运用是否正确。

（1）她是小王的姐姐的爱人的妈妈。

She is Xiao Wang's sister's husband's mother. （正确。）

若应加所有格符号而没有加就会造成错误。

（2）有几个孩子在沙滩玩耍。

Several children are playing on the sands. （正确。）

Several child are playing on the sand. （错误。）

2）使用代词时，要注意它的性、数、格的变化及运用是否正确。

总统号轮船明天进港，是吗？

The President is due in tomorrow, isn't she? （正确。）

The President is due in tomorrow, isn't him? （错误。）

3）用形容词时，要注意它的级的变化及运用是否正确。

我现在很好。

I am all well now. （正确。）

I am all best now. （错误。）

4）用副词时，也要注意它的级的变化及运用是否正确。

这个比那个好多了。

This is much better than that. （正确。）

此句中 much 不能用比较级 more。

5）使用数词时，要注意它该用基数词还是序数词，还要注意它该用单数还是复数。

（1）今天是 5 月 1 日。

Today is May the first. （正确。）

此句若用 May one 就错了。

（2）那场地震有几百人丧生。

Hundreds of people were killed in the earthquake. （正确。）

若用 hundred 就错了。

（3）她储蓄了 3 000 元。

She has saved three thousand dollars. （正确。）

若用 thousands 则错了。

6）使用动词时，要注意它的语气、语态、时态的变化及运用是否正确。

（1）看完这本书后请还给我。

Return this book to me when you have read it through. （正确。）

此从句不能用 will have read （将来完成时）。

（2）这事明天讨论。

It will be discussed tomorrow. （正确。）

此句用被动语态（will be discussed），而不用主动语态（will discuss）。

（3）如果我是你，我就会做的。

If I were you, I would do it. （正确。）

而若用 "If I am you, I will do it."，则此句的语气错了。

注意：本来每一句大多有动词作为谓语，但标语、题目则可有例外。

（4）Many thanks （名词） for your welcome. 感谢你们的热情欢迎。

（5）Wishing （动名词） you all the happiness of the holiday season. 祝节日幸福如意。

1.10.2.5　语序要正确

（1）It is a wave of a mountain. 山脉连绵起伏。

（2）It is a mountain of a wave. 波涛汹涌。

1.10.2.6　要注意用大写、小写及正确使用标点符号

1）大写、小写不同。

（1）China 译作 "中国"，china 译作 "瓷器"。

（2）Japan 译作 "日本"，japan 译作 "漆器"。

（3）Turkey 译作 "土耳其"，turkey 译作 "火鸡"。

（4）He has entered the house. 他进入房间。

He has entered the House （＝House of Commons）. 他当上议员。

（5）We decided to travel south （表示方位的词小写）. 我们决定南下。

We decided to stay in the South （表示某一地区时则大写）. 我们决定留在南方。

（6）AIDS （acquired immune deficiency syndrome 的缩写词） 译作 "艾滋病"，aids 译作 "帮助"。

（7）August 译作 "8 月（月份的首字母要大写）"，august 译作 "令人敬畏的"。

2）正确使用标点符号。

（1）Want to bet? 你要打赌吗？

Want to bet. 我要打赌。

（2）Still, the price is quite reasonable. （still 作为连接副词。） 尽管这样，价格算是合理的。

Still the price is quite reasonable. （still 作为时间副词。） 价格还是相当公道的。

（3）Did he do it, then? （then 作为连接副词。） 那么，他做了没有？

Did he do it then? （then 作为时间副词。） 当时他做了吗？

（4）I wouldn't advise you to go there, for his sake. 我不愿意劝你去那个地方，这是为了他的缘故。

I wouldn't advise you to go there for his sake. 我不愿意劝你为了他的缘故而去那个地方。

（5）"I have just remembered something ," she said. "我刚刚记起一些事。" 她说。

I have just remembered something she said. 我刚刚记起她说过的一些话。

（6）I do not like him, because he is clever. 我不喜欢他，因为他聪明。

I do not like him <u>because</u> he is clever. 我不是由于他聪明而喜欢他。

（7）<u>Oh，</u>（常有逗号）what a surprise! 哇，惊喜！

<u>O</u>（常无标点符号）what a surprise! 惊喜！

（8）He is，<u>too，</u>proud to do it. 他也以做此事为荣。

He is <u>too</u> proud to do it. 他不屑做此事。

（9）Do you know <u>her，mother</u>? 你认识她吗？妈妈！

Do you know <u>her mother</u>? 你认识她的妈妈吗？

（10）The boy，<u>thinks his father，</u>will come back soon. 孩子的父亲认为孩子就快回来了。（句中的 thinks his father 作为插入语。）

The boy <u>thinks his father</u> will come back soon. 这孩子认为他父亲就快回来了。

（11）so that 连接结果状语从句时有逗号，而连目的状语从句时则无逗号。

He spoke clearly，<u>so that</u> everybody understood him. （结果状语从句）他说得很清楚，所以每个人都听懂了。

He spoke clearly <u>so that</u> everybody might hear him. （目的状语从句。）他说得很清楚，想让每个人都听到。

对比：状语从句在前用逗号，在后则不用逗号。

When I grow <u>up，</u>I will join the army. 我长大了会参军。

I will join the army when I grow <u>up</u>. 我长大了会参军。

（12）若有逗号，or 则译作"即"；若无逗号，or 则译作"或者"。

That some form of matter，<u>or</u> a medium，is needed for the transmission of sound can be demonstrated with the apparatus shown in the figure. 传播声音所需的某种形式的物质（即媒质）能用仪器演示出来，如图所示。

Would you like tea <u>or</u> coffee? 你喝茶还是喝咖啡？

（13）名词从句（即主语从句、表语从句、宾语从句、同位语从句）与主句之间都不用逗号。

I am not what I was ten years ago. （正确。）我已不是 10 年前的我了。

I am not，what I was ten years ago. （错误。）

（14）Jenny helped me with my English<u>，</u>（此处有逗号）which is kind of her（定语从句）. 珍妮帮我学英语，她真好。

Jenny helped me with my English（此处无逗号）and that is kind of her（并列句）. 珍妮帮我学英语，她真好。

The teacher worked hard<u>，</u>（此处有逗号）preparing his lessons（伴随状语）. 这位老师工作努力，在备课。

The teacher worked hard（此处无逗号）to prepare his lessons（目的状语）. 这位老师努力去备课。

3）注意有无连字号。

（1）What you need is an extra thick blanket. 你所需要的是另外一条厚毯子。

What you need is an extra-thick blanket. 你所需要的是一条特别厚的毯子。

（2）resign，译作"辞职，放弃"。

re-sign，译作"再签名"。

（3）a small business man，译作"一个身材矮小的生意人"。

a small-business man，译作"一个做小买卖的人"。

4）勿滥用感叹号或问号。

（1）"此致敬礼！"应写成"Best wishes. "。

若"此致敬礼！"写成"Best wishes!"，则有讽刺意思。

（2）在信尾写上 Goodbye，已不太妥当，若其后用感叹号，则意味着永诀。

（3）有时，虽然以 will you 或 would you 开头，但由于句子长，到句末已失去疑问意而只表示请求，此时就不必再用问号。

Will you please arrange to forward the following books to the address given above.（句末不用问号。）你能安排把下列书籍送到上面的地址吗？

2 写作记诵撮要

语法是语言的规则，是人们得以遣词造句的黏合剂，是听说读写译等英语各项技能的基础。这里从句型、并列句、主从句、疑问句、主谓一致、搭配、实词变用特例、时态、主动语态与被动语态的变换、非谓语动词方面提炼出英语写作中最常见也最常错的语法知识点，以期帮助英语学习者提高英语表达能力。

2.1 句型

2.1.1 句型的构成

句型的构成主要是以动词各种不同变化，包括以语气、语态、时态等作为依据。

2.1.1.1 "主语 + （不及物动词）谓语"

（1）Birds <u>fly</u>. 鸟飞。

（2）We <u>parted</u> the best of friends（we 的同位语）. 我们分开了，但仍然是最好的朋友。

2.1.1.2 "主语 + （系动词）谓语 + 表语"

They <u>feel</u> sad. 他们觉得心酸。

2.1.1.3 "主语 + （及物动词）谓语 + 宾语/双宾语"

She <u>asked</u> me（间接宾语）a question（直接宾语）. 她问了我一个问题。

2.1.1.4 "主语 + （使役动词）谓语 + 宾语 + 宾语补足语"

（1）They <u>kept</u> me waiting. 他们要求我等候。

（2）People <u>made</u> him king. 人民推他为王。

2.1.1.5 "主语 + （被动式动词）谓语 + 主语补足语"

I <u>was kept</u> waiting by them. 他们让我一直等着。

以上句型中所包含的成分（如主语、谓语、表语、宾语、宾语补足语、主语补足语）都被称为主要成分，句中不可或缺，特殊情况除外。而其余的如定语、状语、插入语、同位语、呼语等则称为次要成分，在句中可有可无。

2.1.2　句型结构的影响因素

某些词语、特定搭配与特定用法会影响句型结构而对句义有所影响。而作为次要成分的定语、状语等修饰词、限定词则对句型的结构影响不大，一般只对句子意义的增减起到一定的作用。

2.1.2.1　连词的影响

（1）We are busy, otherwise we would go. = If we were not busy, we would go. 我们很忙，否则我们就会去。

（2）As you sow, so shall you reap. 你种什么，那就将收获什么。

（3）Not that I hate the work, I'm not strong enough for it. 并非我讨厌这份工作，而是我不够强，无法胜任。

2.1.2.2　介词的影响

（1）She struck me by the hand. 她打了我的手。（by the hand 是指打的地方，而 with her hand 则表示用手打。）

（2）My brother is a dealer in rice. 我兄弟是位米商。

（3）With all/In spite of her wealth, she is not happy. 尽管有钱，她并不快乐。

（4）On leaving school, she was obliged to go abroad. 一毕业，她就不得不去外国。

（5）Don't be afraid of making mistakes in speaking English. 说英语时不要怕犯错。

2.1.2.3　强调式的影响

（1）It was yesterday that we noticed it. 正是在昨天，我们注意到它。

（2）Repair this bike as soon as possible. 尽快修好这辆车。

（3）They never/cannot meet without quarreling. 他们每次碰面都要争吵。

（4）We like him all the better（比较级）for his faults. 正因为他有缺点，我们才更喜欢他。

（5）We do not like him the less because/as he has faults. 我们并不因他有缺点而不喜欢他。

插入语有时也有强调意义。

（6）He is not, as far as I know, a genius. 就我所知，他不是个天才。

（7）This is, I am sure, what he means. 我确信，这就是他的意思。

（8）She is old, to be sure, but she is healthy. 她的确老了，不过很健康。

（9）My teacher is, <u>so to speak</u>, a walking dictionary. 我的老师，可以说是一本活字典。

2.1.2.4　否定式的影响

（1）There is <u>no</u> rule <u>but</u> has exceptions. 任何规则都有例外。

（2）We had <u>not</u> gone far <u>before/when</u> we were caught in a shower. 我们没走多远就遇上骤雨。

（3）<u>It is not too much to say that</u> a man is known by the company he keeps. 从一个人所结交的朋友可看出其为人，这样说并不过分。

（4）<u>Won't</u> you sit down? 请坐下好吗？（否定式更委婉。）

（5）She <u>doesn't</u> visit us <u>rarely</u>. 她常常来访问我们。

2.1.2.5　特定搭配与含义的影响

（1）I owe <u>what I am</u> to my father. 我将今日的成就归功于我父亲。

（2）Reading <u>is to</u> the mind <u>what</u> food <u>is to</u> the body. 阅读于心智就如食物对于人体一样。

A is to B what C is to D.（＝A is to B as C is to D.　＝What C is to D, A is to B.　＝As C is to D, so is A to B.）A 于 B 就如 C 于 D 一样。

（3）This <u>has nothing to do with</u> that. 这与那无关。

（4）This <u>has something to do with</u> that. 这与那有些关系。

（5）This <u>has much to do with</u> that. 这与那颇有关系。

（6）This <u>has little to do with</u> that. 这与那几乎无关。

（7）She <u>sets great store by</u> her sister's ability. 她非常重视她姐姐的能力。

（8）One <u>may as well</u> not know a thing at all as know it but imperfectly. 一个人一无所知，较一知半解好。

（9）He <u>may well</u> be proud of his brother. 他大可以他弟弟为荣。

（10）What shall I go <u>in</u>? 我穿什么去呢？

（11）She was generous <u>to a fault</u>. 她心胸过于宽大。（to a fault 是特定搭配，其含义是"过度地"。）

（12）<u>So far as/As far as</u> we are concerned, we have no objection to it. 就我们而言，我们不反对。

（13）She is a good dancer, <u>as dancers go nowadays</u>. 就今而言，她是位好舞蹈家。

（14）He is a man of ability <u>as the world goes</u>. 就世俗标准而言，他是位有才干的人。

2.1.2.6　省略的影响

（1）No（going this）way out! 不准由此外出！

（2）（Put）In with it! 把它装进去！

（3）There are few, if（there're）any, such men. 这样的人，即使有，也不多。

2.1.2.7　前、后缀的影响

（1）What's done cannot be undone. 覆水难收。

（2）It is invaluable/priceless. 它是无价的/非常贵重的。

（3）It is unvalued/valueless/worthless. 它是没有价值的/不受重视的/不值钱的。

（4）She is uninterested in other's affairs. 她对别人的事漠不关心。

（5）Her action is disinterested. 她的行为是无私的。

常用前缀见表2-1。

表2-1　常用前缀（一般只改词义）

前缀	例词
ab-（脱离）	abnormal（反常的）
ad-（加、添）	adjoin（毗连）
ante-, pre-（在前）	antecedent（先行词）、predict（预言）
anti-（反抗）	antisocial（反社会的）
auto-（自己）	automatic（自动的）
be-（可由名词或形容词变为动词）	belittle（轻视）、befriend（待……如友）、behead（断头）
bi-（双）	bicycle（自行车）
by-（附属的）	by-work（副业）
centi-（百分之一）	centimeter（厘米）
co-（共、和）	co-worker（同事）
counter-（反、逆）	counterclockwise（逆时针转）
de-（表示"去"，可由名词变为动词，并与原义相反）	decolor（褪色）
deci-（十分之一）	decimeter（分米）
dis-, non-（不、无）	disorder（无秩序）、non-conductor（非导体）
en-（表示"使"，可由形容词或名词变为动词，并有"扩大"意）	enlarge（扩大）
ex-（除去、出）	exclude（排除）
fore-（前、先）	foresight（预见）
hemi-（半）	hemicycle（半圆）
homo-（同）	homophone（同音词）

续表2−1

前缀	例词
in-、un-、dis-（不）	inhuman（不近人情的）、indifferent（不关心的）、invaluable（非常贵重的）、incorrect（不正确的）、unhuman（与人类无关的）、uneasy（不安的）、unbending（不屈不挠的）、unsatisfied（未满足的）、unlike［不同的（形容词）；不像（介词）］、dissatisfied（对……感到不满）、dislike（不喜欢）
kilo-（千）	kilogram（千克）
milli-（千分之一）	millimeter（毫米）
mis-（误）	misuse（误用）
mono-、uni-（单一）	monorail（单轨）、unilateral（单方的）
multi-、poly-（多）	multiform（多形的）、polygon（多边形）
post-（在后）	posterior（后面的）
re-（再次、反）	rewrite（再写）、reaction（反作用）
semi-（半）	semi-conductor（半导体）
sub-、under-（次于、在下）	subway（地下通道）、underwater（在水下）
tri-（三）	tricycle（三轮车）
super-、ultra-（超）	supersonic（超音速的）、ultrasonic（超声的）

常用后缀见表2−2。

表2−2　常用后缀（一般变词性，或加变词义）

后缀	例词
-able（形容词）	reliable（可靠的）、respectable（受尊敬的，表示被动含义）
-age（名词）	storage（储存）
-ant（形容词）	pleasant（愉快的，表示主动含义）
-ar（形容词）	solar（太阳的）
-ate（动词、形容词）	indicate（指示）、affectionate（慈爱的，表示主动含义）
-ette（名词，小、仿造的或女性的）	kitchenette（小厨房）、leatherette（仿皮革）、usherette（女引座员）
-cy（名词）	frequency（频率）
-ed（形容词）	pleased（满意的）、beloved（被热爱的，表示被动含义）
-en（形容词）	golden（金色的）
-en（动词）	harden（使硬）
-er（名词，人或物）	reader（读者）、cooker（炊具）

续表 2－2

后缀	例词
-ful（形容词）	respectful（尊重人的，表示主动含义）
-free（形容词，无）	dust-free（无尘的）
-ible（形容词）	visible（可见的，表示被动含义）、contemptible（可鄙的，表示被动含义）
-ic（形容词）	electric（电），electric lights（电灯）
-ical（形容词）	electrical（有关电的），electrical fault（电力系统的故障）
-ify（动词）	classify（分类）
-ion（名词）	selection（选择）
-ish（形容词）	reddish（带红）、childish（幼稚，贬义）
-ism（名词，主义）	communism（共产主义）
-ist（名词，者）	typist（打字员）、loyalist（效忠者）、royalist（保皇党）
-ite（名词，一个社区或部落的成员）	brooklynite（纽约布鲁克林人）
-ive（形容词）	active（活泼的）
-ize（动词）	oxidize（氧化）
-less（形容词，无）	useless（无用的）、shameless（无耻的）
-let（名词，小）	booklet（小册子）
-like（形容词）	childlike（天真，褒义）
-logy（名词，学）	biology（生物学）
-ment（名词）	movement（运动）
-ness（名词）	hardness（硬度）
-or（名词，人）	inventor（发明者）
-ory（形容词）	satisfactory（令人满意的，表示主动含义）
-ous（形容词）	famous（有名的）、dangerous（危险的，表示主动含义）
-proof（形容词，防）	light-proof（遮光）
-some（形容词）	tiresome（令人厌倦的，表示主动含义）
-ster, -eer（名词，从事某职业或活动的人）	gamester（赌徒）、profiteer（奸商）
-th（名词）	length（长度）
-ty（名词）	safety（安全）
-uous（形容词）	contemptuous（鄙视，表示主动含义）
-ward(s)（副词，向）	upwards（向上）
-y（形容词）	muddy（多泥的）

2.1.2.8 语气（特别是虚拟语气）的影响

（1）It's time we <u>went</u>（此处用过去式）home. 是该回家的时候了；都几点了，该回家了。（虚拟语气。）

（2）<u>Let's not go out</u>. （＝Let's don't go out.）我们别出去。（祈使语气。）

2.1.2.9 非谓语动词的影响

（1）<u>To hear</u>（不定式）Jane sing, you would take her for a young girl. 听简唱歌，你会以为她是个年轻的女孩。

（2）You have only <u>to do</u>（不定式）your best. 你只需尽力就好。

（3）He is <u>to leave</u>（不定式）Shanghai. 他将离开上海。

（4）<u>Feeling tired</u>, I went to bed early. （＝As I felt tired, I went to bed early.）因为觉得疲倦，我早早就睡觉了。

（5）<u>Granted/Granting</u> what you say is true, it is no excuse. 即使你说的是真的，也不能原谅。

对比：

（6）We took it <u>for (being) granted that</u> you would consent to our plan. 我们理所当然地认为你会赞同我们的计划。

（7）It was taken <u>for granted that</u> he would do it. 人们理所当然地认为他会做那件事。

2.1.2.10 词序的影响

（1）A：He is fond of music. 他喜爱音乐。

B：<u>So am I</u>. 我也是。

（2）A：You are fond of football. 你爱好足球。

B：<u>So I am</u>. 事实确是如此。

（3）I do so. 我亦如此做。（不说 I am so，也不说 I have so。）

（4）<u>Rarely does</u> the temperature go above 90 ℉ here. 这里温度很少高出 90 ℉的。

（5）<u>It took</u> me ten months to write this book. （＝<u>This book took</u> me ten months to write.）我花了 10 个月来写这本书。

对比：

（6）<u>I spent</u> ten months (in) writing this book. （此处勿用 it 引出。）我花了 10 个月写这本书。

（7）<u>The stamps cost</u> me five hundred dollars (to collect). 〔＝<u>It costs</u> me five hundred dollars (to collect the stamps).〕收集这些邮票花了我 500 元。

2.2 并列句

子句与子句用并列连词连接，就叫并列句。例：I read and you write. 我读你写。

2.2.1 子句的连接可有 4 种不同意义

2.2.1.1 表示并列

表示并列的连接词：and、not only…but（also）、neither…nor 等。

Neither I would borrow money from him nor he would lend me. 我不想借他的钱，他也不会借给我。

2.2.1.2 表示选择

表示选择的连接词：either…or、or、otherwise、rather than、whether…or、or else 等。

We must hurry, or we'll be late. 我们必须快点，否则会迟到。

2.2.1.3 表示转折

表示转折的连接词：but、however、nevertheless、still、while、whereas、after all、though、on the contrary、on the other hand、in the meantime、only、yet 等。

He failed many times, but he didn't give up. 他失败过多次，但都没放弃。

2.2.1.4 表示因果

表示因果的连接词：so、for、then、hence、therefore、thus、accordingly、in that case、on that account、consequently、thereby 等。

He didn't work hard, therefore he failed. 他学习不努力，因此不及格。

2.2.2 表示并列关系的连接词的用法有三忌

2.2.2.1 忌所连接的前后结构不平行

错误：Texas has become a national hub of <u>bank</u>, fashion, manufacturing, trade and transportation, …

句中 and 所连接的 5 个词属于平行结构，这里指的都是行业，但 bank 则非行业，故应改为 banking。句义为：得克萨斯州已经成为全国的银行业、时尚、制造业、贸易和运输中心，……

2.2.2.2　忌两个子句的相同主语并存

（1）错误：We read and we write.

句中第二个 we 应删，使此句变为简单句。句义为：我们读和写。

（2）对比：He looked sad and he looked sadly at all of us. 他看起来很难过，悲伤地看着我们所有人。

此句第二个 he looked 不用删，因前面的 looked 是系动词而后面的 looked 是不及物动词，两个 looked 的谓语词性不同。

2.2.2.3　忌两个子句的时态不对应

错误：He reads and she wrote.

句中 wrote 应改为 writes。句义为：他读她写。

2.3　主从句

若要区分从句的种类，一般是以主句缺了什么成分，而从句作为该成分时就将从句称作该类从句。

一般而言，名词放在主句，代词放在从句。

错误：Busy as my father is, he never seems in a hurry.（he 与 my father 应互换位置，句义为：虽然我父亲很忙，但他似乎从不着急。）

2.3.1　主语从句

2.3.1.1　形式一

"It is + a fact/good news/necessary/well-known + that + 主语从句"。

It is a well-known fact that the moon has no light of its own.（it 是形式主语。）月球本身不发光是众所周知的事实。

2.3.1.2　形式二

"It + must be pointed out/must be noticed/has been proved/seems/happened/turns out/will be seen + that + 主语从句"。

It must be noticed that there are something unusual in this experiment. 必须注意的是，这个实验中有些不寻常的地方。

2.3.1.3 形式三

"whether（不作为句中成分，解作"是否"）/who（作为从句的主语）/whom（作为从句的宾语）/whose（指人，作为从句的定语）/which（指物，与名词或形容词所作为的句中成分相同，which 有可供选择的范围）/what（指物，与名词或形容词所作为的句中成分相同，what 没有可供选择的范围）/that（不作为句中成分，没有任何含义）/why（作为从句的状语，解作"为什么"）/how（作为从句的状语或表语）/when（作为从句的状语）/where（作为从句的状语）+ 主语从句 + 主句的谓语"。

（1）Who did the work is unknown. 谁做了这项工作还不得而知。

（2）All I wanted was a few minutes' sleep.（all 可以作为关联词引出主语从句。）我想要的只是睡几分钟。

多用 whether 而不用 if 的情况如下。

（1）引出主语从句。

Whether he will come to the meeting is not clear. 他是否要来参会还不清楚。

但若 it 作为形式主语引导主语从句时，句中 whether 可用 if 代替。

It is important whether/if he will come. 他是否会来很重要。

（2）引出同位语从句。

It depends on the question whether he is ready. 这取决于他是否有准备。

（3）引出表语从句。

Do you feel whether the house is shaking? 你是否感觉房子在摇晃？

（4）引出介词的宾语从句。

I'm worried about whether she is happy. 我担心她是否开心。

对比：I wonder whether/if she's happy. 我想知道她是否开心。

对比：We don't care if she doesn't come.（如果从句是否定句，则用 if。）我们不在意她是否不来。

（5）whether 用在不定式之前。

It is a question whether to go or to stay. 问题是去还是留。

He wondered whether to come. 他不知道是否要去。

（6）whether 用在作状语的现在分词或介词词组之前。

Whether by accident or design they met. 不知是巧合还是安排的，他们相遇了。

Whether waking or sleeping she breathed noisily. 不管是醒着还是睡着，她呼吸都很大声。

（7）宾语从句之后有 or not 时，也要用 whether。

He asked me whether it would rain or not. 他问我会不会下雨。

（8）译作"无论""不管"的状语从句，要用 whether 或 or whether。

Whether she drives or (whether she) takes the train, she'll be here on time. 无论是开车

还是乘火车，她都会按时到的。

（9）动词 discuss 之后的宾语从句，要用 whether 引出。

We discussed <u>whether</u> we should do it. 我们讨论了是否应该做这件事。

（10）用 whether 引导 2 个从句时，应连带用 or。

We don't know <u>whether</u> she is right <u>or</u> he is right. 我们不知道她对还是他对。

2.3.2　表语从句

2.3.2.1　可接表语或表语从句的动词

可接表语或表语从句的动词有 act（装成）、appear（显得）、be（是）、become（成为）、continue（继续）、fall（变得）、feel（感觉）、get（变得）、grow（逐渐变得）、keep（保持）、look（看起来）、prove（证明）、remain（保持）、seem（似乎）、smell（闻）、sound（听）、stand（处于……状态）、stay（维持）、taste（品尝）、turn（变成）。

系动词多由不及物动词变来。

（1）My dream <u>comes</u> true. 我的梦想变成现实。

（2）She <u>is</u> what is called／what we call／so called a talented woman. 她就是所谓有才能的女人。

（3）He <u>felt</u> sad. 他感到难过。

（4）The diameter of the pipe must <u>be</u> such as to permit the liquid to flow at a moderate speed.（此处 such 是表语。）管子的直径必须允许液体以中等速度流动。

不可以说 "The diameter of the pipe must be so to permit…"。（so 是副词，不能作为表语。）

2.3.2.2　表语从句所用的连接词

表语从句所用的连接词，大致与主语从句所用的相同，但较少用 which。

That is <u>why</u> we can see them. 这就是为什么我们能看到它们。

2.3.2.3　表语从句和 "seem + 表语" 的易错点

1）"This／That／It + is + because（不用 since 或 as）…"。

（1）若用 because 引出的表语从句，则其主句的主语只能用 this、that 或 it。故不能说 "The reason…is because + 表语从句"。应改为 "The reason why they live here is that + 表语从句"。

对比：

（2）This is <u>the reason why／for which</u> the output of a machine is less than the input.（why

33

的先行词多是 reason。) 这就是机器的输出小于输入的原因。

（3）This is the <u>reason that</u> he came so early. 这就是他来这么早的原因。

（4）Give me your <u>reason for</u> playing truant. 给我你逃学的原因。

（5）She has won <u>for</u> some <u>reason</u>. 由于某种原因，她赢了。

2）seem 若接有名词，其后的名词前面要加修饰语；若接形容词或有形容词修饰的名词，则其后 to be 要不要均可。

故不能说 He seems a teacher.（名词 teacher 前没有修饰语。）

应改为 He seems to be a teacher. 他好像是老师。

3）seem/appear/prove to be…

（1）He <u>seems（to be）</u> deaf.（deaf 是形容词。）他似乎聋了。

（2）He <u>seems（to be）</u> a clever boy.（boy 是名词。）他似乎是个聪明的孩子。

（3）He <u>seems（to be）</u> excited.（seem 表示根据外表而有一定判断。）他好像很兴奋。

（4）He <u>appears（to be）</u> excited.（appear 仅指外表。）他看起来很兴奋。

2.3.3 宾语从句

2.3.3.1 带双宾语的及物动词

带双宾语的及物动词有 accord（给予）、allow（允许）、buy（买）、assign（分派）、award（授予）、ask（问）、bring（带给）、cause（造成）、choose（选择）、deny（否认）、do（做）、fetch（去取）、find（找到）、forbid（禁止）、ensure（保证）、get（拿）、give（给）、grant（承认）、hand（递交）、leave（留给）、forgive（原谅）、lend（借给）、make（做）、lose（失去）、offer（提供）、order（订）、owe（欠）、pass（传递）、pay（支付）、prepare（准备）、pardon（原谅）、post（邮寄）、promise（承诺）、read（读）、recommend（推荐）、refuse（拒绝）、return（归还）、render（提供）、sell（卖）、spare（让出）、send（送）、show（展示）、sing（唱）、telephone（打电话）、teach（教）、tell（告诉）、throw（扔）、wish（希望）、write（写）等。

（1）<u>Tell</u> me whose radio it is.（me 是间接宾语，whose radio it is 是直接宾语。）告诉我这是谁的收音机。

（2）I <u>promised</u> him a reward.（him 是间接宾语，a reward 是直接宾语。）我答应给他报酬。

（3）We <u>asked</u>（及物动词"问"）him（间接宾语）a question（直接宾语）. 我们问他一个问题。

对比：We <u>asked</u>（及物动词"要求"）him（宾语）to join the PLA（宾语补足语）. 我们要求他加入中国人民解放军。

（4）两个宾语都是人称代词时，则直接宾语在前。

Give it（直接宾语）to him（间接宾语）then. 然后把它给他。

若间接宾语移到直接宾语之后，应使用介词 to 的动词有 allot（分配）、allow（允许）、award（授予）、bring（取来）、deny（拒绝）、do（做）、grant（允许）、give（给）、hand（交给）、lend（借出）、offer（提供）、owe（欠）、pass（传递）、pay（付）、permit（允许）、promise（答应）、read（读）、refuse（拒绝）、render（给予）、restore（归还）、return（送还）、sell（卖）、send（送）、show（出示）、take（取）、teach（教）、tell（告诉）。

（5）He gave a book to her. 他给了她一本书。

而使用介词 for 的动词有 bring（取来）、cash（兑现）、buy（买）、choose（选择）、cook（烹调）、do（做）、fetch（去取）、get（获得）、make（做）、order（订）、paint（画）、play（演奏）、reach（交给）、spare（让出）。

（6）She made a coat for him. 她为他做了一件外套。

若既可用 to，也可用 for 时，则两者意义不同。

（7）He wrote a letter to her. 他写了一封信给她。

（8）He wrote a letter for her. 他替她写了一封信。

2.3.3.2 宾语从句的连接词

1）宾语从句所用的连接词，大致与主语从句的相同。

Man can do what man has done. （＝What man has done, man can do.）（注意语序及逗号。）前人能办的事，后人也能做。

2）doubt 在肯定句时，宾语从句用连词 whether（较正式）、if、when、what 或 that 连接。

doubt 在问句或否定句时，宾语从句用连词 that 或 but 连接，不用 whether 或 if 连接。

（1）We doubt whether it is true or not. 我们怀疑它不是真的。（我们不认为它是真的。用 whether，不用 if。）

（2）I doubt that I'll go anywhere tomorrow. 我不相信我明天会去。（我估计/恐怕我明天不去，我认为我明天不会去。）

（3）Who doubts that it is true? 谁怀疑它是真的。

（4）We do not doubt that you are correct. 我们不怀疑你是对的。

（5）I don't doubt that he will help me. 我不怀疑他会帮助我。

（6）We do not doubt that/but that he was there. 我们相信他在那里。

3）wonder 之后常用连词 that、whether、why、if，或者省略。

（1）I wonder (that) she saw you. 我很奇怪她怎么会看见你。

（2）I wonder (that) she did not see you. 我很奇怪她没看见你。

（3）I wonder whether she saw you. 我不知道她是否看见你了。

（4）I wonder whether she did not see you. 我不知道她是不是没看见你。

（5）I wonder why you went so soon. 我想知道你为什么这么快就走了。

（6）I wonder if he is coming. 我不知道他来不来。

（7）I wonder who he is, where he came from and why he came. 我很想知道他是谁，从哪里来，来干什么。

2.3.3.3 "介词 + 宾语从句"

1）通常只有 whether 或疑问词才能引出介词的宾语从句。

（1）The lesson is about how light travels. 这一课是关于光如何传播的。

（2）We're worried about whether she is happy. 我们担心她是否幸福。

2）只有介词 except（除……之外）、save（除……之外）、saving（除了）、but（除了）、besides（除了）、for（为了）、for/in that（由于）、notwithstanding（虽然）之后可用 that 引出介词的宾语从句。

Television is different from radio for/in that it sends and receives pictures. 电视不同于无线电，因为电视能收发图像。

3）若要用 that 引出介词的宾语从句，则可在介词后加 it 或加 the fact。

（1）I am counting on it/the fact that you will come. 我期待你会来。

（2）I am counting on that.（句中 that 为指示代词）我指望着那个。

（3）错误：I am counting on that you will come.

2.3.3.4 宾语从句的直接引语与间接引语的互变

1）变人称。

He said, "I am right." 他说："我是对的"。→ He said that he was right. 他说他是对的。

2）变时态。

若主句是过去时，宾语从句中直接引语与间接引语要互变时，时态变化如下：

（1）现在时→过去时。

（2）现在完成时→过去完成时。

（3）过去时→过去完成时。

（4）过去完成时不变。

（5）将来时→过去将来时。

（6）将来进行时→过去将来进行时。

（7）过去情态动词（如 should、would）不变。

He said, "I should work." →He said that he should work. 他说："我应该工作。"→他说他应该工作。

（8）表示真理时，时态则不变。

He explained, "The earth is round. "→He explained that the earth is round. 他解释说地球是圆的。

3）变定语或状语。

（1）this→that。

（2）these→those。

（3）here→there。

（4）now→then/at that time。

（5）today→that day。

（6）tonight→that night。

（7）tomorrow→the next day/the following day。

（8）next year→the next year。

（9）yesterday→the day before/the previous day。

（10）last night→the night before。

（11）last month→the month before。

（12）yesterday afternoon→the afternoon before。

（13）ago→before。

4）宾语从句是一般疑问句时，在从句中用顺装语序。

（1）He asked, "Do you understand?" 他问："你理解吗？"→He asked me if/whether I understood. 他问我是否理解了。

（2）He said, "Can you swim, Li Ming?" 他说："你会游泳吗，李明？"→He asked Li Ming if he could swim. 他问李明会不会游泳。

5）宾语从句是特殊问句时，在从句中用顺装语序。

He asked, "Where are you from?" 他问："你从哪里来？"→He asked me where I was from. 他问我从哪里来。

6）宾语从句是祈使句时，在从句中用顺装语序。

（1）He said, "Don't come nearer!" 他说："不要再靠近了！"→He told me not to come nearer. 他让我不要再靠近了。

（2）He said to me, "you had better take your umbrella with you, for fear it may rain." 他对我说："你最好拿把雨伞，以免下雨。"→He told me that I had better take my umbrella with me, for fear it might rain. 他跟我说最好拿把雨伞，免得下雨。

7）宾语从句是感叹号时，酌情变化如下：

（1）She said, "What lovely flowers!" 她说："多漂亮的花！"→She commented on the lovely flowers. 她评论了这些漂亮的花。

（2）He said, "Happy New Year!" 他说："新年快乐！"→He wished us a happy New Year. 他祝我们新年快乐。

2.3.3.5　及物动词与不及物动词

1）及物动词与不及物动词的区分。

（1）英语、汉语两种语言，大致可按其含义而区分及物动词或不及物动词。例如，come、go 这类英语动词多是不及物动词。此外也有特例，如 enter（进入）则为及物动词；又如 serve（及物动词）the people（为人民服务）不能说成 serve for the people，salute（及物动词）the officer（向军官致敬）不能说成 salute to the officer，patrol（及物动词）the street（在街上巡逻）就不能说成 patrol in the street。

（2）有些不及物动词，其后可加名词，但不是宾语而是状语，因为只有及物动词或介词才要求宾语。

We walked（此处不能加上介词 for）thirty miles（状语）. 我们走了 30 英里。

I weigh（不及物动词）120 pounds（状语）. 我重 120 磅。

（3）有些不及物动词，其后可加同源宾语。凡同源宾语，其前或后皆要搭配定语。

He smiled a contemptuous smile. 他轻蔑地笑了笑。

He died a heroic death. 他英勇牺牲。

对比：He died a hero. = He died（and was celebrated as）a hero. 他以一个英雄的身份死去。

（4）有些动词作为及物或不及物时，解法迥异。

pass out 作为不及物动词时，译作"失去知觉"；作为及物动词时，译作"分发"。

（5）有时，不及物动词之后可加上无实义的宾语 it。

Bus it! 搭车吧！

Cheese it! 停止！别吵！逃呀！

Go it! 使劲干呀！

Chance it! 碰机会吧！

2）以下及物动词有时可译作"使、让、叫、令"，而被称为使役动词，后接"宾语 + 宾语补足语/宾语补足语从句"。

acknowledge（认可）、allow（允许）、appoint（指派）、cause（引起）、ask（要求）、call（叫）、consider（认为）、crown（加冕）、count（认为）、declare（宣称）、define（定义）、elect（选择）、enable（使能够）、expect（期望）、feel（感觉）、find（发现）、force（强迫）、get（使做）、have（使让）、hear（听见）、help（帮助）、imagine（想象）、intend（打算）、keep（使保持）、know（知道）、leave（使处于）、let（让）、like（喜欢）、make（使）、name（命名）、notice（注意）、observe（观察）、order（命令）、permit（允许）、prefer（更喜欢）、prove（证明）、remind（提醒）、render（使成为）、request（请求）、see（看见）、smell（闻）、think（认为）、set（使开始）、tell（告诉）、turn（变成）、understand（理解）、watch（看）、want（想）、wish（希望）。

（1）If you had told（吩咐）me just what（不用 that）I was to do（宾语补足语从句），they would never have found it. 如果你告诉了我要做什么，他们就永远也找不到它了。

（2）She would certainly order them not to smoke. 她当然会命令他们别吸烟。

不可以说"She would certainly order them no smoking."。

2.3.4　定语从句

2.3.4.1　句型结构

（1）Those who have finished it are our teachers. 那些完成的人是我们的老师。

（2）I know the man who you said was away.（句中 who 既作为 was 的主语，又作为 said 的宾语，故不能用 whom。）我知道你说的那个人离开了。

（3）He who is not with me is against me. 不与我相合的，就是反对我的。

（4）These tractors are better than those which were made last year. 这些拖拉机比去年生产的好。

（5）She is one who is always thinking of others. 她是一个总为别人着想的人。

（6）Those who are lazy shall get nowhere. 凡是懒惰都不会有出息。

（7）指某一种人的性质而不是指某人时，用 which 而不用 who。

She looked like an actress, which（不用 who）she was. 她看起来像个演员，事实是她就是个演员。

对比：Is this the house which（不用 what 或 the one）you bought last week? 这是你上周买的那个房子吗？

对比：Is this factory the one（which/that）they visited last year? 这个工厂是他们去年参观的那个吗？

当先行词是 all、everything、nothing、something、anything、much、little、who 或先行词被 no、any、very、every、only、the same、序数词或形容词最高级修饰时，定语从句用关系代词 that 引出。

（8）Is there anything that I can do for you? 有我能为你做的事儿吗？

（9）Come at any time（that）you like. 你想什么来就什么时候来。

（10）All those that have finished the exercises will help others. 所有完成练习的人都会帮助他人。

（11）Who that has common sense would break into the bank to get money? 有常识的谁会闯入银行拿钱呢？

（12）It was the third time that I had been here. 这是我第三次在这儿了。

（13）There is no one that doesn't want to live long. = There is no one but wants to live long.（but 是关系代词。）没有人不想长寿。

2.3.4.2　定语从句有八忌

1）其前不能用 what 引出。

不能说 All what is needed is a continuous supply of fuel oil.

因为 what = that which，即其本身已有先行词 that，所以不能用它引出定语从句。

应改为"All that is needed is a continuous supply of fuel oil."所需要的就是持续供应燃油。

2）定语从句中的 that 作为关系代词时，其前不能有介词。

（1）不能说 Comrade Li Ming was our monitor from 1980 to 1982, during that time he helped us a lot.

句中 that 应改为 which，而 which 在此可作定语，因其先行词"1980 to 1982"前有介词 from。句子译作：李明同志 1980 年到 1982 年是我们的班长，其间对我们帮助很大。

（2）关系代词 which 本不作为定语，但在定语从句的介词词组中的 which 则可作为定语，而不需用 whose。

Water boils at 100 ℃, at which temperature it changes into vapor. 水在 100 ℃时沸腾，在这个温度下变成蒸汽。

3）定语从句中的 that 作为关系代词时，其前不能有逗号，即 that 不能引出非限制性定语从句。

Our object has been achieved, which（不用 that）is to find out the pressure of that substance. 我们的目标已经实现，就是找出那种物质的压力。

4）定语从句中的 which 一般不能作为定语（即不能作为形容词）。若要用 which，则只能用"the + 名词 + of + which"或"whose + 名词"代替。

（1）A force can be shown by a line segment, whose length (= of which the length = the length of which) represents the magnitude of the force. 力可以用一条线段来表示，其长度代表力的大小。

（2）Machine tools have various uses, one of which is to make holes in metal. 机床有多种用途，其一是在金属上钻孔。

（3）This is the building which roof is flat.（错误，which 在定语从句中不作为定语。应把 which 改为 whose。句义为：这就是那座平屋顶的建筑物。）

（4）Whose one…（错误，one 不是名词。）

（5）The book which/that you told me of is on sale now. = The book of which you told me is on sale now. 你告诉我的那本书正在打折。

（6）There are 107 known elements, most elements of which are metals.（错误。）

应改为"There are 107 known elements, most of which are metals." 已知有 107 种元素，其中大部分是金属。

5）定语从句中不用"关系代词或关系副词 + ever"。

（1）This is the first time when ever I came here. （错误。）

（2）This is the first time that I came here. （正确。）这是我第一次来这儿。

6）在非限制性定语从句中，关系代词前的介词不能后置，介词和关系代词也不能省略。

May 4 is Youth Day, on which （= whereon）we always have meetings for celebration. （正确。）5 月 4 日是青年节，在那天我们总要开会庆祝。

May 4 is Youth Day, which we always have meetings for celebration on. （错误。）

May 4 is Youth Day, we always have meetings for celebration on. （错误。）

7）定语从句中的关系代词 that 不能作为定语，因它不等同于指示代词 that。

Is there anyone in your class whose （不能用 that）family is in the east? 你们班上有谁家在东部吗？

8）先行词前有比较级的形容词时，其关系代词用 than，而不用其他关系代词。

She got more money than she asked for. 她得到的钱比她要求的更多。

2.3.4.3　when 的先行词

when 的先行词多是表示时间的名词，且 when 在定语从句中要作为状语。

（1）Gone forever are the days when we had to depend on "foreign oil". 我们不得不依赖"洋油"的日子已一去不返了。

（2）错误：Gone forever are the days when we hate. （因为 hate 是及物动词，所以 when 不能作为其宾语。）

正确：Gone forever are the days which we hate. （which 在定语从句中作为宾语。）我们憎恨的日子一去不复返了。

2.3.4.4　where 的先行词

where 的先行词多是表示地点的名词，且 where 在定语从句中作为状语。

（1）That's the hotel where （= in/at which）they stayed last week. 那是他们上周待的酒店。

不能说"That's the hotel which they stayed last week."因为这里 where = at which 或 in which，所以不能仅以 which 代替。

（2）The houses are situated at the top of the hill where they command a fine view. 这些房子位于山顶，在那视野很好。

不能说"…the hill in which …"，因为先行词 top 前已有介词 at，所以不能用 in which。

2.3.4.5　how 的先行词

how 的先行词多是 way。

（1）Peddling is the way how（= in which）he makes his living. 兜售是他谋生的方式。

（2）对比"I admired the manner in which（不用 how，因此处表示"以什么态度、方式、状态"）he fought（我钦佩他战斗的方式）."。

2.3.4.6　关系代词前所使用的介词

关系代词前使用的介词是以定语从句及其先行词结构而定。

（1）The earth in which we live is in constant motion and in constant change.（错误）。应改为"…earth on which…"，译作：我们生活的地球在不断地运动和变化。

（2）The premier was the person in whose honor the ball was given. 为了欢迎总理才办了这个舞会。

在定语从句中的关系代词 whose 可表示"人的"或"物的"，而疑问代词 whose 则只表示"人的"。

（3）whereby = by which，whereto = to which，wherewith = with which。

2.3.4.7　先行词前有 such 和 the same 的定语从句

定语从句还可用"…such/the same + 先行词 + as…"结构形式。

1）such 不与 that、which、who 等连用。

（1）This is not such a liquid as we thought it to be. 这并非我们所认为的那种液体。

（2）They want the same material as we used. 他们需要的物质与我们所用的相同。（正确。）

They want as same material as we used.（错误。）

2）同级比较的形容词是 same 时，前面一般不用 as 而用 the。

（1）He uses the same books as you do. 他用的书跟你用的一样。

（2）He uses the same books that you do. 他用你所用的书。

2.3.4.8　关系代词 as 引导的非限制性定语从句

关系代词 as 引导非限制性定语从句时，只用以代表整个主句，所引出的定语从句可放在主句前、中或后；而 which 引导非限制性定语从句时，既可指代某一个词，也可指代整个主句。

（1）As has been said above/As we know/As often happens/As is shown in Fig. A, Australia is an English speaking country.（此处 as 指代后面整个主句。）如上所说/众所周知/正如经常发生的那样/如图 A 所示，澳大利亚是一个讲英语的国家。

What is shown in Fig. A, …（错误。）

（2）Salt is crystallized from sea water, which is known to be a physical change. 盐水是从海水中结晶出来的，这是一种物理变化。（正确。）

Which is known to be a physical change, salt is crystallized from sea water.（错误。

which 引出定语从句时，不能在句首。)

2.3.4.9　先行词相同

若先行词相同，则用相同的关系代词。

Students <u>that</u> study hard and <u>that</u>（不用 who）study wisely make progress. 努力学习和智慧学习的学生会进步。

2.3.5　同位语从句

（1）同位语从句之前大多是抽象名词。

I have no <u>idea when</u> he will come back. 我不知道他何时回来。

（2）引导同位语从句的词语通常有 that、whether 等连接代词和连接副词等。

The question <u>whether</u> he did so is not known. 他是不是这样做了，这个问题尚不清楚。

（3）同位语可以由 or、namely、that is、such as、of、for example 等所引导。

the city <u>of</u> New York（= New York City，译作"纽约城"）。

the idea <u>of</u> going abroad 中，going abroad 是 the idea 的同位语，意为"出国的想法"。

（4）谓语前若有主语的同位语出现，必须用 2 个逗号，将同位语隔开。

<u>Sunburn, a painful redness of the skin,</u>（逗号不能省略）is caused not by heat but by rays of ultraviolet light. 晒伤，一种疼痛的皮肤发红，并非由热引起，而是由紫外线引起。

2.3.6　状语从句

2.3.6.1　地点状语从句

地点状语从句常用 where 或 wherever 引出。

（1）Go back <u>where</u> you came from.（= Go back whence you came.）从哪儿来的回哪儿去。

（2）<u>Where</u> there is a will, there is a way. 有志者事竟成。

（3）<u>Wherever/No matter where</u> there is matter, there is motion.（wherever 表示加强语气。）哪里有物质，哪里就有运动。

（4）Hang it <u>wherever</u> you can find enough space. 把它放在任一宽敞的地方。（此句中 wherever 译作"任一地方"，故不能以 where 代替。）

2.3.6.2　时间状语从句

时间状语从句常用 when、as、before、after、until、till、since、once、the moment 等引出。

（1）when 指某一时刻，也可指一段时间，既可表同时发生，也可表示一先一后紧接着发生。

"When he had finished his letter, he posted it." 可以写成 "After he finished his letter, he posted it."，译作：他写完信后就寄了出去。

（2）while 表示动作同时发生。不能指某一时刻，只能指一段时间。

While I was waiting（延续性的动词）for the bus, I read a newspaper. 在等公共汽车的时候，我看了一份报纸。

I study English, while（= but/whereas）he studies Russian. 我学英语，而他学俄语。

不能说 "While he had finished his letter, he posted it."。（应将 while 替换为 after。）

也不能说 "He posted it, after he finished his letter."。（应调换主句从句的位置。）

（3）The moment she saw her mother, she waved her hand with joy. 她一见到母亲就高兴地挥手。

2.3.6.3 原因状语从句

1）常用 because（从句常在后）、since、as（从句常在前）、in that、considering that、now that、by reason that、for the reason that、inasmuch as、on the ground(s) that、seeing that 引出原因状语从句。

原因意义最强的是 because（常用以回答 why），since 次之，as 最弱。

（1）Mother was worried because Mary was ill especially if father was away. 妈妈很担心，因为玛丽病了，尤其是爸爸不在的时候。

（2）This is an ideal site for the factory inasmuch as it is close to the sources of supply of raw materials. 这是建厂的理想地点，因为这里离原材料供应地很近。

（3）We were fortunate in that we could study under Dr Li. 我们很幸运，因为能在李博士手下学习。

2）以下几种搭配是错误的：

（1）the reason…, because…

（2）because…, so…

（3）as…, so…

（4）since…, so…

（5）since…, therefore…

例外：As you sow, so shall you reap. 种瓜得瓜。

3）下列句型也表示原因：

（1）"Partly with + 名词 + and + partly with + 名词，+ 陈述句型"。

（2）"What with + 名词 + and + what with + 名词，+ 陈述句型"。

（3）"What between + 名词 + and + what between + 名词，+ 陈述句型"。

（4）"What for + 名词 + and + what for + 名词，+ 陈述句型"。

（5）"What through + 名词 + and + what through + 名词，+ 陈述句型"。

<u>What with</u> money <u>and what with</u> promise, they finally bribed him. 一半由于金钱，一半由于许诺，他们贿赂了他。

what by 表示方法：

<u>What by</u> policy <u>and what by</u> force, he finally accomplished his design. 一半靠策略，一半靠力量，他终于实现了自己的计划。

4）词组 on the ground(s) of、by virtue of、in virtue of、because of、due to、in view of、owing to、thanks to、on account of 及 "to + 动词原形" 表示原因。

（1）He was absent <u>on account of</u> illness. 因为病了，他缺席了。

（2）We all rejoiced <u>to hear</u> of their success. 听说他们成功了我们都很高兴。

5）sorry、glad、happy、delighted、pleased 后用 that 而非 for 引出原因状语从句。

I am <u>sorry that</u>（不能用 for）I have not answered your question. 很抱歉我没有回答你的问题。

2.3.6.4 目的状语从句

常用 "with the view of/for + 名词"、"in order to/so as to/on purpose to/to + 动词原形"、"in order/for fear/to the end/so + that"、"in case" 或 "lest" 引出目的。

（1）She studied hard <u>lest</u> she (should) fail. 她努力学习以免失败。

（2）We remained silent <u>for fear that</u> we might be misunderstood. 我们保持沉默以免遭误解。

（3）We ran there <u>for</u> research purposes. = We ran there <u>to do</u> research. 我们跑去那做研究。

（4）He studied very hard <u>so as not to be</u> behind the times. 为了不落伍，他努力学习。

（5）He stayed at home <u>so that</u>（= <u>in order that</u>）he might have more time to study it.（so that… + might 表示目的，目的状语从句常用情态动词以表示假定概念。）他待在家里以便有更多的时间学习。

2.3.6.5 结果状语从句

常用 so that…、so…that、that、such…that、with the result that 引出结果状语从句。

（1）We got up early, <u>so that</u> we <u>were</u> in time for the first time.（结果状语从句常用过去时表示事实。）我们起得很早，这样我们第一次就准时了。

（2）The transistor radio is <u>so</u> small <u>that</u> you <u>can</u> carry it in your pocket.（结果状语从句中多用 can 或 could。）晶体管收音机很小，你可以把它放进口袋里。

对比：

（3）I told the truth <u>only to be</u> laughed at by them. 我讲了实际情况，结果却受到嘲笑。（"only + 不定式" 常表未预料到的结果。）

（4）He went to Africa ten years ago, <u>never to return</u>. 10 年前他去了非洲，再也没有回来。（"never + 不定式"常表强调否定的结果。）

2.3.6.6 条件状语从句

1）常用 with the understanding that、on the supposition that、on condition（that）、provided（that）、as long as、so long as、so far as、unless、suppose（that）、so that、in case（that）、once、if、if only、but that 引出条件状语从句。

（1）<u>So far as</u> I know, the meeting will be ended at 6:00. 据我所知，会议 6 点结束。

（2）We should have come <u>but that</u> we had an accident. 若非出了事，我们早到了。

（3）<u>Once</u>（she was）home, he put away his spade. 一旦她回了家，他就把铲子扔了。

（4）I will not forget your kindness <u>as long as</u> I live. 只要我活着就不会忘记你的好意。

（5）<u>So long as</u> you are innocent, fear nothing. 只要你是无辜的，就会无所畏惧。

（6）<u>In what circumstances</u> would she have been a great scientist? 在什么情况下她会成为一位伟大的科学家？

（7）<u>Under what circumstances/conditions</u> would you do it? 在什么情况下你会做？

（8）If you <u>are going to</u>（不用 will）see a film this evening, you'd better take your umbrella with you.（will 不能用于条件句，而用 be going to 代替。）如果你今晚要去看电影，你最好带上伞。

（9）<u>If</u> you <u>don't</u> change your mind（= <u>Unless</u> you change your mind）, I won't help you.（if 引出的虚拟条件句，不能用 unless 来代替 if...not。unless 大多用以表示真实情况。）如果你不改变主意，我不会帮你。

（10）To him it was indifferent who was found guilty <u>so that he could recover his money</u>. 对他来说，只要他能重新获得他的这笔钱，谁有罪是无关紧要的。

2）条件句中的虚拟语气及情态动词须多加注意。

（1）She turned pale as if/as though she <u>had seen</u> a ghost. 她脸色苍白，好像看见了鬼。

（2）Oh that, gold <u>grew</u> on trees! 哦，金子长在树上。

（3）<u>Would</u> that the old man <u>were</u> young again! 要是那个老人又年轻了多好！

（4）She worked very hard, otherwise she <u>would have</u> failed. 她学习非常刻苦，要不然她就不及格了。

（5）They would <u>as soon</u> stay home <u>as</u> go out. 他们宁愿待在家也不愿出去。

（6）<u>If</u> she had been born in New China, she would have been a great scientist.（= <u>In case</u> she had been born in New China, she would have been a great scientist.）如果她出生于新中国，她就会成为一位伟大的科学家。

3）某些定语从句也带有条件的意义。

A country <u>that stopped working</u> would quickly be bankrupt. 任何国家若不发展就会很快垮掉。

4）某些特定副词（如 immediately）也可相等于连词 as soon as。

"Let me know immediately（＝as soon as）she arrives", he shouted. "她到了告诉我",他喊道。

5）常用 "but for/in the absence of/in case of/in the event of/with/without＋名词" 引出条件状语。

（1）In case of fire, dial 119 at once. 如果发生火灾，立刻拨打 119。

（2）But for/Without him, it would never have taken place. 若没有他，这种事绝不会发生。

6）"命令句＋and/or…" 也有条件意义。

Make haste, and you'll be in time（快点，你就会及时赶到）. （＝Make haste, or you'll be late. 快点，要不迟到了）。

2.3.6.7　比较状语从句

常用连词 as…as、…than… 等引出比较状语从句。

（1）The end B of the lever moves up as far as the end A moves down. 该杠杆 B 端上升的距离和 A 端下降的距离相等。

（2）He studies as well as we do. 他学得如同我们一样好。

对比：He gave me clothes as well as food. 他除了给我食物，还给了衣服。

（3）Mary did not know of chamber music any more than she did of Jazz. 玛丽对室内乐和爵士乐同样不懂。

2.3.6.8　让步状语从句

1）常用 though、although、even though、even if、for all、much as、in spite of the fact that、however 引出让步状语从句。

（1）For all you say, I still like him. 尽管你这样说，我还是喜欢他。

对比：I'm all for going there. 我完全赞成去那边。

（2）The man refused to confess, but for all that, we knew he was a spy. 此人拒不交代，尽管如此，我们知道他是个间谍。

（3）There is little, if any, possibility of success. 即使有可能，成功的可能性也很小。

（4）He seldom, if ever, drank Maotai wine. 他即使喝过茅台，也很少饮用这种酒。

（5）While I acknowledge my failure, I still preserve self-confidence. 我虽然承认失败，但我仍然保持自信。

（6）True, he is inexperienced, but he is bright and capable. 他诚然缺乏经验，但却精明强干。

（7）Come when you will（"动词＋疑问词＋will/may"）, never forget returning it to me. 无论什么时候你来，不要忘了把它归还给我。

（8）Let the weather be <u>what it may</u>... 不管天气如何……

（9）This house，<u>such as it is</u>，is very comfortable to live in. 虽然这般模样，这所房子住起来挺舒服。

2）表语放在句首，有时可以表示让步之意。

<u>Young as she is</u>，she is very able. 尽管她很年轻，却很能干。

2.3.6.9　方式状语从句

常用 as、as if 等引出方式状语从句。

（1）He speaks English <u>as if</u>/<u>as though</u> he were（虚拟语气）an Englishman. 他讲英语时就像是英国人。

（2）Just <u>as</u> he speaks English，so I speak French. 正如他说英语一样，我也说法语。

2.4　疑问句

2.4.1　反义疑问句

反义疑问句的句意由实义动词决定，分前后两部分。

2.4.1.1　常规的反义疑问句，前后两部分谓语肯定和否定相反

（1）She <u>had</u> a very good time，<u>didn't</u> she? 她玩得很开心，不是吗?

（2）We <u>had to</u>（必须）wait，<u>didn't</u> we? 我们必须等，不是吗?

（3）He <u>had no</u> idea，<u>had</u> he? 他没有主意，是不是?

（4）You'd <u>better</u>...，<u>hadn't</u> you? 你最好……，不是吗?

（5）You'd <u>rather</u>...，<u>wouldn't</u> you? 你宁愿……，不是吗?

（6）You'd <u>like</u>...，<u>wouldn't</u> you? 你想……，不是吗?

（7）You're <u>going</u>...，<u>aren't</u> you? 你要……，不是吗?

（8）I <u>should</u> do it，<u>shouldn't</u> I? 我应该做它，不是吗?

（9）You <u>need</u> a book，<u>don't</u> you?（need 作为实义动词。）你需要一本书，不是吗?

（10）They <u>needn't</u> leave，<u>need</u> they?（need 作为助动词。）他们不用离开，是吗?

（11）She <u>didn't</u> dare...，<u>did</u> she?（dare 作为主要动词。）她不敢……，是吗?

（12）He <u>daren't</u> go out，<u>dare</u> he?（dare 作为助动词。）他不敢出去，是吗?

（13）She <u>never used to</u> swim，<u>did</u> she?（used 作为实义动词。）她以前从不游泳，是吗?

（14）She <u>used to</u> live in Shanghai，<u>didn't</u> she?（used 作为实义动词。）她以前住在上海，不是吗?

（15）There's not…, is there? 没有……，是吗？

（16）There has not been…, has there? 还没有……，是吗？

（17）There's not been…, has there? 还没有……，是吗？

（18）There won't be any evening party, will there? 没有晚会，是吗？

（19）I am interested in books, aren't I?（aren't 只能用于反义疑问句后边的疑问部分之中。除此情况外，如果写成 I aren't 则皆属错句。）我对书感兴趣，不是吗？

（20）Everyone/Anyone likes…, doesn't he? 每个人/任何人都喜欢……，不是吗？

（21）Everyone/Anyone likes…, does he? 每个人/任何人都喜欢……，是吗？

（22）Everyone/Someone is having a good time, aren't they? 每个人都/有些人玩得很开心，不是吗？

（23）No one was hurt, was he?（若 no one、nobody 是指某个特定范围内的人，则其后用 he。）没有人受伤，是吗？

（24）Everything/Anything seems…, doesn't it? 每件事/任何事都像是……，不是吗？

（25）Nothing happened to him, did it? 他什么事也没发生，是吗？

（26）Nobody knows the answer, do they?（主语是 none、someone 或 anybody 时也一样。）没有人知道答案，是吗？

（27）Everybody/Somebody knows the answer, do they/don't they? 每个人都/有些人知道答案，是吗/不是吗？

（28）One can't work all the time, can one?（非正式场合可用 you 或 he 代替 one。）人不能总是工作，是吗？

（29）Each（强调单个）of them was…, wasn't he? 他们每一个人都是……，是吗？

（30）Each（强调集体）of them were…, weren't they/we/you? 所有人都是……，不是吗？

（31）She has got nothing, has/hasn't she? 她一无所有，是吗？

（32）Neither you nor I am a teacher, are we? 你和我都不是老师，是吗？

（33）He is unmarried, isn't he? 他未婚，不是吗？

（34）He hardly gets up early, does he? 他很少早起，是吗？

（35）This/That is a chair, isn't it? 这/那是张椅子，不是吗？

（36）These/Those are pens, aren't they? 这/那些是钢笔，不是吗？

2.4.1.2　含祈使意义的反义疑问句

（1）(Please) come here, will/won't you?（请）来这，好吗？

（2）Don't be so choosey, do you?（在否定式带 be 的祈使句中，疑问部分只能用肯定。）不要太挑剔，行吗？

（3）Don't cry, will you? 别哭，好吗？

（4）Let's not…, all right/OK? 不要……，好吗？

（5）Let's have…, <u>shall we</u>?（let's 表示包括对方，而其余则用 will you。）我们一起……，好吗？

（6）Let us go out, <u>will you</u>?（let us 表示不包括对方。）让我们出去，好吗？

（7）Let me go out, <u>will you</u>? 让我出去，好吗？

（8）Let her go out, <u>will you</u>? 让她出去，好吗？

2.4.1.3　含感叹意义的反义疑问句

（1）What a stupid fellow, <u>isn't he</u>? 多傻的小子，不是吗？

（2）What a lovely day, <u>isn't it</u>? 多好的天，不是吗？

若句子以 oh 或 so 开头，则前、后部分同用肯定式或否定式。

（3）Oh, you told her, <u>did you</u>? 哦，你告诉她了，是吗？

（4）So she doesn't like the job, <u>doesn't she</u>? 所以她不喜欢这个工作，不是吗？

2.4.1.4　主从句变为反义疑问句

主从句变为反义疑问句时，疑问部分大多随主句动词结构而变化。

（1）<u>They never said</u> Terry would come, <u>did they</u>? 他们从未说过特里会来，是吗？

（2）<u>Mr. Wang said</u> he wouldn't dare to do it, <u>didn't he</u>? 王先生说他不敢做它，不是吗？

2.4.1.5　疑问部分随从句动词变化

主句动词是 think、believe、fancy、expect 或 suppose，主语是第一人称时，疑问部分随从句动词变化。

（1）I suppose <u>you</u> are not serious, <u>are you</u>? 我想你不是认真的，是吗？

若主句是否定句时，则要注意疑问部分与从句的肯定或否定一致，此为否定转移。

（2）I don't think <u>he</u> is wrong, <u>is he</u>? 我想他没错，对吗？

2.4.1.6　疑问部分随主句动词变化

主句动词是 think、believe、fancy、expect、suppose，主语不是第一人称时，则疑问部分随主句动词变化。

（1）They don't think I am right, <u>do they</u>? 他们认为我不对，是吗？

（2）<u>Mary</u> thinks you will come to the meeting, <u>doesn't she</u>? 玛丽认为你会来参会，是吗？

2.4.1.7　并列句变反义疑问句时，疑问部分随第二分句变化

Jack has been working all afternoon, but <u>he should</u> be finished by now, <u>shouldn't he</u>? 杰克整个下午都在工作，但他现在应该完成了，不是吗？

2.4.1.8　含情态动词的反义疑问句

（1）I <u>ought to</u>…, <u>shouldn't</u> I? 我应该……，是吗？

（2）You <u>ought to</u>…, <u>oughtn't</u> you/<u>ought</u> you <u>not</u>? 你应该……，是吗？

（3）I <u>wish</u> to go, <u>may</u> I? 我希望去，可以吗？

（4）I <u>must not</u> go any further, <u>may</u> I? 我不能再往前了，是吗？

（5）We <u>mustn't</u> talk loudly in public, <u>must</u> we? 我们不能在公共场合大声说话，是吗？

（6）You <u>must have waited</u> here for 3 hours, <u>haven't</u> you? 你肯定在这等了 3 小时了，是吗？

（7）You <u>must have lived</u> here last year, <u>didn't</u> you? 你去年就住这儿了，是吗？

（8）He <u>must be</u> a teacher, <u>isn't</u> he? 他肯定是个教师，是吗？

（9）All the students <u>must learn</u> English, <u>needn't</u> they? 所有学生都得学英语，是吗？

2.4.2　选择疑问句

选择疑问句的特点是"选择其一"。

2.4.2.1　"一般疑问句＋or＋供选择的相应成分"

（1）Is he a student <u>or</u> a teacher? 他是学生还是教师？

（2）Are your grandparents living <u>or</u> dead? 你的祖父母健在还是去世了？

（3）Did John <u>or</u> Bill score the goal? 是约翰还是比尔进球了？

（4）Would you rather live in an old house <u>or</u> a modern house? 你宁愿住在老房子还是现代的房子里？

2.4.2.2　"特殊疑问句＋供选择的成分＋or＋相应成分"

What shall we have, lemonade <u>or</u> orangeade? 我们有什么，柠檬汁还是橘子汁。

2.4.2.3　选择疑问句的 or 前后的谓语的时态要一致

（1）<u>Are</u> you going to help me or <u>aren't</u> you? 你是要帮我还是不帮我？

（2）<u>Will</u> you tell the story or <u>won't</u> you? 你要讲故事还是不讲？

2.4.3　一般疑问句的回答特例

（1）may 表示请求许可。

A：May I borrow it? 我可以借吗？

B：Yes, you may. /No, you mustn't. 你可以。/你不可以。

（borrow 只用于可搬动的东西。因此，"Can I borrow your bathroom, please?" 是错误的，应将 borrow 改为 use。）

A：May I help you with your bag? 我可以帮你拿包吗？

B：Well, if you insist. 好的，如果你坚持。

may 表示"可能"时不可用在问句中，而多用于肯定或否定的陈述句中。

Can（不用 may）it be true? 这是真的吗？

在表示许可或用于请求许可时，必须用 may。

A：May I be excused? I'll be right back. 我可以先告退吗？我会马上回来。

B：Certainly. 当然。

（2）A：Must I do it? 我必须做吗？

B：Yes, you must. ／No, you needn't. 是的，你必须。／不，不用。

（3）A：Need I do it? 我需要做吗？

B：Yes, you must. ／No, you needn't. 是的，需要。／不，不用。

（4）A：Didn't you meet him? ／Did you meet him? 你没遇见他吗？／你遇见他了吗？

B：Yes, I did. ／No, I didn't. 是的，见了。／不，没见。

（5）A：Would you like some pudding? 你想要一些布丁吗？

B：Yes, please. ／No, thanks. 要。／不要，谢谢。

（6）A：Would you care for a cup of tea? 要不要喝杯茶？

B：I'd rather have a cup of coffee, if you don't mind. 我想要咖啡，如果你不介意。

（7）A：Will you set plates for four, 5 yuan a plate, drinks extra? 你能摆 4 个位子吗，5 元一位，再加饮料？

B：Yes, sir. 好的，先生。

（8）A：Could you give me some discount? Say, a discount of 10 percent? 你能给我点儿折扣吗？九折怎么样？

B：There is no profit. 这个价格没钱赚。

（9）A：Are we late? 我们晚了吗？

B：It's OK. （＝It doesn't matter.）没事儿。

（10）A：Was there anything you didn't like about the story? 这故事你有不喜欢的地方吗？

B：Yes, there was. 有。

（11）A：Was it to your liking? 你对它满意吗？

B：Yes, it was. 满意。

（12）A：Have you been here before? 你以前来过这儿吗？

B：Rather. （＝Yes.）来过。

（13）A：Do you like it? 你喜欢它吗？

B：Yes. 喜欢。

（14）A：It is risky, but are you willing to take the risk? 很危险，但你愿意冒险吗？

B：Of course. 当然。

（15）A：Have I done this right? 我做得对吗？

B：It's perfect. 对。

（16）A：Have you ever had strange experience you could not explain? 你曾经有过无法解释的奇怪经历吗？

B：Tell us about it. 跟我们讲讲。

（17）A：Have you seen the corkscrew anywhere? 你在哪儿看到过开瓶器吗？

B：You had it last. 最后是你用的。

（18）A：Would you mind turning off the radio? 你介意关掉收音机吗？

B：Not at all. 我不介意。/I'd rather you wouldn't. （=I don't agree with you.）我宁愿你别关掉。（=我不同意。）

（19）A：Would you mind not using my toothpaste? 不要用我的牙膏好吗？

B：Sorry! I thought you didn't mind. 对不起！我以为你不介意。

（20）A：And something else, wouldn't it be an idea to buy your own soap? 另外，你就不能自己买一块肥皂吗？

B：Sorry! I didn't realize you felt so strongly. 抱歉！我没想到你反应这么大。

（21）A：Do you have to have that record on quite so loud? 你一定要把唱片放得这么大声吗？

B：Sorry! Is it bothering you? 对不起！是不是打扰到你了？

（22）A：I can't attend the meeting this afternoon, couldn't you cancel it for the time being? 今天下午我不能出席会议，你们能不能暂时取消它？

B：No, we couldn't. 不行，不能取消。

（23）A：Used they to take a nap at noon? （=Did they use to take a nap at noon?）他们以前中午休息一下吗？

B：Yes, they did. 是的，他们以前都午休。

（24）A：Is this ticket good for three days? 这张票3日内有效吗？

B：No, it isn't good（=valid）for today. 它今天无效。

对比：

A：Good morning, Mr. B. Lovely day, isn't it? 早上好，B先生。多好的一天，不是吗？

B：Yes, isn't it? 是啊，怎么不是呢？

2.4.4　特殊疑问句

特殊疑问句中，除疑问词作为主语或主语的定语（即对主语或主语的定语提问），其语序用顺装语序外，其他情况则用部分倒装语序。

2.4.4.1　由 what 引起的特殊疑问句

（1）What comes after the Thanksgiving Day? 感恩节之后是什么节？

（2）What percentage of the students voted? 百分之几的学生投了票？

（3）A：What happened to him? 他怎么了？

B：He was hit by a ball. 他被球击中了。

（4）A：What is your plan? 你的计划是什么？

B：Our plan is to have an outing. /Our plan is having an outing. 我们的计划是出游。

（5）What's your name? （＝May I have your name?） 你叫什么名字？

（6）A：What's your nationality? 你的国籍（民族）是什么？

B：I'm a Chinese/a Han. 我是中国人/汉族人。

（7）What type of car do you take? 你驾驶哪种类型的车？

（8）What kind of books? 哪种类型的书？

（9）In what way? 以什么方式？

（10）Under/In what circumstances （＝On/Under what condition）was it done? 它在什么条件下做成的？

（11）What brand of toothpaste do you use? 你用什么牌子的牙膏？

（12）What part of China do you come from? 你来自中国哪个地区？

（13）What time train did they take? 他们乘几点的火车？

（14）What number bus did they take? 他们坐几路公共汽车？

（15）What size/color shoes do you take? 你穿多大码/什么颜色的鞋？

对比：

A：What color are the shoes? 这鞋子什么颜色？

B：The shoes are black. 这鞋子是黑色的。

（16）What other books has he read? 他还读过别的什么书？

（17）What does the saying "eat in Guangzhou" mean? "吃在广州"什么意思？

（18）What did they buy three of? 他们买了 3 根什么？

（19）A：What make is the bullet train (of)? 这个子弹头列车什么牌子的？

B：It is of Japanese make. 是日本牌子。

（20）What did they charge you? 他们向你收取了什么费用？

（21）A：What is the weather like? （＝How is the weather?）天气怎么样？

B：It is fine. 很好。

（22）What on earth are you talking about? (on earth 表示加强语气。) 你们究竟在讨论什么？

（23）A：For what are they singing? /What are they singing for? 他们在为什么而唱？

B：For amusement. 为了娱乐。

（24）For <u>what</u> length of time is it valid？（＝What length of time is it valid for？）这个有效期有多久？

（25）A：<u>What</u> time do you make it？你认为是什么时候了？

B：I make it seven on the dot（＝sharp）. 我认为现在7:00整。

对比：

A：<u>What</u> time is it now？／<u>What's</u> the time？／<u>What</u> time do you have？现在几点了？

B：It's seven now. 现在7:00了。

对比：

A：<u>What</u> time（have）you got？／How's the time？几点了？／时间还来得及吗？时间还够吗？

B：You have five minutes left. 还有5分钟。

（26）A：<u>What</u> year was it？那是哪一年？

B：It was the year of 1949. 那是1949年。

（27）A：<u>What</u> flavor will you have？你想要哪种口味？

B：I have dessert. 我试试甜点吧。

对比：<u>What</u> did you have for dinner？你晚餐吃什么？

（28）A：On <u>what</u> grounds do you think that the money was stolen？你根据什么认为钱被偷窃了？

B：Because… 因为……

（29）For <u>what</u> reasons/purpose do you work？（＝Why do you work？）你为什么工作？

（30）To <u>what</u> extent/degree was he right？他在多大程度上是正确的？

（31）A：On <u>what</u> day of the week will the magazine arrive？杂志星期几到？

B：On Sunday. 星期天。

（32）<u>What</u> direction is the wind in？风向如何？

（33）<u>What</u> do I care？（＝I don't care.）我在乎什么？（＝我不在乎。）

（34）<u>What's</u> the racket？他们闹些什么？

（35）A：<u>What's</u> the matter？（＝What's the news？ ＝What's new with you？ ＝What's up？）怎么了？

B：I've some exciting news. 我有一些令人兴奋的消息。

（36）<u>What</u> are you up to？（＝What are you going to do？）你要干什么？

（37）Up to <u>what</u> time will you be free？到什么时候你才有空？

（38）Imagine you are hungry, but have no money for a meal, <u>what</u> would you do？想象一下你很饿，但又没钱吃饭，你会怎么办？

（39）<u>What</u>（is the value）of it？那有什么了不起？

对比：<u>What</u> of that？那有什么关系？（＝So what？那又怎么样呢？）

对比：What（becomes）of him? 他的情况如何?

（40）What did you get for Christmas? 你收到什么圣诞礼物?

（41）Guess what I've discovered? 猜猜我发现了什么?

（42）What was your impression of it? 你对这个印象如何?

（43）In honor of what was this monument put up? 这座纪念碑是为了纪念什么而建的?

（44）A：What was I saying? 我刚才说到哪里了?

B：Oh, You were talking about last night's party. 哦，你刚才在说昨天的晚会。

（45）A：What is he like? 他个性怎样?（问性格特点。）

B：He is outspoken. 他说话坦率。

对比：

A：How is he? 他近来身体好吗?

B：He is well. 他很好。

对比：

A：What does he look like? 他外表怎样?（问外貌长相。）

B：He looks like a teacher. 他看上去像个教师。

对比：

A：How does he look? 他神态怎样?（问精神状态。）

B：He looks rather unhappy/He looks handsome. 他看起来不开心。/他看起来很帅。

（46）What do you want to be when you grow up? 你长大了想当什么?

（47）What do you mean by the placard "PED. XING"? 你标语牌上的"PED. XING"是什么意思?

（48）What's the difference between Marco Polo and Apollo? 马可·波罗和阿波罗的区别是什么?

（49）What is the relationship between you and him? 你和他是什么关系?

（50）What is your opinion? 你的想法是什么?

（51）What is wrong with the clock? 这个钟怎么回事儿?

（52）At what times of the year should more train services be provided? 一年中什么时候应该提供更多的火车服务?

（53）What more can I say? 我还能说什么?

（54）Your friend pays you a visit without calling you first, what do you say to him when you see him? 你的朋友没有打电话就拜访你，你见他时说什么?

（55）According to the clerk, what is the advantage of traveling by plane? 职员认为坐飞机旅行有什么好处?

（56）What did the clerk say when a traveler thanked him for his service? 当旅客感谢这个职员的服务时，这个职员说了什么?

（57）A：What day is it today? 今天星期几?

B：Sunday. 星期天。

（58）A：What's the date today? 今天几号?

B：New Year's day. 元旦。

（59）What method would you use to try to avoid doing something you didn't want to do? 你会用什么方法去尽量避免做你不想做的事。

（60）Apart from bad driving, what else can cause road accidents? 除了不良驾驶，还有什么导致交通事故?

（61）What（does it matter）if she does not come? 她不来又何妨?

（62）What else? 还有别的什么?

（63）A：In what respect is he strong? 在哪方面他很强?

B：He is physically strong. 他体质强。

（回答 in what respect 所引起的问句可用 economically、mentally、politically、scientifically、morally、physically、historically 等方面状语。）

（64）In what manner do you greet people who are older than you? 你用什么方式问候比你年长的人?

（65）A：In what order are they? 他们是第几个?

B：Second. 第二。

（66）A：A what? 一个什么?

B：A dictionary. 一本词典。

2.4.4.2　由 who、 whom、 whose 引起的特殊疑问句

（1）A：Who are you? 你是谁?

B：I'm a nobody. 我是个小人物。

（2）A：Who's next? 下一位是谁?

B：It's me. 我。

（3）Whosis? 那个谁? /那个什么? （whosis 为俚语，指不知其名的或一时想不起名字的人或物。）

（4）Who are they? 他们是谁? （在疑问词 who 与 be 之后，代词只用主格，故不可以说 "Who are them?"，但可以说 "Who is it?"，回答时说 "It's me."。）

（5）Who is responsible for you? 谁担保你?

（6）In whose name do I make it out? 我写上谁的名字?

（7）Mrs. Who? 谁的太太?

（8）Who will care for your children when you are out? 你外出时，谁照顾你的小孩?

（9）Who will take the Chair? 谁任主席?

对比：Who will take a chair? 谁坐一坐? /谁拿一把椅子?

（10）Who was it that wrote the letter? 是谁写了那封信? （此句可以对 "It was he that wrote the letter."提问。)

(11) Who but he（或名词）would say such a thing? 除非是他，谁会说这样的事呢？

(12) A：Jack, see who's here! 杰克，看谁在这儿！

B：I heard! Oh, Jane. 我听见了！哦，简。

(13) With whom do you live? 你和谁住？

(14) Whom are you concerned about? 你在担心谁？

(15) A：Whose is this? 这是谁的？

B：It is mine. 我的。

(16) A：Who do you think he is? 你觉得他是谁？

B：I think he is Jack. 我觉得他是杰克。

对比：

A：Do you know who he is? 你知道他是谁吗？

B：Yes, I do. ／No, I don't. 是的，我知道。／不，我不知道。

2.4.4.3　由 which 引起的特殊疑问句

(1) A：Which room does he live in? 他住在哪间房？

B：He lives in Room 10.（此处不用 what number 来提问。）他住在 10 号房。

(2) Which school do you go to? 你在哪个学校读书？

(3) A：Which is the best restaurant in town? 镇上最好的饭店是哪家？

B：It depends on what sort of food you prefer. 那取决于你喜欢哪种食物。

(4) Which do you like better, summer or winter? 你更喜欢夏天还是冬天？

(5) Which do you prefer, Japanese dishes or Western dishes? 你更喜欢哪个，日餐还是西餐？

(6) Which parts did you like most? 你最喜欢哪部分？

(7) Which color are you wearing? 你穿的衣服是什么颜色？

(8) In which direction are they going? ／Which direction are they going in? 他们是朝哪个方向走的？

(9) A：Which is it to be? 是哪一个？

B：I don't know. 我不知道。

(10) A：Which boy is your brother? 哪个小孩是你弟弟？

B：The boy in white is my brother. 穿白衣服的男孩是我弟弟。

(11) A：Which comes first? 哪道菜先上？

B：This dish comes first. 这道菜先上。

2.4.4.4　由 how 所引起的特殊疑问句

(1) How do you do?（＝Howdy, my dear friends?）（初次见面时用。）你好。

对比：

A：<u>How</u> are you? 你好吗？

B：I'm very well, thank you, and you? 我很好，谢谢。你怎么样？

（2）A：<u>How</u> is the situation? /<u>How</u> is the condition? 情形如何？

B：The situation is in a critical condition. 情况危急。

（3）<u>How</u> are you getting on? (＝How's life?) 近况如何？

（4）<u>How</u> are you going to justify yourself? 你将怎样为你自身辩护呢？

（5）Describe <u>how</u> you would do it. 说说你会怎么做。

（6）<u>How</u> else could you say "stand for"? 除了"stand for"，你还能怎么说？

（7）<u>How</u> (＝In what way) do you spend your vacation? 你怎么度假？

（8）<u>How</u> do you explain the service in the hotel? 你如何解释酒店的服务？

（9）<u>How</u> did I behave? 我表现得如何？

（10）<u>How</u> many of you are absent from class? 你们有多少人缺课？

（11）<u>How</u> many degrees below zero is it? 零下几度？

（12）<u>How</u> much does it cost? 它多少钱？

（13）A：<u>How</u> much do I owe you? 我欠你多少钱？

B：Forget it. 算了吧。(表示不必还钱了。)

（14）<u>How</u> much cheaper is the bus fare than the plane fare? 公交车票比飞机票便宜多少？

（15）Suppose you are a manager, <u>how</u> would you do? 假定你是经理，你会怎么做？

（16）<u>How</u> dare you speak to me so rudely? Talking too much is a bad habit. 你怎么敢这么粗鲁地跟我说话？说得太多是个坏习惯。

（17）<u>How</u> so? 何以见得？

（18）<u>How</u> about now? 现在就办如何？

（19）<u>How</u> about that? 你看如何？/真想不到呀！/岂有此理！

（20）<u>How</u>/What about supper? 去吃晚饭如何？

（21）<u>How</u> about getting back in the afternoon? 下午回去如何？

（22）A：<u>How</u> much is five plus five? 5 加 5 是多少？

B：Five plus five is ten. 5 加 5 是 10。

（23）<u>How</u> many times? 几次？

（24）A：<u>How</u> many times have you seen it? 你见了几次？

B：I have seen it for 4 times. 我见了 4 次。

（25）<u>How</u> can I get there? 我该如何去那边？

（26）A：<u>How</u> long for? 多久？

B：Until the end of the end. 直到最后的最后。

（27）A：<u>How</u> long ago did he leave? 他多久前离开的？

B：A month ago. 1 个月前。

（28）A：How long are you staying there? 你将在那儿待多久？

B：I'm staying there a short time. ［可用 permanently、a short time、（for）about a year、temporarily 等持续状语作答。］我待不久。

（29）How long can I keep it? 我可以借多久？

（30）A：How long have you been in Shanghai? 你在上海待多久了？

B：Since 1985. 从 1985 年开始。

（31）How long does it take? 它花多长时间？

（32）A：How long did it take you to get there? 你们到那儿花了多长时间？

B：It took us three hours to get there. 我们花了 3 小时到那儿。

（33）A：How long（＝How many years）has he worked in the shop? 他在这家店工作多长时间了？

B：For 5 years. 5 年了。

（how long 表示时间的长短。"For how long?""For how many years?" 是错误的。）

（34）A：Can you arrange a dinner for us? 你能为我们安排晚餐吗？

B：For how many? 安排多少人？

A：For four at 7 p. m.. 4 位，下午 7 点入席。

（35）How long ago was it bought?（表示从现在算起的过去某一时间。）多久以前买的它？

（36）How long before we get to Shanghai? 我们还有多久才到上海？

（37）How much longer are we going to have to wait for our dinner? 我们还要等多久才能吃晚餐？

（38）A：How long is the river? ［＝What length is the river?（表示距离的长短。）］这条河多长？

B：It is ten miles long/in length. 它长达 10 英里。

（39）A：How wide is it? ＝What width is it? 它有多宽？

B：It is ten miles wide/in width. 它宽达 10 英里。

（40）A：How far is it from your house to the office? 从你们的房子到办公室有多远？

B：It's 8 miles from our house to the office.（可用 very far、a long way、twenty miles 等距离状语作答。）从我们的房子到办公室距离 8 英里。

（41）A：How far did you walk yesterday? 你们昨天走了多远？

B：We walked thirty miles yesterday. 我们昨天走了 30 英里。

（42）A：How heavy is it? 它有多重？

B：It's 18 kilograms. 18 千克。

（43）How much does it weigh?（＝What weight is it?）它有多重？

（44）How big/large is it? 它有多大？

对比：

A：What size is it? 它是几码？

B：It is size 41. 41 码。

对比：<u>How</u> large is the population of Italy? （＝What is the population of Italy?） 意大利有多少人？

（45）A：<u>How</u> hot is it today? （＝What's the temperature today?） 今天有多热？

B：It's 31 ℃ today. 今天 31 ℃。

（46）A：<u>How</u> old is he? （＝What age is he?） 他多大？

B：He is 42. 他 42 岁。

（47）<u>How</u> high is he? （＝What height is he?） 他离地面有多高？

对比：<u>How</u> tall is he? 他多高？

对比：<u>How</u> tall is the tree? （＝What height is the tree?） 这棵树多高？

（48）<u>How</u> thick is it? （＝What thickness is it?） 它有多厚？

（49）<u>How</u> deep is it? （＝What depth is it?） 它有多深？

（50）A：<u>How</u> fast does he run? （＝What speed does he run at?） 他跑多快？

B：He runs 9 miles an hour. 他每小时跑 9 英里。

（51）A：<u>How</u> often does he go there? 他多久去那儿 1 次？

可用 monthly （每月）、once a week （每周 1 次）、every Monday （每周一）、from time to time （有时）、several times a year （每年几次）、daily （每天）、always （总是）、never （从不）、every day （每天）、every other day （每隔 1 天）、every three days （每隔 2 天）、every ten minutes （每 10 分钟） 等频度状语 （adverbial of frequency） 来回答。

B：He goes there weekly （＝once a week）. 他每周去那里 1 次。

（52）A：<u>How</u> soon is the date of our mid-term exam? 我们还有多久期中考试？

B：About a week. 1 个星期。

（53）A：<u>How</u> late do the buses run back to the station? 最末一班车什么时候/多晚开回车站？

B：At 11 p. m. 下午 11 点。

（54）Tell me <u>how</u> to use this machine. 请告诉我怎样用这台机器。

2.4.4.5　由 when 引起的特殊疑问句

（1）A：Say <u>when</u>.

B：When.

（美国俚语，使用范围极广泛。例如，斟饮料时问别人"饮料足够了吗"时对方回答"够了"，或问小孩大小便是否屙完时回答的"屙完"。）

（2）A：<u>When</u> can I have it back? 你何时还给我？

B：It depends. 看情况来定吧。

（3）When did they hire you as their salesman? 他们什么时候雇你当推销员的?

（4）A：When is it most convenient to call you? 什么时候给你打电话最方便?

B：Anytime between 7 and 10 would be fine. 7—10 点的任何时间都行。

（5）A：From when? 从什么时候?

B：From Monday. 从星期一。

（6）A：Till when? 到什么时候?

B：Till 8 o'clock. 到 8 点。

（7）A：When for? 什么时候?

B：For tomorrow morning. 明天早晨。

（8）When was this? You may as well come out with it. 这事何时发生的? 你不妨今讲了吧。

（9）A：Since when has he been smoking? 他是从什么时候开始吸烟的?

B：He has been smoking since 1975. 他从 1975 年开始吸烟。

（10）Until when are you staying here? 你将在此待到什么时候?

（11）About when/what time will the letter reach Shanghai? 这封信大约什么时候可到上海?

用 what time 而不用 when 问具体时间。

对比：What time did you do it? 你具体什么时候做它?

2.4.4.6　由 where 引起的特殊疑问句

（1）Where else have they been? 他们还去过别的什么地方?

（2）Where are you up to? 你做到哪题了?

错误：Where did you go to? where 是副词，不和 go to 搭配。"Where do you come from?"则是正确的。

（3）Whereabouts do you live? 你住在哪里?

（4）A：Where did you cut yourself? 你割伤了哪儿?

B：I cut myself on the finger. 我割伤了自己的手指。

2.4.4.7　由 why 引起的特殊疑问句

（1）"Why should…?"表示"不能理解"。

Why should I? 为什么要我? /为什么是我?

（2）"Why not?""Why should…not?""Why + not + 名词""Why + not + 动词原形"表示"为什么不……"，勿与过去时间状语连用。

Why not a cup of tea? 为什么不喝茶?

Why not go to the zoo? 为什么不去动物园?

Why not let her have a try? 为什么不让她试试?

（3）"Why + 动词原形"。

<u>Why</u> waste time? 为什么浪费时间?

（4）A：<u>Why</u> so?（＝Why do you say so?）为什么这样呢?

B：Because… 此处不用 for、as 或 since 来回答。

（5）<u>Why</u> isn't it possible sometimes to distinguish a man from a woman by their hair style? 为什么有时不可能通过他们的发型来区分男人和女人?

2.4.4.8 典型特例

1）"How come + 陈述句?"。

（1）A：<u>How come</u> he is limping?（＝Why is he limping?）他为什么一瘸一瘸的?

B：He is limping for some reason. 他由于某些原因而一瘸一瘸。

（2）<u>How come</u> they left you along in the dark? 他们为什么总是不让你知道?

（3）<u>How come</u> I never see him any more? 我怎么再也没见过他了?

（4）<u>How come</u>? 怎么搞的? /怎么会?

2）"What about（表示征求意见）/How about（表示劝诱）+ 名词/代词/动名词 +…?"。

（1）<u>What about</u> the weather? 天气怎么样?

（2）<u>What about</u> here? 这儿怎么样?

（3）<u>How about</u> making an early start? 早一点动身怎么样?

（4）有时 what 和 how 可以互换，没多大区别。

<u>What/How about</u> it? 它怎么样?

3）"What though/What if/What does it matter if/What will happen if/What would happen if/What is the case if/What would be the case if + 陈述句?"。

（1）<u>What if</u> we（should）fail? 万一我们失败了将怎样?

（2）<u>What though</u> we are poor? 即使我们穷又怎样?

对比：<u>What though</u> he <u>be</u> absent? 即使他缺席又有什么关系?

对比：<u>What</u> must a tourist do <u>if</u> he loses a registered item? 如果游客丢失了登记的物品该怎么办?

4）"what/who/which/where/how long + do you think/suppose/say/reckon/suggest" 开头的问句不能用 Yes 或 No 回答。

（1）A：<u>What（从句的主语）do you think</u> is the best way to study English? 你认为学习英语最好的方法是什么?

B：I'll show you how. 我会向你展示怎么学。

（2）A：<u>What（从句的宾语）do you think</u> I should do? 你觉得我应该做什么?

B：I think you should do homework every day. 我觉得你应该每天做作业。

（3）A：<u>Who do you think</u> told me so? 你认为谁告诉我的?

B：Mr White. 怀特先生。

（4）A：How long do you think it will take you to solve it? 你觉得你要花多久解决问题？

B：Three days. 3 天。

5）"What do you think of/What are you thinking about/How do you like/What do you say to/How did you feel about + 名词？"。

对比：

What do you say to playing games? 你觉得玩游戏怎么样？

What do you think of the program? 你觉得这个节目怎么样？

How do you think of the film? 你觉得这部电影怎么样？

6）表示未听清楚或想进一步了解时用双重疑问词或将疑问词放在句中任何位置。

（1）How did I enjoy what? 我怎么享受什么？

（2）Which is which? 哪个是哪个？

（3）A：You use that position as a favorite to insult a minister. 你利用得宠的地位侮辱了一位部长。

B：To insult a what? 侮辱了一个什么？

（4）Your who is a worker? 你的谁是个工人？

（5）She's your who? / She's your what? 她是你的什么人？

（6）You're thirty-what this year? 你今年三十几岁了？

（7）A：Who'll take what? 谁会干什么？

B：They'll take meals. 他们会用餐。

（8）How old a boy could draw this? 几岁的男孩能画出这样的画？

（9）She is your daughter of what number? 她是你的第几个女儿？

（10）A：Who menaces whom? 谁威吓谁？

B：He menaces her. 他威吓她。

（11）Is who's who in Science here? 科学界名人录有吗？

（12）I'll never know who is who! 我从不知道谁是谁！

（13）That's what's what. 事实就是如此。

2.5 主谓一致

2.5.1 下列情况中谓语动词用单数形式

2.5.1.1 "Every/Each/No + 主语（单数）+ and + every/each/no + 主语（单数）+ 谓语（单数）"

Each boy and each girl is present. 每个男孩和每个女孩都在。

2.5.1.2　"物主代词/冠词 + 主语（单数）+ and + 主语（单数）+ 谓语（单数）"

His friend and adviser <u>is</u> present.（主语 his friend and adviser 是同一个人。）他的朋友兼顾问在场。

对比：His friend and the adviser <u>are</u> present.（主语 his friend and the adviser 是不同的两个人。）他的朋友和顾问在。

2.5.1.3　"More than one + 主语（单数）+ 谓语（单数）"

More than one person <u>is</u> present. 不止一个人在场。

对比：More than two students <u>are</u> present. 两名以上学生在场。

对比：More persons than one <u>are</u> present. 不止一个人在场。

2.5.1.4　"The + 形容词（指抽象特征时）+ 谓语（单数）"

The good in her <u>has</u> eventually won. 她善良的一面终占上风。

2.5.1.5　"Nobody but/No one but/Neither of/Either of/One of/The number of/The form of/The type of/The kind of/A body of + 名词（复数）+ 谓语（单数）"

（1）Nobody but Jack and Jane <u>is</u> absent. 除了杰克和简，没人缺席。

（2）No one but fools <u>is</u>... 只有傻子才……

（3）Neither of these two books <u>is</u> good. 这两本书都不好。

对比：Neither teacher <u>is</u> coming. 两位老师都不来。

错误：Neither teachers <u>are</u> coming.

（4）Either of these two books <u>is</u> good. 这两本书中哪本都好。

（5）One of the effects <u>is</u>... 其中一个影响是……

（6）A body of volunteers <u>is</u> good. 一批志愿者不错。

（7）The number of books <u>is</u>... 书的数量是……

（8）The kind of book(s) <u>is</u>... 书的种类是……

对比："A kind of + 名词（单数或复数）+ 谓语（单数）"。

对比：Three kinds of computer(s) <u>are</u>... 三种计算机是……

对比：Women of this kind <u>are</u>... 这种女人……

对比：What kinds of ice cream <u>are</u> your favorites? 哪种冰激凌是你的最爱？

2.5.1.6 "主语是 every、some、any、no 和 body、thing、one 构成的不定代词及 each + 谓语（单数）"

（1）Nobody is... 没有人……

（2）Each one is... 每个人……

2.5.1.7 "One and a half + 名词（复数）+ 谓语（单数）"

One and a half apples is... 一个半苹果……

2.5.1.8 "Many a/an + 主语（单数可数名词）+ 谓语（单数）"

（1）Many a boy has been to Shanghai. 许多男孩已经去过上海了。

（2）Many a boy and（many a）girl has made the same mistake. 许多男孩和女孩犯了相同的错误。

对比：

（3）A great many days have passed. 许多天过去了。

（4）Many days have passed. 许多天过去了。

（5）A great/good many are in favor of my proposal. 很多人赞成我的提案。

2.5.1.9 "An amount of/A great deal of/A portion of/A series of/A species of/A（little）bit of/The variety of/The number of + 不可数名词（单数）+ 谓语（单数）"

（1）An amount of money is necessary. 相当数量的钱是必要的。

对比：Large amounts of money are required. 需要大量的钱。

（2）A series of panel discussion is OK. 一系列小组讨论是可以的。

对比：

（3）Three series of readers are... 三个系列的读者是……

（4）"A series of + 名词（复数）+ 谓语（复数）"。一系列……

（5）"A variety of + 名词（复数）+ 谓语（复数）"。各种各样的……

2.5.1.10 "两个主语（指类似概念时）+ 谓语（单数）"

（1）The watch and chain is... 带链的手表……

（2）The needle and thread is... 针线……

（3）A cup and saucer is... 茶杯碟……

（4）The ebb and flow is... 盛衰……

（5）The rope and pulley is... 绳索滑轮……

（6）Brandy and soda is... 白兰地汽水……

（7）Salt and water <u>is</u>... 盐水……

（8）Soap and water <u>is</u>... 肥皂水……

（9）Law and order <u>is</u>... 法律秩序……

（10）Curry and rice <u>is</u>... 咖喱饭……

（11）Coffee and milk <u>is</u>... 牛奶咖啡……

（12）My bread and butter <u>is</u>... 我的奶油面包……

（13）All coming and going <u>was</u> forbidden. 一切来往都是禁止的。

（14）A thief and murderer <u>has</u> escaped. 一个小偷杀人犯逃跑了。

（15）A year and a half <u>has</u> passed. 一年半过去了。

2.5.1.11 "两个主语（在某些成语中）+谓语（单数）"

（1）Early to bed and early to rise <u>makes</u> a man healthy, wealthy and wise. 早睡早起使人健康、富有、聪明。

（2）Trial and error <u>is</u> the source of our knowledge. 尝试和失败同是学识之源。

（3）Truth and honesty <u>is</u> the best policy. 真诚才是上策。

对比：

（4）The bread and the butter <u>are</u>... 面包和黄油……

（5）One and a half years <u>have</u> passed... 一年半过去了。

2.5.1.12 "主语（表示度、量、衡或价值，或书名、报纸名的复数名词）+谓语（单数）"

（1）Ten kilograms <u>is</u>... 10 千克……

（2）A hundred dollars <u>is</u>... 100 美元……

（3）Seven hours <u>is</u>... 7 小时……

（4）*The Times* <u>is</u> a paper of long standing. 《泰晤士报》是历史悠久的报纸。

2.5.1.13 "主语［是疾病名称（如 measles 麻疹）、球类（如 billiards 台球）或游戏（如 ninepins 九柱戏）等］+谓语（单数）"

Billiards <u>is</u>... 台球……

2.5.1.14 "主语［是 machinery（机器）、luggage（行李）、room（空间）、furniture（家具）、personnel（人员）、fruit（水果）、stone（石）、toast（烤面包片）、homework（家庭作业）、housework（家务）、game（猎物）、bread（面包）、merchandise（商品）等］+谓语（单数）"

All the furniture <u>was</u> made of wood. 所有家具都是木制的。

2.5.1.15 "主语（加数＋被加数，乘数×被乘数）＋谓语（单数）"

（1）Two and three is equal to five. /Two and three equals five. 2 + 3 = 5。

（2）Two times three makes six. /Two multiplied by three makes six. 2 × 3 = 6。

2.5.1.16 "主语（形式上是复数，意义上是单数的词）＋谓语（单数）"

（1）The news（消息）/means（方式）/works（工厂）＋is...

（2）Mechanics（力学）/Lobster tails（龙虾尾，指一道菜）/The United Nations（联合国）/The Philippines（菲律宾）is...

（3）A scissors is lying on the table. 一把剪刀搁在桌上。

（4）His present whereabouts is unknown. 他下落不明。

2.5.2 下列情况中谓语动词用复数形式

2.5.2.1 "物主代词/冠词＋主语＋and＋物主代词/冠词＋主语＋谓语（复数）"

His friend and the classmate Jack are... 他的朋友还有同学杰克……

2.5.2.2 each 在主语之后因只作为形容词，不影响动词的变化

The boy and girl each have their own books. 男孩女孩各有自己的书。

2.5.2.3 "两个主语（指两个不同概念时）＋谓语（复数）"

（1）Time and tide wait for no man. 岁月无情。

（2）Gossiping and lying go together. 流言离不开说谎。

（3）Joy and sorrow are next-door neighbors. 乐极生悲。

2.5.2.4 "the＋主语（表示组合体的名词用复数形式表达）＋谓语（复数）"

这样的名词有 works（著作）、police（警察）、goods（货物）、scales（天平）、youth（青年）、militia（民兵）、people（人民）、cattle（牛群）、poultry（家禽）、glasses（眼镜）、mankind（人类）、vermin（害虫）、effects（财物）、papers（文件）、greens（青菜）、looks（外貌）、manners（礼貌）、customs（进口税）、arms（武器）、riches（财富）、fireworks（烟火）、remains（残留物）、wages（工资）、ashes（灰）、thanks（谢意）、sweets（糖果）、acoustics（音响设备）、dramatics（剧本）、statistics（统计数字）、athletics（各种竞技项目）等。

The police are hunting the killer. 警方正在追捕凶手。

2.5.2.5 "Few of/Both of/Many of/Quantities of/A number of/The majority of/A great many of/A couple of/A variety of/Several of/A score of/Scores of + 名词（复数）+ 谓语（复数）"

（1）Few of my friends are… 我的几个朋友……

Few friends are… 很少朋友……

（2）The majority of boys are… 大多数男孩……

The majority is/are… 大多数……

（3）Large quantities of water/books are… 大量的水/书……

A large quantity of water is… 大量水……

（4）Scores of students are… 许多学生……

Score 的变化和搭配与 dozen 或 hundred 的相似。

（5）Some dozen people are… 一打左右（十几个）的人……

Many dozen people are…（不用 dozens。）许多人……

Two dozen people are… 两打人（24 人）……

Dozens of people are…（不用 dozen。）很多人……

dozens 前不可加任何限定数词，即不说 three dozens of；但可加不限定数词，可说 several dozens of、a few dozens of、some dozens of。

2.5.2.6 主语有 with

正确：One boy with his classmate, both looking anxious, are…一个男孩和他的同学，看起来都很焦虑，……

错误：One boy with his classmates are late.（are 应改为 is，意思是："一个男孩和他的同学迟到了。"）

2.5.2.7 主语有 or

正确：One or two students have…一两个学生……

对比："One student or two（一两个学生）+ 谓语（单数或复数）"。

2.5.2.8 "The + 形容词（指人时）+ 谓语（复数）"

The poor are being cared for. 穷人们正得到照顾。

2.5.2.9 虚拟语气中的复数

虚拟语气中的复数，如"If/Supposing + 主语（单数/复数）+ were…, …should/would…"（如果……是……，应该/会……）、"…as if/as though + 主语（单数/复数）+

were..."（……好像……是……）。

（1）If he <u>were</u> you, he would go. 如果他是你，他会去。

（2）She treats me as if I <u>were</u> a stranger. 她待我像是个陌生人。

（3）Xiao Wang is, as it <u>were</u>, a walking dictionary. 小王好像一部活字典。

对比：

（4）"look/seem/sound + as if + 从句（真实条件句）"。

It looks as if it <u>rains</u>. 看起来要下雨了。

（5）As it is/was... 其实……

<u>As it is</u>, they have been very busy these days. 其实，这些天来，他们很忙。

<u>As it was</u>, we did discuss the plan. 其实，我们的确讨论了这个计划。

2.5.2.10 "冠词（the、a、an）或 such 或形容词性物主代词 + 带后缀（如-ics）的名词作为主语 + 谓语（复数）"

（1）The athletics <u>are</u>... 田径运动……

（2）His/Such mathematics <u>are</u> weak. 他的数学学得不好。

（3）错误：Mathematics <u>are</u>...（are 应改为 is。）

2.5.3 谓语动词按情况而用单数或复数形式

2.5.3.1 谓语动词可用单数形式，也可用复数形式

"all of/some of/any of/a lot of/lots of/none of/more of/most of/other/plenty of/enough of/part of/the rest of/the family/the government/the team/the group/half of/a quantity of/one third of/two thirds of + 名词（单数）+ 谓语（单数）／ + 名词（复数）+ 谓语（复数）…"

（1）All of <u>the orange is</u> rotten. 橘子整个烂掉了。

（2）All of <u>these oranges are</u> rotten. 所有的橘子都烂掉了。

（3）Lots of/A lot of <u>work is</u> to be done this week. 这个星期要做很多工作。

（4）There <u>are</u> a lot of/lots of <u>bookstores</u> on this street. 这条街上有很多书店。

2.5.3.2 集合名词或单数、复数同形的名词作为主语

一些集合名词或单数、复数同形的名词作为主语时，不能直观地决定谓语的单数、复数，要根据句子的具体情况而定。这类名词有 audience（观众、听众）、orchestra（管弦乐队）、crew（船员）、faculty（全体教工）、public（公众）、Japanese（日本人）、Chinese（中国人）、Swiss（瑞士人）、foot（步兵）、horse（骑兵）、fish（鱼类、鱼肉）、trout（鲑鱼）、sheep（绵羊）、deer（鹿）、series（系列）、species（品种）、crowd（人群）、means（手段、财产）等。

（1）<u>Means</u> of production <u>is</u> necessary for us. 生产手段对于我们是必要的。

（2）Their <u>means</u> <u>are</u> equal to the demand upon them. 他们的财产足以应付他们的需求。

（3）This <u>is</u> a steel <u>works</u>. 这是一家钢铁厂。

（4）There <u>are</u> many steel <u>works</u> here. 这儿有多家钢铁厂。

2.5.4　as much as、as well as、together with、no less than、rather than、and not、but、except 后的谓语动词按前面的主语而变用

（1）<u>You</u> as well as he <u>are</u> wrong. 你还有他都错了。（he 用主格。）

（2）<u>I</u>, and not they, <u>am</u> hurt. 并非他们，而是我受伤了。

（3）Fresh <u>air</u>, no less than pure water, <u>is</u> essential to one's health. 新鲜空气，不亚于纯净的水，对人们的健康是必不可少的。

（4）<u>Nobody</u> but John <u>was</u> present. 除约翰外，没人出席。

2.5.5　"either…or…""neither…nor…""not (only)…but (also)"后的谓语动词按靠近的主语而变用，即"就近原则"

Not only he but also <u>I</u> <u>am</u>… 不仅是他，而且我……

2.5.6　定语从句的谓语一般按先行词而变用

（1）Light waves are <u>waves</u> of energy that <u>travel</u>… 光波是传播的能量波……

（2）He is one of Mary's <u>friends</u> who <u>have</u> been to China. 他是玛丽所有去过中国的朋友中的一个。

（3）She spoke to each of the <u>boys</u> who <u>were</u> present. 她跟在场的每个男孩都说了话。

（4）"Keep cool" is the first of the <u>rules</u> that <u>are</u> to be remembered in an accident. "镇静"是事故发生时应当牢记的首条原则。

（5）This is <u>the</u> (only/exactly) <u>one</u> of the books that <u>has</u>…（因有 the 在 one 前，所以定语从句的动词随 the one 变化。）这是其中唯一有……的一本书。

2.5.7　下列句型，从句中的谓语用动词原形或"should＋动词原形"

1）necessary（必需的）、natural（自然的）、essential（重要的）、desired（期望

的）、right（正当的）、preferable（可取的）、important（重要的）、crucial（至关重要的）、requested（要求的）、better（更好的）、likely（可能的）、desirable（令人向往的）、appropriate（合适的）、stipulated（规定的）、possible（可能的）、advisable（明智的）、adamant（固执的）、imperative（必要的）、odd（古怪的）、mandatory（强制的）、obligatory（义务的）、monstrous（可怕的）、probable（可能的）、strange（奇怪的）、inevitable（不可避免的）、insistent（坚持的）、shocking（令人震惊的）、unbearable（难以忍受的）、urgent（紧急的）、keen（敏锐的）、vital（重要的）、decided（坚决的）、amazing（惊人的）、disappointing（令人失望的）、surprising（令人惊奇的）、required（要求的）、sad（伤心的）、fair（公平的）、arranged（安排的）、proposed（提议的）、proper（适当的）等形容词之后的 that 从句中。

（1）It is necessary that he (should) learn.（从 learn 用动词原形或 should learn 可知从句动词是虚拟式。）他学习是有必要的。

（2）It is necessary that he learns.（从 learns 的变化，可知从句是陈述式，而陈述式有时也可在这类句型中运用，表示对事实的单纯性叙述。）他学习是有必要的。

2）insist（坚持）、intend（打算）、advise（建议）、desire（渴望）、ask（要求）、maintain（主张）、beg（请求）、demand（要求）、require（要求）、resolve（决定）、determine（决定）、prefer（宁愿）、command（命令）、request（请求）、order（命令）、decide（决定）、urge（敦促）、hold（主张）、suggest（建议）、propose（提议）、deserve（值得）、move（动议）、recommend（建议）、stipulate（规定）等动词后的 that 从句中。

She ordered that everything (should) be... 她命令所有事情（应该）……

3）requirement（要求）、suggestion（建议）、pray（恳求）、preference（偏好）、resolution（决议）、plan（计划）、advice（建议）、proposal（提议）、decision（决定）、idea（主意）、motion（提议）、recommendation（提议）等名词之后的 that 从句中。

We agree to his proposal that she (should) put... 我们同意他的提议，她（应该）……

4）由 if、though、whatever、lest、so long as 等引导表示推测、让步、防备等含义的分句中。

（1）If the tumor be true, everything is possible. 如果肿瘤是真的，一切皆有可能。

（2）Though everyone desert you, I will not. 即使每个人都抛弃你，我也不会抛弃你。

（3）He looked over the engine lest it (should) go wrong on the way. 他仔细检查了发动机，以免在路上出问题。

5）祈使句用动词原形作为谓语。

Be quiet! 安静！

2.5.8　若有很多主语，且既有肯定又有否定时, 谓语须与肯定的主语一致

（1）The chairman, not the judges is in the room. 主席，而不是法官们，在房间里。

（2）Not explosives or hydrogen bombs but the man who handles them is… 不是爆炸物或氢弹，而是处理它们的那个人是……

（3）It is not you but she that is his cousin. 不是你而是她才是他的堂姐。

2.6　搭配

"搭配关系"是外语学习中较难掌握的。例如，中文里说"一、二、三"，而不说"一、两、三"；说"两张桌子"，而不说"二张桌子"。英文里也有类似的搭配。对这些搭配的掌握除了通过"熟读硬记"，还可以通过掌握要点。

2.6.1　对介词的选择

例1：Wait at the station on Sunday. 周日在车站等。

为何用 wait at，而不用惯用搭配 wait for？

例2：He failed by a narrow margin. 他以微弱差距失败了。

为何用 failed by，而不用 failed in？

例3：Our scheme met with an objection. 我们的计划遭到反对。

为何用 with an objection，而不用 in an objection？

例4：I am amazed at your ignorance. 我对你的无知感到惊讶。

为何用 at your ignorance，而不用 in your ignorance？

例5：She has an eye for beauty. 她有审美眼光。

为何用 for beauty，而不用 in beauty？

例6：We are again in difficulty. 我们再次陷入困境。

为何用 in difficulty，而不用 with difficulty？

例7：He has written his address in the top right-hand corner. 他把地址写在了右上角。

为何用 in，而不用 on？

下列是具体的解决办法：

（1）若介词与其后的宾语在一起，有地点或时间意义时，则应首先以此宾语来决定它所需的介词。例如，从例1中的 station 可定出它前面的介词应当用 at 作为地点状语；从 Sunday 中则知其前需用介词 on。尽管动词 wait 与其后介词的固定搭配是 wait for，但

此处 wait 则因上述理由而不能对其后用什么介词起任何影响作用。

（2）句中有固定搭配词组时，则根据此词组来选用介词。例如，例 2 中的 by a narrow margin 解作"以微小的差距"，是固定词组。

（3）如果句中没有地点或时间意义，也没有固定搭配足以影响介词时，则应从动词、形容词或名词后该用的那个介词来定他们之间的搭配。例如，例 3 中的介词 with 就是由于其前动词 met，例 4 中的 at 就是由于其前由过去分词变来的形容词 amazed，例 5 中的 for 就是由于其前名词 eye 所要求而用的，而这些搭配全都可从词典里查得。

（4）如果不是以上三种情况，则以动词或形容词等之后的名词来确定它前面该用哪个介词。例如，例 6 中的 in 就是名词 difficulty 所特定需要的搭配。

（5）若两个名词的前面要与介词搭配时，则以最后的名词所要求的介词为准。

例 7 中，本来 right-hand 之前的介词用 on，但此处却应跟最后的名词也是中心词 corner 搭配而用 in。

如果不懂得按上述五点的顺序来逐点考虑的话，错用介词就难免了。

中文的介词较英语少，介词越少的翻译，就越有中文的味道。但很多时候，介词在句中却又是非加不可。

例 8：他名列班首。He is ahead of his class.

如果 ahead 与 his class 之间少了介词 of，则词与词之间搭配欠妥。

很多介词与副词"形状"相同，但若"形状"不同的则需要注意。如 nearby 可用作副词或形容词，但不用作介词。

例 9：Our house is near（不用 nearby）the new airport. 我们的房子在新机场附近。

此外，还要注意复合介词用法。

Come in out of the rain. 进来避雨吧。

The hotel looks out on to the racecourse. 这宾馆面向赛马场。

2.6.1.1　同义词、反义词或相同词干的各类词与其后所用的介词往往有相同搭配

1）同义词后的介词往往有相同搭配。

（1）He was delivered from captivity. 他从监禁中被救了出来。

（2）They rescued the old man from danger. 他们从危险中拯救出这老人。

2）反义词后的介词搭配也常相同。

（1）She is socially inferior to him. 她在社会地位上不如他。

（2）The new method was superior to the old one. 新方法比旧方法好。

3）同一词的不同形式（如动词、形容词、名词）之后所跟的介词大多相同。

（1）She depends on the earnings of her children. 她依靠孩子们的收入生活。

（2）She is dependent on the earnings of her children. 她靠孩子生活。

（3）He ended his dependence on his parents. 他不再依靠父母生活了。

（4）但也有例外情况，如一些肯定词与否定词后的介词常常不同，见表2-3。

表2-3　肯定词与否定词后的介词

英文	中文
a liking for	喜欢
a dislike to	不喜欢
dependent on	依靠
independcnt of	不依靠，自立于
persuade of	说服
dissuade from	劝阻
sensible of	觉察
insensible to	无动于衷
join one thing to another	将一物系或连接到另一物上
disjoin one thing from another	将一物与另一物分离

（5）多数及物动词变为名词时，其后要加 of。

Master a foreign language. 掌握外语。

The mastery of a foreign language. 对外语的掌握。

但有些则加其他介词。

（6）When I entered the room, … 当我进入房间时，……

On my entrance into the room, … 我进入房间时，……

（7）We'll visit London. 我们要去游览伦敦。

This is my first visit to London. 这是我第一次游览伦敦。

名词之后是 of 或 by 时，其同根动词之后的介词则依照其后的名词所要求的情况而定。

（8）the expansion of iron on heating, 译作"铁受热膨胀"。

Iron expands on heating. 铁受热膨胀。

（9）It is the bombardment of nuclei. 它是原子核的轰炸。

We bombard them with questions. 我们用问题轰炸他们。

（10）It is the displacement of water by solid bodies. 那是固体排水。

Solid bodies displace water. 固体排水。

Water is displaced by solid bodies. 固体排水。

（11）of 的用法与 by 的用法不同。

A. of 后的名词可表示行为的发出者。

We thank for the love of the party to us. 我们感谢党对我们的爱护。

B. of 之后的名词也可表示行为的对象。

the bombardment of nuclei with neutrons，译作"中子轰击原子核"。

C. 有时，则两者兼有。

The shooting of the boys occurred at night. （ = The boys' shooting occurred at night.） 男孩们的枪击发生在晚上。/Shooting the boys occurred at night. 枪杀男孩的事件发生在晚上。

D. 若两者同时出现时，如"It is the displacement of water by solid bodies."，则of词组表示行为的对象，而by词组表示行为的发出者。该句译作：那是固体排水。

The temptation of young men by bad companions often leads to their downfall. 坏朋友对青年的引诱导致青年的堕落。

2.6.1.2　常用而易错的介词词组

常用而易错的介词词组见表2-4。

表2-4　常用而易错的介词词组

英文	中文
at a/one blow	一击
at/in a distance	隔开一段距离，留有间隙
at a loss	无办法，为难，困惑
at large	在逃的，整体而言，自由
at a stroke	一举，一笔
at intervals of	每隔……（时间，场所）
at leisure	有空，在闲暇中，失业
at liberty	随意，自由
at stake	在危险中
at table	在进餐，在吃饭
at (the) bottom	实际上，本质上
at the disposal of	任凭……使用
by leaps and bounds	飞跃地，突飞猛进地
by means of	用，以，依靠
by virtue of	靠，因，靠……的力量
by way of	当作，作为
for good (and all)	永久地，一劳永逸地
for the sake of	为……起见，为了
for the time being	暂时，在目前
from cover to cover	从头到尾（指书籍）
from way back	从很久以前
in a word	总而言之

续表 2-4

英文	中文
in a passion	发脾气
in force	有效的，大规模地
in/on behalf of	代表，为了
in place	在适当位置，适当地
in stock	有货，备有，持有
in the long run	最后，终究，结果，归根到底
in time	及时
in view	看见，望见，考虑中的
on a large scale	大规模地
on board	在船（火车、飞机）上
on hand	现有，在近处，即将发生，出席
on shore	在岸上
on the spot	当场
on the track of	未离题，跟踪追赶
on the whole	大体上
on time	准时
to a degree	在某种程度上
with a view to	以……为目的；为……起见
with might and main	尽全力
with one assent	无异议，一致赞成
with one consent	异口同声，全体一致

2.6.2　主语与表语的搭配

（1）They are in.（正确。）他们进来了。

They are diligently.（错误。）

为什么 in 与 diligently 同是副词，用 in 作为表语是对的，而用 diligently 作为表语却是错的？

这是由于 in 是地点副词。地点副词或时间副词皆可作形容词使用，因而 in 可当作表语用。而副词 diligently 不能做表语，要改为形容词 diligent。译为：他们很勤奋。同理，"Class is over（下课了）."也是对的，因 over 是时间副词，亦可作为表语。

（2）We are happiness.（错误。）

名词作为表语时，大多应与其主语相等才可以。此处的表语 happiness 是抽象名词，不与主语 we 相等，故名词 happiness 应改为形容词 happy 或介词词组 in happiness，使其相当于形容词从而可用作表语。译为：我们是幸福的。

（3）某些地道英语的特殊表达情况，如名词作为表语而与主语不相等的情况时，则可以采用"意译法"来处理。

He is all thumbs. thumbs 与 he 不相等，意译作"他笨手笨脚"。

She is all ears. ears 与 she 不相等，意译作"她全神倾听"。

（4）即使表语与主语不相等，但表语中有 the、the same、all、no、your、what、that、age、size、length、width、height、weight、color、hardness、distance、price、kind、sort 等词时，不算错误。

I was your age. 我与你同龄。

The sky is a deep blue. 天空一片蔚蓝。

The belt is（不用 has）the same color as the coat. 皮带跟外套的颜色一样。

What color are the shirts? 衬衫什么颜色？

（5）日常口语中，常有例外情况。

A：Who's it? 谁呀？

B：It's me. 是我。

2.6.3　half 的搭配

2.6.3.1　"half + of + 代词"

"half + of + 代词"，如 half of us（我们中的一半）。

2.6.3.2　"half +（of）+ 名词"

"half +（of）+ 名词"，如 half（of）the class（全班的一半）。

2.6.3.3　"half + 表示度量与数量单位的词"

"half + 表示度量与数量单位的词"，如 half a meter（半米）、half an hour（半小时）。

2.6.3.4　by half 与 by halves

（1）by half［（减少了）一半；过分］。

They cut down the expenditure by half. 他们把开支减少了一半。

He is too clever by half. 他聪明过头了。

（2）by halves［＝incompletely（不完全地）］。

He never does anything by halves. 他做事从不马虎。

2.6.3.5 not half （非常；一点儿也不）

He did not half like it.

= He like it very much. ［英］他很喜欢它。

= He didn't like it at all. ［美］他一点儿也不喜欢它。

2.6.3.6 half 的合成词

half 的合成词，如 half-holiday（放假半天）、half-pay（半薪）、half-brother（异父母兄弟）、half-done（半成的）、half-cooked（半熟的）。

2.6.4 常用而易错的动词词组

2.6.4.1 do 的动词词组

do business（做生意）、do credit to（为……增光）、do one's best（尽自己最大的努力）、do one's duty（尽自己的责任）、do a favor（帮忙）、do good（行善）、do a good turn（做好事）、do harm（做坏事）、do one's hair（打理头发）、do a job（完成工作）、do one's homework（做作业）、do honor（致敬）、do science（从事科学）、do one's lessons（做功课）、do shopping（购物）、do research（搞研究）、do a service（效劳）、do sums（做计算）、do translation（翻译）、do wonders（创造奇迹）。

2.6.4.2 make 的动词词组

make advance（预付）、make amends（补偿）、make an appointment（预约）、make arrangements（安排）、make an attempt（尝试）、make an attack（攻击）、make a bed（铺床）、make bread（做面包）make a change（做出改变）make the best of（充分利用）、make cake（做蛋糕）、make calls（打电话）、make a deal（做交易）、make a copy（复印）、make coffee（冲咖啡）、make a face（做鬼脸）、make a decision（做决定）、make a demand（提出要求）、make a difference（有影响）、make a discovery（发现）、make an offer（出价）、make a suggestion（建议）、make an effort（努力）、make an excuse（找借口）、make an exception（破例）、make generalizations（归纳）、make a fire（生火）、make a fortune（赚大钱）、make friends（交朋友）、make a fuss（大惊小怪）、make a gesture（打个手势）、make a habit of（养成……习惯）、make a jump（跳跃）、make the most of（充分利用）、make money（赚钱）、make a guess（猜测）、make a journey（旅行）、make a living（谋生）、make a mistake（犯错误）、make a name（成名）、make a phone call（打电话）、make haste（赶快）、make a profit（盈利）、make a proposal（求婚；提议）、make a request（请求）、make a success（成功）、make progress（进

步）、make a noise（制造噪音）、make tea（泡茶）、make one's way（前进）、make a visit（参观；拜访）、make a survey（做调查）、make a report（做报告）、make a slip（出差错）、make sacrifice（做出牺牲）、make a show（作秀；炫耀）、make preparation for（做准备）、make a conclusion（得出结论）、make war（开战）、make contribution（做出贡献）、make a distinction（区别），make peace（讲和；调解）、make a speech（发表演讲）。

2.6.4.3 "do/take/have/make/give/pay + a + 有动词意义的名词"

He is going to make a four-week trip. 他将进行为期四周的旅行。

2.6.4.4 当动词是 have 或 hold 时

当动词是 have 或 hold，且它们表示"拥有"之意，而句中的名词前有 a、any、no、some、this、that 等词时，作为名词的定语要用 of one's own，否则用"one's own + 名词"。

（1）John has no house of his own. 约翰没有自己的房子。

（2）This is not my own factory. 这不是我自己的工厂。

2.6.5 赘字或重复形式

赘字或重复形式均属搭配错误。例如，下列词语同时使用属于错误：

about 与 several、be about to 与 soon、because 与 reason、because 与 so、why 与 reason、since 与 so、actual 与 truth、be used to 与 gradually、besides 与 also、cooperate 与 mutually、escape 与 away、hurry 与 go、that 与 whether、mighty 与 powerful、not 与 already、perhaps 与 may be、prefer 与 better、progress 与 advance、quite 与 fairly、reduce 与 down、repeat 与 again、return 与 back、some 与 several、such 与 which、such 与 who、sufficient 与 enough、throughout 与 all、throughout 与 whole、whenever 与 always。

（1）She is doing washing. 因为相邻的 doing 与 washing 都有-ing，所以错误。

可改为"She is doing some washing. /She is doing the wash. /She is washing clothes."。她在洗衣服。

（2）even 与 although 同用时视为错误，但 even though 是正确的。

（3）although 或 though 与 but 同用时视为错误，但 although 或 though 可与 yet、still 或 nevertheless 同用。

2.7　实词变用特例

2.7.1　名词变化与用法的特例

2.7.1.1　名词复数的不规则变化

名词复数的不规则变化见表2-5。

表2-5　名词复数的不规则变化

单数	复数	词义
agendum	agenda	议程
antenna	antennae	天线
axe	axes	斧
axis	axes	轴
bacillus	bacilli	杆菌
bacterium	bacteria	细菌
bureau	bureaux	局
diagnosis	diagnoses	诊断
formula	formulae	公式
matrix	matrices	矩阵、母体、基质
ox	oxen	牛
phenomenon	phenomena	现象
vortex	vortices	涡流

2.7.1.2　名词单数、复数形式有不同意义

下列名词的单数、复数形式有不同意义。

（1）She is on the board. 她是董事会成员。

He has been on the boards all his life. 他当了一辈子演员。

（2）She swept the board. 她大获全胜。

She swept the boards. 她打扫了舞台。

（3）I have had a pain in my head. 我的头一直在疼。

Great pains has been taken. 费尽苦心。

（4）He is in the blue. 他在蓝天上。

He is in the blues. 他精神不振。

（5）He got the boot. 他被解雇了。

He got the boots. 他拿到那双靴。

（6）It's time to clear the deck. 是扫甲板之时了。

It's time to clear the decks. 是时候准备战斗了。

（7）She is in the dump. 她站在垃圾堆里。

She is in the dumps. 她处于忧郁之中。

（8）Head（动词）up the parade! 带领游行队伍！

Heads up! 注意！

（9）He slept with his father. 他和父亲睡在一起。

He slept with his fathers. 他和祖先埋葬在一起。

（10）He is on the stump. 他在发表政治演说。

They were on the stumps. 他们处于困难之中。

（11）He had a word with her. 他和她说了一句话。

He had words with her. 他和她争吵了。

（12）She walked up and down in the room. 她在房间来回踱步。

She had her ups and downs in life. 她经历过盛衰生活。

（13）She went on foot. 她步行去。

She is on her feet. 她在经济上是独立的。

（14）She had her last word. 她说了最后一句话。

She had her last words. 她留下临终遗言。

（15）She mended her fence. 她修了篱笆。

She mended her fences. 她与别人调整了关系。

（16）He got some salt. 他弄了一点食盐。

He got some salts. 他弄了一点泻药。

（17）They found some sand. 他们找到一些沙子。

They found some sands. 他们找到一些沙滩。

（18）Don't hold your hand! 不要迟迟不动手（不要手下留情）！／不要伸出援助之手！

Don't hold hands! 不要挽着手！／不要手牵手！

（19）Do they often drink water? 他们常喝水吗？

Do they often drink waters? 他们常喝矿泉水吗？（waters 可指矿泉水、瓶装水。）

（20）They are twenty in number. 他们总共 20 人。

The students from the school came in numbers. 从学校来了许多学生。

（21）Take note of the temperature. 注意温度。

We took notes of everything. 我们把每件事都记下来。

2.7.1.3 名词或数词作为定语时

（1）名词作为定语时，原则上用单数，如 a five-minute walk（5 分钟步行的路程）。

（2）名词作为定语时，也可以用复数，如 an arms plant（兵工厂）、the sports meeting（运动会）、a foreign languages book store（外文书店）、a goods train（货车）、a customs officer（海关官员）、a clothes shop（服装商店）、the Accounts Department（会计部门）、a savings bank（储蓄银行）、communications satellites（通信卫星）、a teachers college（师范学院）、the machines hall（展览机器的大厅）、a greetings telegram（贺电）。

（3）数词作为定语时，也用单数，表确切数量，如 two thousand books（2 000 本书）。

（4）foot 与 inch 连用时，foot 无复数形式。

He is six foot two inches tall. 他身高 6 英尺 2 英寸。

（5）若 holiday 前有表示日数的单词，则用单数，如 five weeks' holiday（5 周的假期）。

若 holiday 前没有指明日数，则单数或复数均可，如 my summer holiday(s)（我的暑假）。

2.7.1.4 复合名词单复数的特例

1）由可数名词变来的复合名词，其复数在主要的词后加 s（表 2 - 6）。

表 2 - 6　由可数名词变来的复合名词

单数	复数
manservant	menservants（男仆）
woman doctor	women doctors（女医生）
sister-in-law	sisters-in-law（夫或妻的姐妹）
editor-in-chief	editors-in-chief（总编）

2）由"动词/形容词 + 介词"变来的复合名词，其复数在整个词后加 s（表 2 - 7）。

表 2 - 7　由"动词/形容词 + 介词"变来的复合名词

单数	复数
stand-in	stand-ins（替身演员）
grown-up	grown-ups（成人）

2.7.1.5 名词所有格的复数特例

（1）I think China's and England's problems（= China's problems and England's problems) are different. 我认为中国和英国的问题不一样。

（2）John's and Mary's teachers（＝John's teacher and Mary's teacher）. 约翰的老师和玛丽的老师。

（3）对比：

John and Mary's teacher（＝the teacher of John and Mary），译作"约翰和玛丽的老师"。

This is my father and mother's bedroom（＝the bedroom of my father and mother）. 这是我爸爸妈妈的卧室。

2.7.1.6　名词所有格的变化与应用

（1）This is my sister-in-law's friend. 这是我嫂嫂的朋友。

（2）Those are workers' rest homes. 那是工人疗养院。

（3）It is Engels'/Engels's works. 是恩格斯的著作。（以 s 结尾的专有名词才可有此两种写法。）

（4）a boy's leg（男孩的腿，不说 a boy leg），a table leg（桌子腿，不说 a table's leg）。

（5）The beach is within a stone's throw. 到海滩只是一箭之遥。

（6）Where're today's papers? 今天的报纸在哪儿?

（7）He is a friend of my father. 他和我父亲是朋友。（强调"He is friendly to my father."。）

He is a friend of my father's. 他是我爸爸的一个朋友。（强调"He is one of my father's friends."。）

（8）a picture of Jack（杰克的照片。照片是杰克本人）。

a picture of Jack's（杰克所拥有的照片之一。照片不一定是杰克本人）。

Jack's pictures（杰克的照片。属于杰克所有的照片，相当于 pictures of Jack's，即杰克所收藏的照片或 pictures of Jack，即杰克本人的照片）。

（9）She showed me a photo. It was a photo of his. 她让我看一张照片。照片是他的。

（10）We bought a picture after Raphael. 我们买了一张模仿拉斐尔的画。

2.7.1.7　量词后的搭配

1）量词，如"piece（张）/slice（片）/strip（条）/article（件）/stick（支）/bar（根）/grain（粒）/head（头）＋of"，其后与不可数名词搭配而不与可数名词搭配。

（1）Mother asked me to eat up every grain of rice in my bowl. 母亲要我吃完碗里每一粒饭。

（2）a cup of tea/coffee（一杯茶/咖啡）。

（3）a glass of wine/beer/whisky（一杯酒/啤酒/威士忌）。

2）piece 可译作"张、件、个、块、条、项、根、堆、片、粒、副、套"，在某种程度上，可谓"万能"量词，但有特例：

（1）This work is a piece of cake. 这件工作很容易，小菜一碟。

（2）It is quite of a piece with her previous conduct. 这与她之前的行为性质一致。

2.7.1.8　一些名词在不同的语境有不同的词义

（1）fare 是乘坐公共汽车、火车、计程车、飞机等的费用。

toll 是通过大桥、公路、运河、隧道等所需支付的费用。

（2）Take a bath. 洗个澡吧。（此处 bath 表示普通沐浴。）

I took a bath in that lake. 我在那湖里洗了个澡。（此处 bath 表示在河、海或湖里洗澡。）

（3）It is quite a big room. 它是一间很大的房间。

A piano takes up a lot of room. 钢琴占地很多。

2.7.2　代词变化与用法的特例

2.7.2.1　me 和 mine

（1）It's nothing to me. 这对我无关紧要。

（2）It's nothing to mine. 与我的比起来不算什么。

2.7.2.2　his 和 him

（1）I cannot bear his（形容词性物主代词）company. 我不能忍受他的陪伴。（要我和他在一起，我受不了。bear 后加宾语。）

（2）I cannot bear him（宾格的人称代词）company. 我不能忍受跟他做伴。（bear 后加双宾语。）

2.7.2.3　I 和 me

（1）You helped him, as well as I（主格的人称代词）. 跟我一样，你也曾经帮助过他。

（2）You helped him as well as me（宾格的人称代词）. 你帮过我，也帮过他。

2.7.2.4　有无物主代词影响词义

（1）He has lost his heart. 他爱上了一个人。

He has lost heart. 他失去信心。

（2）She has taken her medicine. 她毫无怨言地接受惩罚。

She has taken medicine. 她已经服了药。

（3）Go to one's rest. 长眠，死。

Go to rest. 去休息吧。

（4）I said it for your good. 我说这些是为了你好。

She thought he was gone for good. 她以为他永远走了。

2.7.2.5 反身代词可作为宾语、同位语，但不能作为主语

（1）She has to support herself（宾语）now. 她现在必须养活自己。

（2）Between ourselves, he is a thief. 咱们私下说啊，他是个小偷。

（3）Mother and myself enjoyed your letter very much. （错误。反身代词不能作为主语。myself 改为 I，译为：妈妈和我非常喜欢你的信。）

2.7.2.6 several 不能与不可数名词或集合名词连用

Some（不用 several）of his furniture is old. 他的一些家具很旧。

Several of them went there. 他们中的几个去了那里。

2.7.2.7 若表示属于某人身体的一部分或属于某人所有之物，该名词之前大多要加形容词性的物主代词，而中文中则可略去

He put his hands into his pockets. 他把手放进口袋里。

2.7.2.8 whichever 和 whatever

（1）Take whichever（指同类的任一本）book that you like. 拿一本你喜欢的书。

（2）Take whatever（指不同类的任一本）book that you like. 拿一本你喜欢的书。

2.7.2.9 one 和 ones

1）one 和 ones 前后都可有定语。

（1）This lesson is more difficult than the one we learned yesterday. 这课比我们昨天学的那课难。

（2）He has got a new storybook, but I have got several old ones. 他有一本新的故事书，但我有几本旧的。

（3）对比：that 和 those 的定语只能放在其后。

TV sets made this year are of better quality than those made last year. 今年生产的电视机的质量比去年的好。

2）one 和 ones 不能代替不可数名词。

（1）We prefer red wine to white. （不能用 white one。）比起白葡萄酒，我们更喜欢红葡萄酒。

（2）There is one man in the room. 室内仅有 1 人。（此句 one 是数词。）

3）one 前有形容词才可用 a 或 an。用 one 的语气较用 a、an 的重。one = a + 名词，it = the + 名词。

（1）We have sold our old car and bought a new one（不能用 a one）. 我们卖掉旧车，买了一辆新车。

（2）When she asked if she could use the telephone, she was told that the family didn't have one（不用 any，any 不能作为代词来代替单数可数名词）. 当她问她是否可以用电话时，她被告知这家人没电话。

4）No/Any/Some/Every/Each one knows what his（不用 one's）fate will be. 没有人/任何人/有些人/每个人都知道他将是什么命运。

any one 指三者以上中的任何一个，either 是指两者中的任一个。

You may ask either（不用 any one）of the twin sisters to dance. 你可以请这对双胞胎姐妹中的任何一个跳舞。

5）the one、this one、that one 代表可数名词，代表其前的"this + 可数名词"；但若其前相比较的东西是"this + 不可数名词"，就不能用 that one。

（1）We like this computer better than that one. 我们更喜欢这台电脑而不是那台。

（2）错误："物主代词 + one"，如 their own one。

应该用：theirs（他们的）、their own（他们自己的）。

（3）错误：some ones、these ones、several ones。

正确：I want several/some/these. 我想要几个/一些/这些。

（4）正确：Every one of the students has… 每一个学生都有……

（5）正确：Everyone/Everybody has… 人人都有……

（6）错误：Everyone of you…

正确：Every one of you… 我们每个人……

（7）错误：Every one has… 无定语的 every one 一般用来指物，而不指人。

6）one 指包括说话者在内的任何人，但不能用来指某个个人。

no one 指人，指代单数名词，且其后不能接介词 of 短语。

7）none of 后不能接不可数名词，none 指人或物，可指代单数名词或复数名词。

（1）正确：None of the three students failed. 3 个学生中没有 1 个学生不及格。

（2）错误：None of the bread has been baked.

8）one、another 和 the other。

（1）"one…（and）the other…"，译作"一个是……另一个是……（总数为二）"。

（2）"one… the others…"，译作"一个是……其余的是……（用于两者以上）"。

（3）"one…others…"，译作"一个是……其他的是……"。

（4）"some…others…"，译作"有些……另外一些……"。

（5）"some…the others…"，译作"有些……另外全部……（全体分为两部分）"。

（6）"the one…and the other…"，译作"前者……后者……"。

（7）"one other（＝another、one another）"，译作"互相（三者或三者以上）"。

（8）"each other"，译作"互相（两者之间）"。

（9）正确：another day（另一天）、another three days holiday（另外 3 天假）。

2.7.2.10　两个或两个以上的限定词

两个或两个以上的限定词不能同时修饰同一名词。

（1）正确：Many of father's friends came to the meeting. 父亲的许多朋友来参加会议。

（2）错误：Many father's friends came to the meeting.

（3）错误：Father's many friends came to the meeting.

2.7.2.11　信函结尾

（1）正式信函开始时若用 Dear Sir 或 Dear Madam，说明不知道收信人姓名，其结尾常用 Yours faithfully，而不只用 Yours。

（2）若用 Dear Mr. Smith 开始，说明知道收信人姓名，其结尾可用 Yours sincerely。

（3）若信函来往于特别熟悉的朋友或亲人之间，如以"Dear Mom and Dad"始，则其结尾可用"Love, Erich（爱你的阿历）"。

2.7.2.12　代词作为介词宾语或宾语补足语

代词作为介词宾语或宾语补足语时，要用宾格形式。

I thought it to be <u>him</u>. 我认为那就是他。

2.7.3　形容词、副词变化与用法的特例

2.7.3.1　形容词作为定语与名词作为定语

形容词作为定语与名词作为定语表示不同意义。

（1）a tubercular（形容词）doctor，译作"患结核病的医生"；a tuberculosis（名词）doctor，译作"治结核病的医生"。

（2）golden（形容词）ring，译作"金色的戒指"；gold（名词）ring，译作"金戒指"。

（3）medical（形容词）man，译作"（男）医务工作者"；medicine（名词）man，译作"（男）巫医"。

2.7.3.2　有些形容词用作定语或表语时有不同含义

（1）her <u>late</u>（作为定语）husband，译作"她已故的丈夫"。

He was <u>late</u>（作为表语）in coming. 他迟到了。

（2）a <u>certain</u>（作为定语）unit，译作"某单位"。

It is <u>certain</u>（作为表语）. 这是肯定的。

2.7.3.3　级的变化及用法特例

1）形容词结尾为-st、-ict、-est、-aid、-ive、-ish、-ic、-al、-ful、-ous、-able、-ible、-ly、-ed、-ing 时，其比较级或最高级多在词前加 more 或 most（表 2－8）。

表 2－8　级的变化

原形	比较级	最高级
just（公平的）	more just	most just
strict（严厉的）	more strict	most strict
modest（谦虚的）	more modest	most modest
afraid（害怕的）	more afraid	most afraid
interesting（有趣的）	more interesting	most interesting
pleased（满意的）	more pleased	most pleased

2）凡将同一人、物的两个不同特点进行比较时，形容词的比较级全部在词前加 more，即用"more...than..."的结构。

He is <u>more</u> proud <u>than</u> brave. 与其说他勇敢，不如说他傲慢。

3）比较形式的特例（表 2－9）。

表 2－9　比较形式的特例

原形	比较级	最高级
bad（坏）、badly（恶劣）、ill（有害）	worse	worst
far（远）	farther（较远的）	farthest
	further（进一步的）	furthest
good（好）、well（顺利，健康）	better	best
in（在……内）	inner	inmost, innermost
late（晚，迟）	later	latest
little（小）	less, lesser, littler	least
many（多）、much（多）	more	most
old（老的）	older（较老的）	oldest
	elder（较年长的）	eldest
up（在……上）	upper	uppermost, upmost
handsome（英俊的）	handsomer	handsomest
heavy（重）	heavier	heaviest

续表 2 - 9

原形	比较级	最高级
narrow（狭窄的）	narrower	narrowest
tender（温柔的）	tenderer	tenderest
pleasant（宜人的）	pleasanter	pleasantest
thin（瘦薄的）	thinner	thinnest
simple（简单的，朴素的）	simpler	simplest

4）形容词最高级前加 the，而副词最高级则不加 the。形容词最高级作表语时，其前可不加 the。

（1）Vegetables are best when they are fresh. 蔬菜新鲜的时候是最好的。

（2）有时 most 表示"非常"，而不是最高级，此时其前不加 the。

It was most stupid to act like that. 那样做太愚蠢了。

（3）"the + 比较级 + of the two" 表示两者间"较……的一个"。

He is the stronger of the two. 他是两个人中比较强壮的一个。

He is the more diligent of the two. （= He is more diligent than the other.）他比另一个勤奋。

（4）"as + 原级 + as any" 句型，表示原级已达到最高级的水平。

He works as hard as anybody. 他工作最努力。

（5）最高级形式后面可以不接名词。

I'm the greatest. 我最了不起。

5）常与 to 搭配表示比较的词。

常与 to 搭配表示比较的词有 prior（先于）、subsequent（后于）、anterior（早于）、posterior（迟于）、senior（年长于）、junior（年幼于）、superior（优于）、inferior（劣于）、prefer（较喜爱）、previous（先于）。

This is inferior to that. 这个不如那个。

不能写成：This is inferior than that.

对比 "prefer...to" 的用法：

（1）She preferred to knit rather than sew. 她喜欢缝纫而不喜欢编织。

（2）She preferred death to surrender. 她宁死不降。

（3）She preferred reading books to watching TV. 比起看电视，她更喜欢读书。

6）advantage 不是形容词比较级，但却含有比较之意，且与 over 搭配。

This has an advantage over that. 这个比那个有优势。

7）still 与比较级连用时，意思是 even。

When the sun sinks, it will grow still（= even）redder. 当太阳落山时，它会变得更红。

8）favorite 已有"最喜欢的"之意，故其前不可加 most。

9）true（真实的）、perfect（完美的）、absolute（绝对的）、vertical（垂直的）、correct（正确的）、wrong（错误的）、right（正当的）、unique（独一无二的）、ready（准备好的）、empty（空的）、round（圆形的）、square（正方形的）等是绝对性形容词，即没有级的变化。

故不能说：This box is more square than that one.

而只能说：This box is more nearly square than that one.（用"more/less nearly + 形容词"说明程度上的比较。）这个盒子比那个更接近正方形。

10）表示国籍的形容词，若转义表示该国人的行为时，可用于比较级。

She is more French than the French. 她比法国人更像法国人。

11）rather 和 fairly 用法。

（1）She's rather better today. 她今天好多了。

（2）She's rather good player. 她是一个相当好的选手。

（3）I feel rather excited to hear it. 听到这个我相当兴奋。

A：Do you like the film? 你喜欢这个电影吗？

B：Rather. 当然啦！

（5）The house is rather big（＝too big）.（有贬义。）这个房子有点儿大。

（6）The house is fairly big（＝big enough）.（有褒义。）这个房子相当大。

2.7.3.4　词干相同意思不同的形容词

表 2－10　词干相同意思不同的形容词

编号	形容词 A 列	形容词 B 列	形容词 C 列
1	alone（单独的）	lonely（孤独的）	—
2	childlike（天真的）	childish（幼稚的）	—
3	classical（古典的）	classic（一流的）	—
4	comical（好笑的）	comic（喜剧的）	—
5	considerate（体贴的）	considerable（值得考虑的，相当多的）	—
6	contemptible（卑鄙的）	contemptuous（轻视的）	—
7	desirable（合意的）	desirous（渴望的）	—
8	economical（节俭的）	economic（经济学的）	—
9	electrical（与电有关的）	electric（带电的）	electronic（电子的）
10	floating（浮动的。作为定语）	afloat（浮着。作为表语）	—
11	healthy（健康的）	healthful（保健的）	—
12	historical（历史方面的）	historic（有历史意义的）	—

续表 2 - 10

编号	形容词 A 列	形容词 B 列	形容词 C 列
13	imminent（紧迫的。指物）	eminent（著名的。指人）	—
14	industrial（工业的）	industrious（勤劳的）	—
15	likely（可能的）	likable（可爱的）	—
16	living（活着的，健在。作为前置定语或表语）	alive（活着，有活力。作为后置定语或表语）	
17	luxurious（豪华的）	luxuriant（肥沃的）	—
18	manly（男子汉的）	mannish（像男人的）	—
19	masterly（熟练的）	masterful（有控制能力的）	—
20	momentary（短暂的）	momentous（重大的）	—
21	respectful（恭敬的）	respectable（有名望的，可敬的）	respective（各自的）
22	sensitive（敏感的）	sensible（理智的）	—
23	sleepy（想睡的）	asleep（睡着的）	—
24	tasty（好吃的）	tasteful（高雅的）	—

2.7.3.5 语义有差异的近义形容词

一些近义形容词之间的语义差别很大。

（1）a tall（用于有生命的）tree，译作"高大的树木"；a tall building，译作"窄而高的塔楼"；a high building，译作"高大的楼房"。

（2）He is a short man（矮个子）.

对比：He is a low man（卑鄙之人）.

（3）The lion is terrible/frightening. 狮子令人害怕。

对比：The boy is afraid/frightened. 这男孩感到害怕。

2.7.3.6 形容词与对应副词的语义有差异

形容词与对应副词的语义差异见表 2 - 11。

表 2 - 11　形容词与对应副词的语义差异

编号	形容词	副词
1	deep（深的）	deeply（深远地，深入地）
2	first（最初的，最重要的）	firstly（首先）
3	hard（艰苦的、坚固的）、hardy（耐劳的）	hardly（几乎不）

续表 2-11

编号	形容词	副词
4	high （高）	highly （高，高度地，非常）
5	late （迟）	lately （最近）
6	low （低）	lowly （卑贱地）
7	most （大多数的）	mostly （主要地）
8	near （接近）	nearly （几乎）

2.7.3.7　既作为形容词又作为副词的词

既作为形容词又作为副词的词见表 2-12。

表 2-12　既作为形容词又作为副词的词

词	作为形容词的词义	作为副词的词义
clean	清洁的，干净的，纯洁的	干净地，纯洁地，彻底地
dead	死的，无生命的，麻木的	完全地，绝对地，突然地
early	提早的，早期的	提早，在早期
enough	足够的，充足的	足够地，充分地
far	遥远的，久远的	远，非常
fast	快的，牢的	快速地，紧紧地，牢固地
hard	硬的、坚固的，困难的	努力地，艰苦地，猛烈地
late	迟的，晚的，晚期的	迟，晚，在晚期
long	长的，远的，长久的	长久地，长期地，始终
low	低的，低声的	低，低声地
slow	慢的，缓慢的，迟钝的	缓慢，慢慢地
straight	直的，直接的，连续的	直，直接地，一直地

2.7.3.8　意思相近但用法不同的形容词与对应副词

（1）bad 与 badly。

He felt bad. 他不快乐/他不健康。

He felt badly. 他感觉不好。

（2）different 与 differently。

Think different. 非同凡响。（××公司的广告口号。）

Think differently. 想得不同。

（3）original 与 originally。

He wasn't an original writer. 他不是一个有创意的作家。

He wasn't a writer originally. 他原先不是一个作家。

（4）pure 与 purely。

This is pure water. 这是纯净的水。

This is purely water. 这只不过是水。

（5）silent 与 silently。

We stay silent. 我们保持安静。

We stay silently. 我们安静地待着。

2.7.4　表示委婉建议的动词

表示委婉建议的动词有 allow、thank、trouble、bother、suppose。

（1）Don't allow yourself to smoke too much. 请别抽太多烟。

（2）I'll thank you not to do that. 求你别做了。

（3）Don't trouble/bother to come. 不必来了。

（4）You're supposed to finish it. 建议你完成它。

2.7.5　动词与名词合用

（1）help。

He helped（动词，意为"帮助"）me a lot. 他帮了我很多。

He gave me a lot of help（名词，意为"帮助"）. 他给了我很多帮助。

（2）dress。

She dresses（动词，意为"给……穿衣"）her boys each morning for school. 她每天早晨给她的儿子们穿好衣服好让他们去上学。

He doesn't care much about dress（名词，意为"衣服"）. 他不太注意衣着。

（3）baby。

The baby（名词，意为"婴孩"）slept peacefully. 婴儿睡得很安稳。

Don't baby（动词，意为"把……当婴儿般对待"）the boy. 不要娇养那男孩。

（4）dream。

He finally actualized his dream（名词，意为"梦、梦想"）. 他最终实现了自己的梦想。

Do you dream（动词，意为"做梦，梦想"）in color？你的梦是彩色的吗？

2.8 时态

2.8.1 一般现在时

1）当具体时间概念不明显时，用一般现在时。

（1）We think Jane knows the answer. 我们认为简知道答案。

（2）Do you use oil when you cook it? 你做饭时用油吗？

（3）Does milk boil at a higher temperature than water? 煮沸牛奶的温度比煮沸水高吗？

（4）I'm Chinese. Where do you come from? 我是中国人。你是哪里人？

（5）How do I take the medicine? 我该怎么吃药？

（6）I forget/forgot/have forgotten how old he is. 我忘了他多大。

2）讲述故事的情节时，用一般现在时。

Lenin says that without facts theories are useless. 列宁说，没有事实，理论无用。

3）有时，一般现在时可与 always、often、sometimes、never、twice a week、occa-sionally、as soon as、now and then、nowadays、usually、these days、just now 连用。

（1）We eat mooncakes on Mid-Autumn Day. 我们中秋节吃月饼。

（2）He is busy just now. 他眼下挺忙。

4）begin、start、fall、leave、reach、get to、sail、come、go、arrive、return、die 等终止性动词多用一般现在时表示将来动作。

（1）School begins on September 1. 学校 9 月 1 日开学。（一般现在时表示的将来事件，通常是指由时刻表、日程表、日历等决定的将来事件，一般不会变更。）

（2）对比：He is coming next week. 他下周过来。（现在进行时表示将来则用于安排、计划，有可能改变，而且强烈暗示这个将来事件正在准备中。）

（3）若主语是事件性的名词，动词 be 则表示发生之意。

The play is tomorrow. 明天比赛。

5）若"for＋持续时间"，且指的是经常性，用一般现在时。

（1）The training here lasts for three years as in your country. 在这里，如同在你们国家一样，训练持续 3 年。

对比：虽然也是"for＋持续时间"，但表示迄今为止的一个时段时，则用现在完成时。

（2）Man has been on the earth for many thousands of years. 人类在地球上已经存在几千年。

（3）We have studied English for three years. 我们学英语已经 3 年了。

6）表示习惯时，名词从句的动词要用一般现在时。

She asked me why I take a walk for 10 minutes every morning. 她问我为什么每天早晨步行 10 分钟。

7）从句用 if、when（或用 when 引出的定语从句）、until、unless、before、after、as soon as、while、by the time、once、however、in case、the moment、make sure 等词引出，则从句可用一般现在时表示"将来"，而主句多用一般将来时。

（1）Make sure you lock the door. 确保锁好门。

（2）I will let you know as soon as he arrives. 他一来我就告诉你。

（3）He will come to call on you the moment he finishes it. 他一做完就会来拜访你。

（4）The day will come when we hold the meeting. 我们开会的那一天会来的。（when 引出的定语从句用一般现在时。）

下面句了的从句用一般将来时。

（5）I'll let you know when he will come here. 我会告诉你他何时来。（when 引出宾语从句，不是状语从句。）

（6）If it will help you, I'll lend you 1 000 dollars.（用 if 引出的从句，主语是 it，且 it 代表主句中所说内容时，状语从句也可用一般将来时。）如果会帮到你，我会借给你 1 000 美元的。

（7）If you will be quiet, I'll tell you.（表示愿望或拒绝时，状语从句也可用一般将来时。）如果你愿意安静，我就告诉你。

（8）She will visit him, when she will open it.（状语从句在后，且有逗号，此处 when 可换成 and。）她会去看他，然后打开它。

（9）How can I help them when（＝considering that）they won't... 鉴于他们不会……，我能怎么帮他们呢？

（10）If the floods will come, we'll leave now.（主句动作在从句之前。）如果洪水要来，我们现在就走。

2.8.2 一般过去时

1）表示过去的事情，用一般过去时。

James Watt invented machines. 詹姆斯·瓦特发明了机器。

2）表示现在情况已不存在，用一般过去时。

We didn't expect you would come so early. 我们预计你们不会那么早来。

3）表示联想的是一种过去的情况，用一般过去时。

How did you like the play（we saw yesterday）? 你觉得我们昨天看的剧怎么样？

4）表示所提到的是一个已死的人的情况，用一般过去时。

Lei Feng was the son of a poor peasant. 雷锋是贫苦农民的儿子。

5）表示主句动词所表示情况与从句所表示的过去动作相关，用一般过去时。

It <u>was</u> a pity you <u>didn't come</u>. 很遗憾你没来。

6）句中有表示过去具体时间的状语，用一般过去时。

（1）We <u>made</u> good progress <u>last term</u>. 上学期我们进步很大。

不能说"We had made good progress last term."。

（2）must 绝不可用以表示过去的事实，而只能表示现在或未来将发生的事。表示"过去不得不"，常用 had to 而不用 must。

I <u>had to</u> go yesterday.（昨天我不得不去。）不能写成：I must go yesterday.

7）一般过去时可与 when（疑问副词）、once、in the past、until、till、before、after、ago、one day、but now、recently、even now、just now、of late years、many years later、lately、at that time、then、in those days、the other day 等连用。

（1）Mother came home <u>just now</u>. 妈妈刚刚回家。

（2）<u>When</u> did you come back? 你什么时候回来？

（3）Did you buy it <u>lately</u>?（lately 多用于问句中。）你最近买了吗？

（4）He <u>recently</u> did it.（recently 表示最近发生。）他最近做了。

until 或 till 强调"直到某一时间一直都……"，表示的是一个整体；而 before 则是"到某时间的其中一个时刻"，表示的是部分。

（5）He didn't go to bed <u>until/till</u>（不用 before）his mother came back. 直到他妈妈回来他才睡觉。

（6）We waited for him <u>until/till</u> 6 o'clock, but he didn't come. 我们等他等到6点，可是他没有来。

用 ago 时，其前须有表示"多久以前"的词，若其前没有此类词，则无论是表示现在、过去、将来都用 before。ago 用于从现在算起的过去一段时间。before 用于从过去算起的一段时间。

（7）He read（过去时）the novel 3 years <u>ago</u>. 他3年前读过这本小说。

（8）The war ended three months <u>before</u> I was born. 战争在我出生前3个月结束了。

（9）How long <u>ago</u> did you stop it? 你多久之前阻止了它？

8）表示经过一段时间后，且与 after 连用，用一般过去时。

（1）He returned <u>after a few days</u>. 几天后他回来了。

（2）<u>After two months</u>, she returned.（＝Two months after, she returned. ＝Two months later, she returned.）2个月后，她回来了。不能说"Later two months, she returned."。

（3）表示经过一段时间后，将来时用 in。He will go there <u>in a few days</u>. 几天后，他就会去那。

表示在某一点时间后，可用将来时。We'll see you <u>after dinner</u>. 我们晚饭后就会去见你。

表示在某一点时间后，也可用过去时。She came back <u>after six o'clock</u>. 她6点后回来。

9）表示"过去可能"时，常用 it was possible，而不用 might。

It was possible that it would（不用 might）snow that evening. 那天晚上可能要下雪。

10）从句表示历史性行为。

They told us they joined the army in 1980. 他们告诉我们，他们在 1980 年参军。

11）过去时可以表示一个完成的动作，而过去进行时则表示过去某个时间正在进行的动作。

（1）She wrote a letter to him yesterday. 她昨天给他写了一封信。（已经写完了。）

（2）但 rain、snow、cough、wear、feel、work 等的过去时并不表示动作的完成，它们的过去时在含义上相等于过去进行时。

It rained all day yesterday.（= It was raining all day yesterday.）昨天下了一天的雨。

12）若依顺序叙述一系列动作时，虽然有先有后，但可全用过去时。

He stood up, put on his hat and went away. 他站起来，戴上帽子，离开。

2.8.3 一般将来时

1）将来时可与 later、tonight、next time、from now on、by and by、in days to come、more and more、some day、still、again、in a few days、a week from today、soon、in no time 等连用。

（1）The highway will be completed in four years.（in 表示一段将来的时间。）这条公路将在 4 年内完成。

（2）He will leave after breakfast.（after 表示将来的某一个时刻。）早餐后他会离开。

2）"It is likely that + 主语 + will/shall + 动词原形"。

It is likely that he will come here. 他很有可能来这里。

3）be going to 所表示的动作大多是人们所能计划或安排的。

（1）I'm going to read the novel. 我打算读这本小说。（口语中多用。不用"I shall read the novel."。）

（2）I feel dizzy, I think I'm going to faint. 我感到头晕，我想我要晕倒了。（这里 be going to 表示有迹象要发生某事。）

not going to 可用于表示不愿意或拒绝。若主语是 you，则表示不可以或禁止。

（3）We're not going to pay for it. 我们拒绝承担这笔费用。

（4）You are not going to bring her and that's final. 你不可以把她带来，就这样定了。

4）"主语 + be afraid that + 主语 + will/shall + 动词原形"。

I'm afraid that it will rain tomorrow. 恐怕明天会下雨。

用 will 时需要注意：

（1）表示将来肯定会取得某种结果或会达到什么目的，用 will 而不可用 must。即 will 用来推测将来，而 must 用来推测现在和过去。

Whatever the difficulties, we will surely achieve our end. 不管什么困难，我们一定会达到目的。

（2）问句用 will 表示请示时，肯定式的答句也用 will，以表示同意的决心。

A：Will you lend me the book? 这本书借给我好吗？

B：Yes, I will. 好啊。

（3）will 含义为"将要，会"，用来表示将来。

She is having a rest now. She'll be down presently. 她正在休息，一会儿就会下来。

2.8.4　过去将来时

1）过去将来时多用于间接引语中表"将来"意，主句谓语多是过去时。

We asked our teacher when we should（不用 shall）begin our experiments. 我们问老师我们何时开始做实验。

2）用过去将来时表示对可能性的推测。

（1）Without air, there would be no living things. 若无空气，就无生物。（用介词词组代替从句。）

（2）That would be his sister. 那大概是他的妹妹。

3）在时间或条件状语从句中，用一般过去时替代过去将来时。

He said he would let us know if he got any news. 他说如果有消息会告诉我们。（条件状语从句。）

而不能写成"He said he would let us know if he would get any news."。

4）状语从句或定语从句的时态多是绝对独立的，不受主句时态所影响的，且可表示虚拟语气。

If you should run into Peter, please tell him he owes me a letter. 假如你碰见彼特，告诉他，他该给我写信了。

5）虚拟语气中，主句与从句时态可以不一致。

If she had followed the doctor's advice at that time, she would be quite all right now. 如果她当时听了医生的建议，她现在就会好了。

6）用 would 时的注意事项如下。

（1）表示"将来"或"意图"的 would 不能单独用于肯定句。

He would help me yesterday.（错误。）

He was willing to help me yesterday. 昨天他愿意帮助我。（正确。）

（2）若表示否定的意图时，则可单独使用 would。

A. She wouldn't lend me her bicycle yesterday. 昨天她不愿把她的自行车借给我。

B. I would like to have a word with you. 我倒想与你谈谈。（"would like…"不算过去将来时。）

2.8.5 现在完成时

1）现在完成时表示状态留存，句中常用 up till now、till、till now、now、before、yet（用于问句或否定句中）、now that、this week、by、long、ever、never、lately（用于问句或否定句中）、long ago、since weeks ago、once in a while、recently、of late、almost、all but、just、already、several times、today、always、often、sometimes、in former times、in the past、so far、up to now、up to the present、these days、few years 等笼统表示过去的时间状语。

（1）Have you been there lately? 你最近去过那儿吗?

（2）I have seen him twice. 我见过他2次。

（3）We have studied English for five years. 我们已经学了5年英语。（现在仍在学，未完成。）

对比：We have studied English. 我们学过英语了。（现在不学了，已完成。）

（4）完成时或完成进行时不用 after。

错误：After dinner we have been playing it.

正确：After dinner we played it. 晚饭后我们播放。或 "After dinner we shall play it."。晚饭后我们就播放。

（5）句中有"过去"字眼，如 the last time 等，则不用现在完成时。

错误：The last time I have seen him, he was quite well.

应改为：The last time I saw him, he was quite well. 我上次见他时，他还相当健康。

2）句中有 "for/in/during/through + the last/past + 表示时间的词（如 week、years、months、times）"，常用现在完成时。

Industrial management is the aspect of business management that has been most prominent for the past 80 years. 工业管理是商业管理的一方面，在过去80年里一直是最突出的。

3）用 arrive、start、leave、sail、come、go 等词构成现在完成时，应注意下列情况表示完成及结果，且注意句子潜在含义。

（1）She has come here. 她来了。（她现在仍在这里。）

（2）She has come for a few days. 她已来此，并要逗留几天。

（3）I have come to Shanghai. 我已经来到上海。（人到达上海后才讲的。）

（4）She has been here. 她来过这里。

（5）She has been here for 10 days. 她在这里已10天。

（6）This is the first time I've been here. 这是我第一次来这里。（现在我在这里。）

（7）She has been in Shanghai. 她去过上海。

（8）She has been in Shanghai for 10 days. 她已在上海待了10天。

（9）She has been to Shanghai today. 她今天去过上海。（她已返回。）

（10）She has gone to Shanghai today. 她今天去上海了。（她尚未返回。）

（11）She has gone to Shanghai. 她去了上海。

（12）She has gone to Shanghai for three weeks. 她到上海去（要）待 3 个星期。

（13）She has been to Shanghai three times. 她去过上海 3 次。（three times 表示经验，不是时间状语。）

（14）The train hasn't been <u>in</u> yet. 火车尚未到站。

（15）The train hasn't gone yet. 火车尚未开走。

（16）He asked where she <u>had</u> gone. 他问她去了哪儿。（她已回来了。）

（17）He asked where she <u>has</u> gone. 他问她去哪了。（按理，此处不应用现在完成时，但用了则表示她还没回来。）

4）使用延续性动词，如 be、have 多与 for 或 since 连用，有时表示动作未完成，还要继续下去。

（1）I <u>have been</u> in the army <u>for</u> more than five years. 我在部队已经待了 5 年多了。

（2）He <u>has</u> lived here <u>since</u> 1999. 他从 1999 年起就住在这。

5）表示动作已经完成或瞬间就完成时，用 come、go、leave、join、arrive、marry、ask、die、become、start、begin、break、fall、take、bring、graduate、close、open、pat、borrow、stop 等终止性动词（或称瞬间动词），这些动词的否定式是一种状态，可以与特定词连用表示时间的延续。

（1）He did not start to read until he was 12 years old. 他到 12 岁才开始阅读。

因瞬间动词不能持续，故其肯定式不能和"for + 时间状语"连用。

（2）错误：He has joined the army for 5 years.

正确：He joined the army five years ago. 他 5 年前参军了。

正确：It is 5 years since he joined the army. 他参军 5 年了。

正确：It has been 5 years since he joined the army. 他参军已经 5 年了。

（3）错误：She has married for 5 years.

错误：She has married him for 5 years.

正确：He has（got）married. 他已结婚。

正确：She has been married（表语）for 5 years. 他已结婚 5 年了。

（4）错误：He has died for 5 years.

正确：He has been dead（表语）for 5 years. 他去世已经 5 年了。

2.8.6　过去完成时

过去完成时表示较某个过去的行为更早（句中应有表示过去的词汇或有上下文说明），多与 no sooner…than、by、by the end of、before、until、as soon as、when、still、already、hardly、yet、just 或过去时间连用。

（1）She thanked me for what I had done. 她曾为我早些时候所做的事而感谢我。

（2）By the end of last term, we had read two English novels. 到上学期末，我们已经读了 2 本英文小说。

（3）We had hoped to pass the exam. 我们本希望通过考试。（此句没有用表示过去的词来做对比而用过去完成时，表示"没通过考试"。）

（4）We had imagined him as a short man. 我们原想他是个小矮个。

（5）"must + have + 过去分词"表示过去肯定发生过的事。

She must have been nervous because she didn't go straight in. 她一定很紧张，因为没有直接进去。

2.8.7　将来完成时

将来完成时须与表示具体的将来时间连用，或与"by/when/before + 将来时间"连用，表示某事将在某一将来时间做完。

She will have been married for 5 year on her next anniversary. 到下一个纪念日，她将结婚 5 年了。

2.8.8　过去将来完成时

1）过去将来完成时多用于宾语从句中，而主句为过去时。

Jack thought the plane would have left by the time he arrived. 杰克认为他到达的时候飞机已经起飞了。

2）可以用于表示对过去事情的推测。

（1）She would have been there yesterday. 她本来昨天要到的。

"should + 完成时"表示本应该发生却没发生。

（2）We should have made a good job of it. 我们本应该把此事做好的。（但其实未做好。）

（3）The bus should have arrived at nine but it didn't turn up. 公共汽车本应 9 点到，可是还没见到它的影子。

2.8.9　现在进行时

1）现在进行时常用下列状语：at the present moment、soon、at this moment、now、just、right now。

I am typing now. 我现在正在打字。

2）现在进行时加上 always、continually、constantly、forever 等表示某种感情色彩，

或表示赞许。

She is always thinking of how she could do more for the people. 她总是想着怎样才能为人民做更多的事情。

3）用 leave、go、come、start、arrive、sail、stay、fly 等的现在进行时表示将来意义。

They are leaving tomorrow. 他们明天就离开。

4）must be doing 与 must do。

（1）If you can't find her, she must be hiding somewhere. 如果你找不到她，那么她一定是躲在什么地方了。

（2）If you don't want them to find you, you must hide somewhere. 如果你不想他们找到你，你就必须躲起来。

5）as well as 与动词连用时，通常要用动词的-ing 形式。

She sings as well as playing the piano. （＝She not only plays the piano, but also sings.）她不光弹琴，还唱歌。

6）表示知道、信念、外观、感情、感觉、关系、特性、容积等的静止动词（state verbs）多不用现在进行时。

静止动词：exist（存在）、subsist（生存）、seem（似乎）、remain（保持）、appear（出现）、lie（位于）、stand（直立）、be（是）、have（有）、like（喜欢）、love（爱）、hate（恨）、prefer（宁愿）、know（知道）、understand（理解）、notice（注意）、remember（记起）、forget（忘记）、see（看见）、hear（听见）、smell（闻）、taste（尝）、feel（感觉）、wish（希望）、hope（希望）、weigh（称重）、expect（期望）、desire（渴望）、care（在意）、differ（不同于）、excel（擅长）、consist of（组成）、contain（包括）、depend on（依赖）、belong to（属于）、deserve（值得）、own（拥有）、equal（等于）、resemble（相像）、rival（比得上）、surpass（超过）、be able to（能）、have to（不得不）。

错误：I'm hearing a funny noise.

正确：I can hear a funny noise. 我能听到一种奇怪的噪音。

错误：He is being able to do it.

正确：He is able to do it. 他能做到。

一般情况下，不能用现在进行时却用了，则：

（1）现在进行时表示重复或强调的动作。

He is nodding. 他连连点头。

（2）现在进行时表示现今暂时性动作。

You are just being witty. 你只是为了显得俏皮。

She is being sick. 她恶心作呕。

对比：She is sick. 她病了。

（3）现在进行时表示伪装。

She is being kind. 她装得很友好。

（4）现在进行时表示逐渐转变的过程。

She is becoming more and more used to farm work. 她越来越习惯干农活了。

（5）现在进行时表示开始。

I'm forgetting my Russian. 我的俄语开始荒疏了。

（6）静止动词转为别的意思。

We are having a meeting now. 我们在开会。

I'm seeing a friend off. 我在送别友人。

（7）现在进行时表示更丰富的个人感情。

How are you feeling? 你觉得怎么样？（现在进行时表示更关心，更热情。）

对比：How do you feel now? 你现在感觉如何？（一般现在时则仅表示询问病情。）

（8）表示所做的是事先考虑及计划过的，用 be going to。

I am going to buy a new bike next week. 我计划下周买一辆新自行车。

对比：I will buy a new bike. 我要买辆新自行车。（will 则只表示意图，而不表示计划。）

2.8.10 过去进行时

1）过去进行时要与表示过去的相应时间的词汇连用，来表示与之同时。句中常用 at that time、yesterday morning、while、when、as 等词。

（1）When he came in, I was reading. 他进来时，我正在读书。

（2）We were having lunch at 12:30 yesterday. 昨天 12:30，我们正在吃午餐。

2）表示需要较长时间才能完成的动作用过去进行时。

I read when he was coming in. （错误。）

I was reading when he came in. 我正在读书，他进来了。（正确。）

3）强调动作同时做，且时间不分长短时，可以用过去进行时。

（1）While the others were collecting fire wood, we were preparing the food. 其他人收集木柴时，我们准备食物。

（2）对比：若当两事已完成，则也可用过去时。

While others collected fire wood, we prepared the food. 当其他人收集了木柴时，我们准备了食物。

4）用于说明刚刚过去的事，可以用过去进行时。

What were you talking about just now? 你们刚才谈什么？

2.8.11 将来进行时

1）将来进行时要与表示将来的某一具体时间连用，以表示动作将要在该时间中进行，且一般只能用动作动词。

（1）The guests will be arriving at two o'clock. 客人将在 2 点到。

（2）I shall be writing to you soon. 我会很快给你写信。

2）常用于表示将来某一时刻里可能发生或因为做好安排，预计要发生的动作。

（1）What will you be doing tomorrow morning? 你明天早晨干什么？

（2）I'll be seeing him about it tomorrow. 我明天正准备和他谈这件事的。

3）疑问式表示有礼貌地征询将来的意图。

Will you be going to the party? 你会去参加晚会吗？

4）若表示否定的将来动作时，常用将来进行时。但若用"will not + 动词原形"，也可能存有"不愿、不肯"之意。

（1）He will not be speaking at the meeting tomorrow morning because he has suddenly fallen ill. 他明天上午不会在会议上发言，因为他突然病倒了。

（2）She won't be paying this bill. 她不会付账的。

（3）She won't pay this bill. 她不付账。（她拒绝付账。）

2.8.12 现在完成进行时

1）完成进行时基本是完成时的强调形式。现在完成进行时强调一个动作延续到说话时刚结束或仍在进行中，一般译作"……一直……着"。现在完成进行时有时可以不用时间状语，或有时用 lately 或 recently。

（1）We have been waiting for the bus, but it has not come yet. 我们一直在等候公共汽车，但它还没有来。

（2）I have been waiting here now for an hour. 我在这里等了 1 小时了。

（3）What have you been doing? 你这一阵子一直在做些什么？

对比：What have you done? 你做了什么？

2）若有表示一段时间的状语时，现在完成进行时可与现在完成时互换。

（1）We've been living in Shanghai since 1981. （= We've lived in Shanghai since 1981.）自 1981 年，我们就住在上海。

（2）We have studied English for four years. 我们已经学习英语 4 年了。

We have been studying English for four years. 我们 4 年来一直学习英语。

虽然两者所用的时间状语可以相同，而且有时可以互换，但是现在完成进行时更强调动作。

3）静止动词 be、know 等一般不用现在完成进行时。否定句一般不用完成进行时。

2.8.13 过去完成进行时

过去完成进行时表示动作延续到过去某一具体时间前刚结束或还继续。

He <u>had been studying</u> English for three years by the time he took his exam. 截至他参加考试时，他已学了 3 年英语。

2.8.14 将来完成进行时

将来完成进行时须用表示持续性的动词。

He <u>will have been studying</u> English for two years by the time he takes his examination. 到他参加考试的时候，他将已学了 2 年英语。

2.8.15 名词从句即主语从句、表语从句、宾语从句、同位语从句与主句动词时态的对应

1）"主句的动词（一般现在时、现在完成时、一般将来时、将来完成时）＋名词从句（除了一般将来时的其他任何时态）"。

（1）I'll <u>ask</u> him when the train <u>leaves</u>. 我会问他火车何时开。（正确。）

I'll ask him when the train will leave. （错误。）

（2）例外情况：I'll <u>write</u> to tell her where I'll <u>meet</u> her. 我会写信告诉她我将在哪里见她。（正确。）

2）"主句的动词（一般过去时、过去完成时、过去进行时、过去将来时）＋名词从句（一般过去时、过去完成时、过去进行时、过去将来时）"。

（1）We <u>thought</u> that she <u>studied</u> hard. 我们觉得她学习很努力。（从句与主句的动作同时发生。）

（2）She <u>told</u> me her son <u>was watching</u> TV. 她告诉我她的儿子正在看电视。（从句与主句的动作同时发生。）

（3）She <u>said</u> she <u>would spend</u> her holidays there. 她说她将在那里度假。（从句动作发生在主句动作之后。）

（4）He <u>told</u> me he <u>had waited</u> for me for an hour. 他告诉我他已经等我 1 个小时了。（从句动作发生在主句动作之前。）

（5）She <u>told</u> me she <u>joined</u> the army in 1970. 她告诉我她 1970 年参军。（若从句有一具体过去时间，则用一般过去时。）

3）有时主句与从句的时态不一定对应。

（1）Our teacher <u>told</u> us the sun <u>rises</u> in the east and <u>sets</u> in the west. 我们老师告诉我们太阳从东边升起，从西边落山。

（2）The news <u>is</u> that we <u>won</u> the first prize in the match. 消息是我们在比赛中得了一等奖。

4）"主语 + be + sorry/conscious/afraid/happy/glad/pleased/aware/worried/certain/uncertain/sure/careful/confident/anxious/doubtful/delighted/surprised + 名词从句"，其从句的时态原则上与宾语从句相同。

They <u>were</u> sure they <u>could do</u> it well. 他们确信他们能做好。

5）wish 或 wished 引出的从句中动词用过去时表虚拟语气。

（1）I <u>wish</u> that you <u>hadn't</u> such a bad headache. 我真希望你的头痛没这么严重。（虚拟语气的现在时。）

（2）I <u>wish</u> I <u>hadn't been</u> busy yesterday. 我真希望我昨天不忙。（虚拟语气的过去时。）

（3）I <u>wish</u> I <u>were</u> a scientist. 我希望我是个科学家。

（4）I <u>wish</u> the rain <u>would stop</u>. 我真希望停雨。（说这话时雨仍未停。）

（5）I <u>wish</u> I <u>won't/could/would have to</u> leave so soon. 我希望我不用/我能这么快走。（wish 不与 should 或 might 连用。）

用 hope 引出从句则大多并非虚拟语气。

（6）I <u>hope</u> the rain <u>will stop</u>. 我希望雨会停。（非虚拟语气。）

（7）I <u>had hoped</u> that he <u>would go</u> into business. 我本来希望他会去经商的。（虚拟语气。）

6）would rather、would sooner、had rather、had sooner 后的从句的谓语动词用过去时表示虚拟语气。

I <u>would rather</u>（that）she <u>came</u> tomorrow than today. 我宁愿他明天来而不是今天来。

2.8.16　非名词从句与主句动词时态的对应

1）定语从句或状语从句与主句的行为同时进行时，用相同时态。时间状语从句和条件状语从句不用将来时。

（1）The teacher I <u>spoke</u> to <u>entered</u> the house. 跟我说话的那位老师走进房间。

（2）Because it <u>was</u> wet，he <u>didn't go</u> out for a walk that day. 因为天气潮湿，那天他没出去散步。

（3）If he <u>goes</u> out tomorrow，I'll go with him. 如果他明天出去，我会跟他一起。

2）定语从句或状语从句与主句行为、动作不同时进行时，则时态不要求一致。

（1）Peking，which I first <u>visited</u> in 1980，<u>has become</u> entirely a new city. 北京，我1980 年第一次去，现在已经是一个全新的城市。

（2）Nowadays the students <u>learn</u> a great deal more than we <u>did</u> before. 现在的学生比以前的我们学得多得多。

（3）"It is（high）time + 主语 + 谓语（过去时）" 和 "It was（high）time + 主语 + 谓语（过去完成时）"。

It's time we <u>left</u>. 是我们该离开的时候了。

（4）This <u>is</u> the first/last time I've <u>been</u> here. 这是我第一次/最后一次来这里。

（5）It <u>was</u> the third time that I <u>had been</u> here. 那是我第三次来这里。

3）"现在完成时 + since + 过去时"。

I <u>have known</u> her since I <u>came</u> here. 自从我来这里就认识她了。

4）"It is/was/has been + 表时间的词 + since + 过去时"。

（1）It <u>was</u> two years since he <u>had died</u>. 他已经去世 2 年了。

（2）It <u>is/has been</u> two years since he <u>died</u>.（= Two years have passed since he died.）他已经去世 2 年了。

5）"No sooner + 部分倒装（过去完成时）+ than + 一般过去时" 和 "Scarcely/Hardly + 部分倒装（过去完成时）+ when + 一般过去时"。

No sooner <u>had</u> I <u>gone</u> home than it <u>began</u> to rain. 我刚回家，就开始下雨了。

6）after、when、until 所引从句用过去时或与主句相同的时态。

（1）After she <u>locked</u> the door, she <u>went</u> out. 她锁门后出去。

（2）When I <u>went</u> in, I <u>found</u> that he was engaged in writing. 我进去的时候，发现他在忙于写作。

（3）Until he <u>arrived</u> we <u>could do</u> nothing. 在他来之前，我们什么也做不了。

7）before 从句前的主句用过去时、完成时或与从句相同的时态。

John（<u>had</u>）<u>visited</u> his uncle before he <u>left</u> for Beijing. 约翰去北京之前拜访了他的叔叔。

8）在虚拟句中，也要注意时态的对应。

（1）If he <u>should/were to</u> come himself, it <u>would be</u> a great help to us. 如果他亲自来，对我们将是一个很大的帮助。（此处 if 表示将来不一定能成为事实。）

（2）If I <u>were</u> you, I <u>should do</u> it. 如果我是你，我应该会做。（此处 if 表示不能实现的事实。）

（3）If I <u>had been</u> fond of foreign language last year, I <u>would have taken</u> it. 如果我去年喜欢外语，我就会学了。（此处 if 表示否定过去不存在的事实。）

（4）对比："But for/Whether/In the absence of/Without + 名词 + 虚拟句"。

<u>But for your help</u>, we <u>would not have got</u> the results so soon. 要不是你的帮助，我们不会这么快得到结果。

2.8.17　并列句中的时态对应

在并列句中，用 but、still、yet、while、only、however、nevertheless 等表示转折关系，so、for、therefore、accordingly、thus、consequently、hence 等表示因果关系，or、otherwise 等表示选择关系及 and 等表示并列关系时，时态常一致，但也可以不一致。

（1）He is well over sixty, but he does not look old. 他已经 60 多岁了，但毫不见老。

（2）I am busy, otherwise I would go. 我很忙，不然的话我就去。

（3）He left school last year and is earning his living as a delivery guy now. 他去年离开学校，现在靠送外卖谋生。

2.9　主动语态与被动语态的变换

2.9.1　主动语态大多可转换为被动语态

1）主动语态大多可转换为被动语态。

"He aimed at it." 可转为 "It was aimed at by him（他瞄准了它）."

Please be seated. 请坐下。（此处 "Please be seated." 是尊敬的说法，一般为出席会议的人所用或老师对学生也可用。但对来访的客人就不必这样说，只说 "Sit down, please." 即可。）

2）表 2 – 13 中动词构成的句子不能转为被动语态，因为它们 "动" 的概念很弱。

表 2 – 13　不能转为被动语态的动词

英文	中文	英文	中文	英文	中文
abound in	富于	escape from	逃脱	recover from	恢复
become of	遭遇	fit	合适	result in	导致
become	成为	wish	希望	resemble	类似
begin with	开始	fail in	失败于	see to	注意
belong to	属于	happen to	遭遇	set sail	起航
consist of	组成	have	有	take place	发生
befit	适合	lack	缺乏	suffice	满足
break out	爆发	last	维持	suit	适合
consist in	在于	suffer from	遭受	succeed in	成功于

3）宾语是无实义的 it 时，不能转换为被动语态。

We will fight/battle it out. 我们要打到底。（正确。）

It will be battled out. （错误。）

4）宾语是反身代词时，不能转换为被动语态，因反身代词大多不作为主语。

He saw himself. 他看见自己。（正确。）

Himself was seen by him. （错误。）

5）宾语前若有指主语的物主代词时，不能转换为被动语态。

She cut her finger. 她割破了自己的手指。（正确。）

Her finger was cut by her. （错误。）

6）当宾语是 each other 或 one another 时，不能转换为被动语态。

We help each other. 我们互相帮助。

不能说 "Each other is helped by us."，因 each other、one another 不能作为主语。

7）当宾语和动词同源时，不能转换为被动语态。

She ran a race. 她跑了一场比赛。

8）当宾语是非谓语动词形式时，不能转为被动语态。

I hope to meet. 我希望见面。

2.9.2 双重被动式可以转换为主动语态

（1）Shanghai is hoped to be visited soon. 希望不久后能访问上海。

可转换为 "We hope to visit Shanghai soon." 或 "It is hoped to visit Shanghai soon."。

hope 在被动句中作为谓语时，其主语不可以是人。

It was hoped that she would make progress. （正确。）希望她有所进步。

She was hoped to make progress. （错误。）

（2）双重被动式句式应尽量避免。

The door has been forgotten to be locked. （错误。此句中主语不是谓语的受动者。）

2.9.3 转换时，宾语补足语只能转为主语补足语

（1）"They found him dead（宾语补足语）." 可转换为 "He was found dead（主语补足语）."。他们发现他死了。

Dead was found him by them. （错误。）

（2）"be + said/reported + 不定式" 不能转换为主动语态。

She is said/reported to know this plan. 据说她知道这个计划。

不能说 "People say her to know this plan."。say 或 report 的主动语态不能带不定式作宾语补足语。

2.9.4　被动形式表示主动含义

1）"be + set（准备）/inclined（倾向于）/delighted（高兴）+ 不定式"，表示主动含义。

We are delighted to see you in good health. 我们看到你身体好很高兴。

2）"be + seized（突然发作）/delighted（愉快）/satisfied（满足）/disgusted（嫌恶）/acquainted（熟悉）/exhausted（精疲力竭）/afflicted（苦恼）/fatigued（疲惫）/tired（疲倦）/gratified（满意）/annoyed（恼怒）/pleased（高兴）/attacked（患病）/covered（覆盖）/attended（伴随着）+ with"，表示主动含义。

The lake was covered with a sheet of ice. 湖面上覆盖着一层冰。

3）"be + absorbed（专心）/dressed（穿着）/caught（陷于）/engaged（从事）/interested（感兴趣）/involved（涉及）+ in"，表示主动含义。

He is interested in music. 他对音乐感兴趣。

4）"be + addicted（沉迷于）/dedicated（致力于）/devoted（献身）/attached（附属于）/known（认识）/accustomed（习惯于）/supposed（应该要）/exposed（暴露于）/opposed（反对）+ to + 名词"，表示主动含义。

You will be accustomed to the situation. 你会习惯这个环境的。

5）"be + ashamed（羞耻）/beloved（心爱）/composed（组成）/convinced（相信）/made（制成）/tired（疲倦）+ of"，表示主动含义。

You should be ashamed of yourself for telling such lies. 你扯这种谎应该感到羞愧。

6）"be concerned about（关心）"，表示主动含义。

He is concerned about us. 他关心我们。

7）"be bound for（开往）"，表示主动含义。

The ship was bound for Italy. 这艘船是开往意大利的。

8）"be + amazed（惊愕）/annoyed（恼怒）/astonished（惊讶）/delighted（喜悦）/disappointed（失望）/disgusted（嫌恶）/excited（兴奋）/frightened（惊骇）/located（位于）/pleased（高兴）/startled（惊吓）/shocked（震惊）/situated（位于）/surprised（惊奇）/terrified（惊恐）+ at"，表示主动含义。

He is very excited at the news. 听到这个消息他很激动。

2.9.5　主动形式表示被动含义

1）若感官动词如（taste、feel、smell、sound、look 等）用作系动词，后加表语，则是以主动形式表示被动含义。

（1）He smelt fishy today. ＝He smelt of fish today. 他身带鱼腥味。

（2）He smelt the fish. 他嗅这条鱼的气味。（此处 smelt 是及物动词。）

2）若某些动词，如 spoil（变质）、act（上演）、cut（切）、write（写）、read（读）、eat（吃）、sell（卖）、take（捕捉）、compare（比得上）、keep（保持）、drive（驾驶）、lock（锁）、add（加）、catch（勾住）、tear（撕）、teach（教）、translate（翻译）、digest（消化）、wash（洗）、wear（穿）、iron（熨烫）、burn（烧）、cook（煮）、strike（划火柴）、pull（拉）、spill（溢出）、peel（剥）、publish（出版），后接状语，则主动表被动。

（1）This book sells well. 这书销得好。

This book sells good.（错误。）

（2）The meat cuts tender. 这肉切起来很嫩。

（3）This scientific paper reads like a novel. 这篇科学论文读起来像小说。

3）口语中，若主语是非生物名词，则一些及物动词，如 do（做）、roast（烘）、bake（烤）、cook（煮）、print（打印）、bind（装订）、copy（复制）、fill（装满）、store（储存）、build（建设）、work out（解决）等可用进行时表示被动意义。

（1）The film is showing in the cinema. 电影正在电影院放映。

（2）What is doing here? 在这儿干什么？

4）主动形式的不定式作表语可以含有被动意义。

（1）I am to blame for this.〔= I am to be blamed for this.（少用。）〕我该受责。

（2）A better way is yet to seek. 还得找一个更好的办法。

（3）The house is to let. 这房子要出租。

5）在句型"主语 + be + 形容词 + to do"中，当不定式用在作表语的性质形容词后作状语，且不定式与主语又有动宾关系时，不定式的主动形式表被动意义。这类形容词有 easy（容易的）、difficult（困难的）、hard（困难的）、interesting（有趣的）、important（重要的）、comfortable（舒适的）、pleasant（愉快的）、possible（可能的）、good（好的）、convenient（方便的）、necessary（必要的）、delightful（愉快的）等。

（1）She is not easy to convince. 她不容易被说服。

（2）Fruit is good to eat. 水果很好吃。

但若不能同时满足上面两个条件，即形容词不是性质形容词且主语不是 to do 的逻辑宾语，其不定式如有被动意思，则仍须用被动式。

（3）Such a mistake is apt to be made in your written work. 在你的书面作业里很容易犯这样的错误。

（4）We are liable to be overheard here. 我们在此易被人偷听。

6）deserve（值得）、need（需要）、bear（经得住）、stand（忍受）、want（需要）、require（需要）、repay（报答）、be worth（值得）后加动名词的主动形式表示被动意义。

（1）These books are worth reading. 这些书值得读。

对比 worth、worthy、worthwhile 的用法：

（2）She is worth doing the work for. 值得为她去做这份工作。

（3）The work is worth your effort. 这工作值得你努力去做。

（4）He wants four dollars' worth of fruit. 他想要价值 4 美元的水果。

（5）The books are worthy of being read.（＝The books are worthy to be read.）这些书值得读。

（6）He is worthy of high praise. 他值得高度表扬。

（7）It is worthwhile to read/reading the book. 读此书是值得的。

（8）The bike needs oiling.（＝The bike needs to be oiled.）此自行车需要上油。

（9）We need the work done before tomorrow. 我们需要明天前找人完成这个工作。

（10）The house wants painting. 这房子需要油漆一下。

对比：

（11）We want this harvester repaired as soon as possible. 我们希望这台收割机尽快被修理。

（12）What did he want done to the noisy boys? 他想让别人对那些吵闹的男孩做什么？

（13）I want you to know the fact. 我想让你知道事实。

（14）After seeing the film, she wanted to read the book. 看过电影后，她想读书。

7）一些介词短语，如 in the charge of（被掌管、被负责）、under the charge of（被看管）、under the command of（受⋯⋯指挥）、on sale（出售）、under repair（在维修）等，也可表示被动意义。

（1）The hospital is in the charge of Professor Li.（表示被动意义。）这家医院由李教授管。

（2）The fleet was under the command of the admiral. 这支舰队是被这位上将指挥的。

（3）It is in the possession of them. 它被他们占有。

下面介词短语不带 the，表示主动意义。

（4）Mr. Li is in charge of the hospital. 李先生掌管这家医院。

（5）They are in possession of it. 他们占有它。

（6）The admiral was in command of the fleet. 这位上将指挥这支舰队。

对比 charge 的其他用法：

（7）They charged him with theft.（＝They charged theft against him.）他们指控他盗窃。

（8）He was arrested on a charge of theft. 他因盗窃被逮捕。

（9）All foods here are free of charge. 这里所有的食物免费。

（10）He charged me 100 yuan for this dress. 这件裙子，他收取我 100 元。

2.9.6 主动不定式与被动不定式的变用

1）若主动不定式后带有不同的搭配形式时，句义会大不相同。

（1）She has no one to <u>take care of</u>. 没有人需要她照顾。

（2）She has no one to <u>take care of</u> her. 没有人照顾她。

2）若主动语态的不定式转换为被动语态时，句义也大不相同。

（1）There is nothing <u>to do</u> now. 没事可干。

（2）There is nothing <u>to be done</u> now. 现在没有办法。（=没有事情被做到。）

（3）There is a lot of work <u>to do</u>. （强调人有许多工作要做。）

（4）There is a lot of work <u>to be done</u>. （强调许多事等人去做。）

2.9.7 use 被动式与主动式的搭配

use 被动式与主动式的不同搭配，其句义与结构不同。

1）"be used to + 动名词或名词"表示现已习惯了，被动语态含有主动意义。

（1）She <u>is used to</u> hard work（名词）.（= She would work hard.）她一向习惯于艰苦的工作。

（2）Child as he was, he <u>was used to</u> being（动名词）alone. 虽然还是个孩子，但他已习惯了孤独。

2）"used + 不定式"表示过去经常做，而现在不做了。

（1）He <u>used to live</u> in Shanghai. 他过去住在上海。（现在不住在上海。）

（2）Heat from electricity is also <u>used to make</u> steel. 电的热量也被用来炼钢。（此句中 is used 是被动语态。）

2.9.8 当名词宾语前是 give、have、show 时

当名词宾语前是 give、have、show 时，其后的不定式常用主动语态。

（1）<u>Give</u> him some books <u>to read</u>. 给他一些书读。

（2）He <u>has</u> a room <u>to live in</u>. 他有一间房住。

（3）He'll <u>show</u> you the right path <u>to take</u>. 他会告诉你正确的道路。

（4）We have no more letters <u>to type</u>. 我们没有更多的信件打印了。（我们打印信件。）

（5）We have no more letters <u>to be typed</u>. 我们没有什么信件要打印了。（别人打印信件。）

（6）若不定式前有 not、never 或 most，则不定式用被动语态较好。

His kindness to us <u>is never to be forgotten</u>. 他对我们的好永远不会被忘记。

2.9.9 不定式与邻近的名词有动宾关系，同时与另一名词或代词有主谓关系时，不定式用主动语态

（1）We found the notice hard to understand.（to understand 与 the notice 是动宾关系，同时与 we 是主谓关系。）我们发现这份通知很难理解。

（2）The leadership assigned us a difficult task to do.（to do 与 task 是动宾关系，同时与 us 是主谓关系。）领导给我们布置了一项艰巨的任务。

2.9.10 现在分词和过去分词的区别

2.9.10.1 现在分词表示主语所具特征或性质，常有主动的含义

（1）The day was so charming! 这天好极了。

（2）He is a very trying friend. 他是一个非常令人伤神的朋友。

（3）missing pilot，译作"失踪的飞行员"。

（4）The lesson was boring. 这堂课使人厌烦。

（5）She is a marrying woman.（＝She is a woman who wishes to marry.）她是一位想要结婚的女子。

2.9.10.2 过去分词大多表示被动，常用于表示主语所处状态

（1）She is being retired. 她被迫退休。

（2）The door remained locked. 门仍然锁着。

（3）He is a tried friend. 他是一位受过考验的朋友。

（4）missed pilot，译作"被怀念的飞行员"。

（5）The students are bored. 学生们感到厌烦。

（6）He is a married man. 他是有妇之夫。

2.9.11 被动语态句型所用的介词

2.9.11.1 "被动语态＋by＋人/抽象名词/方式/方法"

（1）They are taught by me. 他们是我教的。

（2）We are informed by telephone. 我们接到电话通知。

（3）The room was lighted by electricity. 房间靠电照明。

（4）Pencils are sold by the dozen. 铅笔按打卖。

（5）Butter is sold by the pound. 奶油按磅卖。

（6）We sell them by weight/volume. 我们按重量/按体积卖它们。

（7）We hired the boat by the hour. 我们按小时租船。

（8）by the piece，译作"按件"。

（9）by the box，译作"按箱"。

（10）by retail，译作"零售"。

（11）by wholesale，译作"批发"。

（12）by the cash，译作"现金交易"。

（13）pay by instalment，译作"分期付款"。

（14）The man by the name of Chen committed crimes in the name of revolution. 一个叫阿陈的人利用革命名义犯下罪行。

（15）He was born in 1928 by her. （错误。born 只用于不含 by 的被动语态。应该删去 by her. ）

2.9.11.2 "被动语态 + with + 物/工具"

（1）A fruit cake is made with fruit. 水果蛋糕是用水果做的。

（2）The room was lighted with electric lights. 房间用电灯照明。

（3）His girlfriend flew into a rage and he was hit in the head with her telephone. 他的女朋友勃然大怒，用电话砸中他的头。

2.9.11.3 "be seized/be struck/be attacked with + 抽象名词"

He was attacked with some disease. 他患病了。

2.9.11.4 be wanted on the phone

You are wanted on the phone. 有电话找你。

2.9.11.5 "被动语态 + of + 相同性质的东西"

The chair was made of wood. 这把椅子是木头做的。

2.9.11.6 "被动语态 + from/in + 不同化学性质的东西"

The wine was made from grapes. 这酒是用葡萄酿的。

2.9.11.7 in/with ink/pencil

（1）The letter was written in red ink. （in 大多数用在被动语态。）信是用红墨水写的。

（2）I wrote a letter with ink. （也可用 in ink 表示用钢笔。）我用钢笔写了一封信。

（3）I write in pencil. （此处 in 表示物质内容或材料，侧重书写的材料。）我用铅笔写。

（4）This is a letter written <u>with</u> a pencil.（with 表示物质内容或材料，侧重书写的工具。）这是一封用铅笔写的信。

2.9.11.8　be made into、be divided into

（1）That piece of wood was made <u>into</u> a chair. 那块木头被做成一把椅子。

（2）The year is divided <u>into</u> 4 seasons. 一年分为四季。

2.9.11.9　be made（out）of

A glass jug is made（<u>out</u>）<u>of</u> glass.（out of 有强调意。）整个玻璃壶是用玻璃做的。

2.9.11.10　be married to

（1）Jane is married <u>to</u> a doctor. 简嫁给了一位医生。

（2）He was/got married <u>to</u> a rich woman. 他娶了一个有钱的女人。

2.9.11.11　be known by/to/for

（1）A man is known <u>by</u> the company he keeps. 近朱者赤。

（2）The book is known <u>to</u> everybody. 这本书众所周知。

（3）It is known <u>for</u> its views. 它因景色而出名。

2.9.11.12　make…into/of…

（1）They make copper（原料）<u>into</u> wires（物体）. 他们把铜制成电线。

（2）They make wires（物体）<u>of</u> copper（原料）. 他们用铜制成电线。

2.10　非谓语动词

2.10.1　区别和联系

2.10.1.1　不定式和动名词作为主语、表语

1）不定式和动名词作为主语、表语时，不定式表示具体行为或表示一件未完成的事或目的，动名词则表示抽象、一般行为或表示一件已知的事或经验。

（1）<u>To complete</u> this task needs much effort. 完成这个任务需要很大的努力。（用不定式做主语。）

（2）<u>Swimming</u> is really fun. 游泳真有趣。（用动名词做主语。）

2）作为表语时，主语若是名词，而表语的修饰较多，则多用不定式；如果表语的修饰较少，则用动名词。

（1）His wish was to have as little trouble in the business as possible. 他的愿望是生意上尽量少惹麻烦。（用不定式做表语。）

（2）The only thing that interests him is making money. 他唯一感兴趣的就是赚钱。（用动名词做表语。）

3）动词不定式作主语的句型"It + be + 形容词/抽象名词 + （for/of sb.）+ 不定式"。

（1）It is easy to do this. 做这个很容易。

（2）It is not a good habit to stay up too late. 熬夜不是个好习惯。

（3）It is unwise for parents to give everything kids want. 父母给孩子想要的一切是不明智的。

（4）It is very kind of you to help me with my homework. 你帮我做作业真是太好了。

4）动名词作主语的句型"It + be + 形容词/名词 + 动名词"。

此句型中常见的名词和形容词有 dangerous（危险的）、busy（忙碌的）、senseless（无意义的）、nice（美好的）、better（更好的）、enjoyable（愉快的）、fun（乐趣）、nuisance（讨厌的人、事）、foolish（愚蠢的）、hard time（艰难时期）、waste（浪费）、odd（奇怪的）、no good（不好）、no use（没用）、such a pity（可惜）、an awful job（糟糕的工作）等。

（1）It is no use crying.［= There is no use（in）crying.］哭没有用。

（2）It is a waste of time talking to her any more. 再跟她说话就是浪费时间。

5）动名词作主语的句型"There + be + no/never +（need/point/help/use/good）+ 动名词"。

（1）There is no help taking the medicine. 吃药没帮助。

（2）There is no telling what will happen. 很难说会发生什么事。

（3）There was never believing half of what he said. 他的话连一半也不能信。

there to be 做主语时，其前必须加 for，意思为"有，存在"。而 there being 做主语时，其前不加 for。

（4）For there to be so few students in the classroom is unusual. 教室这么少学生很不寻常。

（5）There being a car near here is convenient. 附近有辆车很方便。

6）作为主语和表语的非谓语动词形式应一致，即同时为不定式或同时为-ing 分词。

To see is to believe. /Seeing is believing. 眼见为实。

2.10.1.2 不定式和动名词作为宾语

1）不定式和动名词作为宾语时的用法区别。

不定式表示的内容只与主语相关，动名词则表示与主语及其他人都相关。

（1）I don't like to play. 我不喜欢自己去玩。

（2）I don't like playing. 我不喜欢玩。（自己或别人玩我都不喜欢。）

2）其后既用不定式又用动名词，但动词的意义不同。

不定式和动名词均可作为宾语，但其动词的意义不同。

（1）try 的不定式和动名词。

try to do，译作"努力、要去做"；try doing，译作"试着做"。

A. They tried to memorize the sentences. 他们力图要记住些句子。

B. They tried memorizing the sentences. 他们试着记住这些句子。

（2）mean 的不定式和动名词。

mean to do，译作"打算要"；mean doing，译作"意思是"。

A. I mean to accomplish the task, one way or another. 不管怎么样，我要完成这个任务。

B. Do you mean going now? 你意思是现在去？

（3）remember/forget 的不定式和动名词。

remember/forget to do，译作"记住/忘记要做"；remember/forget doing，译作"记得/忘了做过"。

A. Please remember to bring your book tomorrow. 记住明天带你的书来。

B. We remember posting his letter. 我们记得曾寄出他的信。

（4）regret 的不定式和动名词。

regret to do，表示对尚未做的或正在做的事感到遗憾；regret doing，表示对做过的事感到后悔。

A. We regret to say we haven't given them enough help. 我们很遗憾地说我们没给他们充分帮助。

B. I regret not having studied harder at school. 我后悔在学校里没有更用功地学习。

C. I regret being unable to swim. 我悔恨（自己）不会游泳。

（5）remind 的不定式和动名词。

remind sb. to do 译作"提醒要做"；remind sb. of doing 译作"使人想起做过"。

A. She reminded me to write the letter. 她提醒我，叫我写信。

B. She reminded me of writing. 她使我想起写过那封信。

（6）begin/start/cease 的不定式和动名词。

begin/start/cease to do，表示无意识的动作；begin/start/cease doing，表示有意识的行为。

A. Suddenly it started to rain. 天突然下雨了。

B. We started learning English 5 years ago. 我们于5年前开始学习英语。

（7）go on 的不定式和动名词。

go on to do，表示做完某事，进一步做另外的事（接下来要做的事与之前做的事不一样）；go on doing，表示继续做同一件事（前后动作一样）。

A. Go on to read. 接下来去阅读。

B. Go on reading! 继续阅读！

C. go on with 表示曾中断过，后才继续。

He went on with reading. 他继续阅读。（他曾中断过阅读，后才继续。）

3）其后只用动名词，不用不定式作为宾语的动词。

只用动名词形式，不用不定式作为宾语的动词有 avoid（避免）、advise（建议）、admit（承认）、advocate（提倡）、appreciate（感激）、acknowledge（承认）、can't help（不禁）、can't stand（受不了）、consider（考虑）、confess（承认）、contemplate（考虑）、complete（完成）、delay（延迟）、detest（嫌恶）、deny（否认）、dislike（不喜欢）、endure（忍受）、enjoy（享受）、escape（逃脱）、excuse（原谅）、forbid（禁止）、fancy（想象）、forgive（原谅）、finish（完成）、favor（赞成）、include（包含）、imagine（想象）、keep（保持）、mind（介意）、miss（免于）、mention（提及）、practice（练习）、permit（允许）、pardon（原谅）、postpone（推迟）、quit（放弃）、recall（回忆）、report（报道）、resist（反抗）、resume（恢复）、risk（冒险）、stand（忍受）、suggest（建议）、tolerate（容忍）、understand（理解）。

（1）Would you mind closing the window？你介意关窗吗？

（2）I can't avoid/help laughing. 我忍不住笑了。

对比：

A. I cannot refrain from laughing. 我忍不住笑了。

B. I can't but laugh. 我不禁笑了。

C. I cannot help but cry. 我不禁要哭了。

4）介词后的不定式和动名词。

（1）大多数介词后用动名词作为宾语，如 be accustomed to（习惯）、get used to（习惯）、look forward to（期待）、insist on（坚持）等。若介词之后有关联词，则也可用不定式。

A. They are looking forward to going on vacation next week. 他们期待下周去度假。

B. Each week he wrote her three letters，as well as telephoning. 他每周给她写 3 封信，还打电话。

C. I'll send you a description of how to prepare food. 我会寄给你一份关于如何准备食物的说明。

（2）有些介词如 except（除了）、besides（除了）、but（除了）、save（除了）、about（正打算）、as、than 后加动词不定式。介词前若有实义动词 do 时，则介词后动词不定式不带 to。

A. Last Monday I had nothing to do besides answer some letters. 上星期一，我除了回几封信，没有别的事可做。

B.　He could <u>do</u> little <u>except write</u>. 除了写，他做不了什么。

C.　She'd <u>do</u> anything <u>but let</u> him in. 除了让他进来，她什么都愿意做。

D.　The enemy could <u>do</u> nothing <u>but surrender</u>. 敌人无法，只有投降。

E.　They had no way out <u>but to surrender</u>. 他们别无他法，只能投降。

F.　There is nothing left to him <u>but to hit back</u>. 他别无他法，只能回击。

5）句中有复合宾语。

句中有复合宾语时且宾语为不定式或动名词时，则须用 it 代替。

（1）He considers <u>it</u> no use（宾语补足语）<u>telling</u>（宾语）them. 他认为告诉他们没用。

He considers telling them no use.（错误。）

（2）I make <u>it</u> a rule（宾语补足语）<u>to keep</u>（宾语）records. 我习惯做记录。

（3）但宾语若是名词词组而非不定式或动名词时，则不需要用 it 代替。

Satellites make possible（宾语补足语）<u>international live transmission</u>（宾语）. 卫星使国际直播成为可能。

Satellites make it possible international live transmission.（错误。）

2.10.1.3　不定式和现在分词作为宾语补足语

不定式和现在分词做宾语补足语时，不定式表示全过程，现在分词则表示与谓语动词同时进行。

（1）I saw her <u>get</u> into the car. 我看见她上了汽车。（get 表示全过程。）

（2）I saw her <u>getting</u> into the car. 我当时见到她正在上车。（getting 表示其与谓语动词同时进行。）

2.10.1.4　不定式和分词作为定语

不定式和分词作为定语时，不定式一般后置，具有将来意义；若动词为不及物动词，还应有介词，有情态意味。分词既可后置，又可前置，表示正在进行或已经完成的动作。

（1）She has a lot of things <u>to attend</u> to. 她有很多事情要处理。

（2）I have a swimming suit <u>to send</u> to the cleaners. 我有一件泳衣要送去干洗店。

（3）Our teacher had us <u>write</u> compositions every Monday. 我们老师让我们每周一写作文。（使役动词 have 接宾语补足语，不定式省略 to。）

（4）That's a good rule by which <u>to go</u>. 这是一条要遵守的好规则。

（5）Who is the girl <u>answering</u> his question? 正在回答他问题的那个女孩是谁？

（6）England is an English <u>speaking</u> country. 英国是一个讲英语的国家。

（7）His <u>spoken</u> English is too poor. 他的英语口语太差了。

2.10.1.5 不定式和分词作为状语

1）不定式的用法。

（1）表示目的。

A. We eat to live, not live to eat. 我们为了生存而吃，不是为吃而生存。

B. People usually use paper to write.（write 后不加 on，因 to write 不是定语而是目的状语。）人们通常用纸写字。

（2）表示结果（多在谓语后）。

A. He lived to be eighty. 他活到 80 岁。

B. The fruit is good to eat. 此水果有益，可以吃。

C. The fruit is good eating（此处不是结果状语）. 这水果很好吃。

（3）表示原因（多在句末）。

I'll be very sorry to leave. 我很抱歉要离开。

2）分词的用法。

（1）分词在句首表示时间，多由动态动词构成。

Arriving at the village, we found them transplanting rice.（若将 arriving 换成 to arrive，则错误。）到了村子，我们发现他们正在插秧。

（2）分词在句首表示原因，多由静态动词构成。

A. Being poor, I couldn't go to school.（若将 being poor，换成 to be poor，则错误。）因为穷，我不能上学。

being 置于句首，一般只表示原因。

B. Not（being）fond of learning, she ran away. 由于不喜欢学习，她跑了。

（3）分词在句首表示条件。

A. （Providing/Supposing）heated, water will change to vapor. 水受热，就会汽化。

B. Given a square whose area is 500 square feet, how long must its side be? 已知正方形的面积是 500 平方英尺，其边长是多少？

（4）分词在句末，表示附加说明或伴随情况。

A. We'll discuss it some other day with all of you taking part. 我们改天再讨论，大家都参加。

B. The rocket got away from the earth, taking a satellite into space. 火箭离开地球，把一颗卫星送入太空。

（5）分词在句末，表示方式。

We measure the flow of water, using a water meter. 我们用水表测水的流量。

2.10.2　不定式的特殊用法

2.10.2.1　主语既是人称代词，又是表语的逻辑主语

主语是人称代词而又是表语的逻辑主语时，则"be + 不定式"有"照理应当"或"将来打算做"的含义，但若主语与表语的意义相等，则无"将来"之意。

（1）We are to go out. 我们打算出去。

（2）To see is to believe. 眼见为实。

2.10.2.2　不定式的完成式

1）"seem/appear + to have done"，表示动作已经完成。

She seemed/seems to have been ill. 她似乎病了。

2）"expected/intended/wished/meant/wanted/supposed/thought/planned/hoped/was/were + to have done"，表示原来打算做，但未能实现。

（1）We meant to have told you about it earlier, but we could not come. 我们本想早点告诉你的，但我们来不了。

（2）He was to have left home at five. 他原打算 5 点离家（但未做到）。

谓语和不定式两者忌同时用"完成式"。

3）不定式的完成进行体表示比谓语动作早，一直延续到那时或还要继续。

She is said to have been working in this plant for more than five years. 据说她已经在这家工厂工作了 5 年多。

4）不定式的进行体强调动作进行中或表示感情色彩，或表示动作反复。

This factory is said to be producing four times as many machines as it did last month. 据说这间工厂生产的机器是上个月的 4 倍。

2.10.3　-ing 形式的特殊用法

2.10.3.1　动名词与名词

动名词兼有名词和动词性质，而名词则不具动词特性。

（1）Their work is producing（动名词）tractors.（动名词可有宾语。）他们的工作是生产拖拉机。

错误：Their work is production（名词）tractors.（名词则无宾语。）

（2）若动词本身有名词形式时，则用此名词作为主语或宾语，而避免使用动名词。

He has many inventions.（用 invention，而非 inventing。）他有许多发明。

（3）一些词，如 teach、learn、gamble、mean、earn、clean 等，没有纯名词，只有动名词形式。

Teaching is learning. 教学相长。

2.10.3.2　现在分词的被动语态

现在分词的被动语态常作为定语或宾语补足语。

（1）She asked who was the man being looked after. 她问被照顾的那个人是谁？（现在分词的被动语态作为定语。）

（2）I saw a lady dressing（现在分词，指"动作"）in black. 我看见一位女士正在穿黑色的衣服。

（3）We saw a lady dressed（过去分词，指"外观"）in black. 我们看见一个穿着黑色衣服的女士。

（4）You can see new buildings being built（宾语补足语）. 你可以看到新大楼正在建。

2.10.4　逻辑主语

2.10.4.1　"for/of + 逻辑主语（名词或宾格代词）+ 不定式"

（1）The engine is for you to repair. 发动机由你修理。

（2）It is very kind of Mary to help him. 玛丽帮助他真是太好了。

2.10.4.2　"逻辑主语（物主代词或名词所有格）+ 动名词"

（1）Please excuse my interrupting you. 请原谅我打断你。

（2）逻辑主语是无生命的名词时，用普通格。

They insisted on the design being improved at once. 他们坚持要求立即改进设计。

（3）逻辑主语是个较长的名词词组时，用普通格，人称代词则用宾格。

She will never agree to Jim and me going together. 她永远不会同意吉姆和我一起去。

（4）可用指示代词或不定代词普通格作为逻辑主语。

A. We object to that being said about. 我们反对那样说。

B. She was awakened by someone knocking on the window. 有人敲窗户把她吵醒了。

2.10.4.3　"（With/Without）+ 逻辑主语（名词或宾格代词）+ 分词"

（1）（With）the pipes blocked, no water can go through. 管道堵塞，水无法通过。

（2）It being Sunday（ = As it was Sunday），there was no school. 那天是周日，所以不上学。

（3）分词的逻辑主语与句子的主语相同时可省略。

Having studied my lessons, I had nothing else to do. 我已经复习了功课，没别的事可做。

Having studied my lessons, there was nothing else to do.（错误。）

（4）分词的逻辑主语如果概念不确切，可以省略，句子的谓语常用被动语态。

Given the voltage and the current, the resistance can be determined. 已知电压和电流，可求出电阻。

（5）逻辑主语可能是整个句子。

The bus was held up by the storm, thus causing the delay. 公共汽车被暴风雨所阻，因而导致延误。

2.10.5　特殊搭配

2.10.5.1　"have/need + sb. + 不定式"，表示要求

（1）We had them build us a house. 我们让他们给我们盖了一栋房子。

（2）Today's society needs women to work. 当今社会需要妇女工作。

对比：

（3）He had them all laughing at his jokes. 他讲的笑话令他们大笑。

（4）I had my photo taken. 我让人拍了张照片。

（5）I have taken my photo. 我已拍过照片了。

2.10.5.2　"keep + 宾语 + 宾语补足语（现在分词）"

（1）I am sorry I have kept you waiting. 对不起让你久等了。

（2）I am sorry I have kept you to wait.（错误。）

2.10.5.3　注意区分宾语补足语与宾语

（1）We promised her to come early. 我们答应她我们会早来。

此句中 to come 不是宾语补足语，而是宾语。

（2）We asked her to come. 我们要求她来。（to come 是宾语补足语。）

（3）She was asked to come. 她被邀请来访。（to come 是主语补足语。）

2.10.5.4　"teach/tell/know/ask/wonder + 疑问词/代词 + 不定式"

（1）He knows how to do the work. 他知道如何做这个工作。

（2）We ask them not to be afraid. 我们让他们不要害怕。

3 难词难句精解

英语学习的过程中，识记单词和熟悉语法规则之后，如何理解和应用是关键。其中，把握和理解句子的能力，尤其是对难词难句的理解能力，常常成为英语水平真正提高的瓶颈。这里列举了 16 个要素来帮助解决英语文段阅读理解中误译或难解所在。

3.1 惯用语和方言

惯用语和方言包括风俗习惯用语、比喻、双关语、俚语、时髦语、粗言黑语、土语或俗语等。

3.1.1 惯用语和方言举例

（1）Easy all! 停桨！（航海术语。）

（2）Catch-Twenty-two. 第 22 条军规。（喻指左右为难之境。）

（3）They rob Peter to pay Paul.

Peter、Paul、Jack、Brown、Jones、Tom、Dick、Harry 或女子名 Maggie 等都是英国人或美国人的普通名字，像我国的张三、李四等一样。倘将他们的原音照译出来，反而会引起误会。故此句应译作：他们取诸甲，偿诸乙。

（4）And before we could say Jack Robinson, he disappeared.

人名 Jack Robinson 有"快"的含义，故应译作：我们还没来得及眨眼，他就不见了。

（5）They called him by his first name.

按英美习惯，用别人的 first name 来称呼是表示对他亲切之意，故应译作：他们亲切地召唤他。

对比：Don't be so distant. Just call us John and Mary. 不要这么客气，就叫我们约翰和玛丽好了。

（6）He shall know of this before I'm an hour older. 我一定要马上让他知道这件事。

（7）There are shopkeepers and shopkeepers. 商人有好有坏。（因 Bacon 说过"There are dinners and dinners."而形成大量这类套用说法。）

（8）Don't look a gift horse in the mouth. 赠马不看牙（勿批评礼物好坏）。（从马的牙齿可以看出马的年龄。）

（9）We are playing ducks and drakes with it. 我们花钱如流水。（play ducks and drakes 本意是"在水面抛瓦片玩，打水漂"。）

（10）They can't see a day before their noses. 他们毫无远见。

（11）The ancient Trojans were fools to your father. 古代特洛伊人跟你父亲一比就显得是愚人了。（因古特洛伊人以坚韧善战著称而喻指赞美。）

（12）His hospitality was a sharp contrast to the Spartan economy in our house. 他的好客和我家的节俭形成鲜明对比。（因古希腊斯巴达人的行为而喻指简朴。）

（13）It is worth a plum. 它有连城之值。（俚语。）

（14）He's got apartments to let. 他脑筋有点傻。（俚语。）

（15）Ban on Gobble dygook! 禁止八股文！

（16）They are rounders. 他们是纨绔子弟。（时髦语。）

（17）Stand and deliver! 喂，钱放下，走！（贼语。）

（18）Plummy and slam. 顶好。（黑语。）

（19）Fain! 对不起！

（20）Gee 译作"马"（儿语）。

（21）I gotta see a man about a dog. 对不起，我有事，先告辞了。（美国俚语，因有急事表示歉意的告辞语，尤指要上厕所的借口，委婉语。）

（22）This is soul music. 这是黑人传统音乐。（soul 原义为"灵魂"，这里指"黑人文化"。）

（23）Tom it! 忍着点儿吧！（Tom 原指"逆来顺受的黑人"。）

（24）What will Mrs. Grundy say? 这样做，别人会怎样说呢？／人言可畏。（Mrs. Grundy 原为 18 世纪一个拘泥礼节的剧中人物。）

（25）He is in the eleven. 他是足球队的一员。（1 个足球队有 11 名队员。）

（26）There is ozone in the class. 班内有使人高兴的力量。（ozone 本解作"臭氧"，而臭氧有令人兴奋的作用。）

（27）Their interests are as wide as under the Poles. 他们的兴趣大不相同。（Poles 喻指"两极"。）

（28）No post-mortems allowed by polite chess players. 有礼貌的弈棋者是不说风凉话的。（post-mortems 本解作"死后的"，此处译作"风凉话"，即"事后孔明"之意。）

（29）There's a large floral horseshoe on it. 在上面有一只束着花的驱邪降福物。（在西洋习俗中，马蹄铁被视作驱邪物。）

（30）There was chaos in the train of a raging storm. 暴风雨之后，一片混乱景象。（train 有"连串"之意，此处不解作"火车"。）

（31）With something like their own shadow. 某些人像影子一样瘦。

（32）Look at those two blanks over the fence there. 瞧篱笆那边的那俩混蛋。（由于英语中遇有诅咒或不堪入耳的词往往用长划 dash 或空白 blank 代替。）

（33）She has brought me up "by hand". 她一手把我拉扯大。(by hand 指 "手把手"。)

（34）That is a wet blanket. 那是个扫兴的人/物。

（35）The inmate had gone wacky. 这囚犯精神错乱了。

（36）He threw Sunday punch at his opponent. 他给对手一个撒手铜。

（37）He is a southpaw. 他是个左撇子。

（38）He is my side-kick. 他是我密友。

（39）He often tells off-color jokes. 他常开低级庸俗的玩笑。

（40）They got a kick-back from the company. 他们得到公司的回扣。

（41）Go Dutch! 各付各的!

3.1.2 常见的不规范词句

由于作者某种需要（如表示说话者文化水平低或语带土音等而故意拼错或写成语法不通的词句，或属美国俚语），如果不加留意，则几乎无从查译。表 3 - 1 举出某些不规范词句。

表 3 - 1 不规范与规范词句

不规范	规范	不规范	规范
biz	business	bro't	brought
coot tay	good day	'cos	'cause, because
dere	there	feller	fellow
gonna ['gɔnə]	going to	gotta ['gɔtə]	got to
has tone	has done	jeh	you
kin	can	misbeled	misled
nite	night	nuther	neither
onc't	once	tan't see	can't see
tho	though	thru	through
yassah	yes sir	Yumour'in	Humor him! 顺着他吧!
wanna ['wɔnə]	want to	wot	what
wu	was	—	—

3.1.3 相关称呼的惯用语用例

（1）full name（全名）; surname [= second name = last name = family name（姓）];

first name = given name（名）；middle name（中间名，一般只写一个字母，或不写出；问别人中间名是侵犯个人隐私的行为，最好不要追问）；Christian name（教名）；initials（姓名的首字母，如 S. H. Wang）；maiden name（女子的婚前姓，娘家姓）；the married name（跟了丈夫的姓）；school name（学名）；childhood name（乳名）；pet name（爱称）；pen name（笔名）；real name（真名）；changed name［= assumed name = alias name（别名，化名）］，如 Smith alias John（史密斯化名约翰）。

（2）under a false name，译作"用假名"；to live in the shadow，译作"隐姓埋名"；anonym，译作"匿名者，假名"。

（3）It stands in my name. 那是顶我的名。

（4）a PLA squad named after Lei Feng，译作"以雷锋命名的班"。

（5）namesake，译作"同名的人，同姓的人，同姓名的人"。

（6）Professor Somebody's（某某教授的）、Mr. what-d'you-call-him（那位某某先生）、Mrs. what's-her-name（那位某某夫人）。

I don't know any Mr. Wang. 我不认识任何一位王先生。

（7）employee，译作"佣工"；employer，译作"雇主"；pawnee，译作"当铺老板"；pawner，译作"抵押物品的人"。

（8）stranger，译作"稀客"，用于和好久不见的人打招呼。

（9）Your honorable style? 台甫？

（10）My humble style is … 译作"草字……"；My unworthy name … 译作"敝姓……"。

（11）name of sponsor，译作"保证人姓名"。

（12）nickname（= dubbed name），译作"绰号，诨名"。

They dubbed him "shorty". 他们叫他绰号"矮子"。

He is called Jack the Humpback. 他被称为"驼背杰克"。

She's dubbed Missis Quickly. 她诨名为"快嘴嫂"。

（13）Bub！Bo！小兄弟！小伙子！（Old buck！老弟！老友！）

（14）Hitler and his ilk! 希特勒之流。

（15）That Jack! 杰克那个家伙！

（16）Mr. Particular，译作"挑剔先生"。

（17）a certain Tsai（= Tsai ××），译作"蔡某"。

（18）Jesus，译作"耶稣"；Christ，译作"基督"（此两词虽属宗教用语，但也是骂人话，忌用）。

That old miser! 那吝啬鬼！

Cuss! 贱骨头！

You brute! 你这畜生！

You scum! 你这下流东西，人渣！

You brat！黄毛臭小子！

Bastard！（＝Bugger！＝Sod！）杂种！讨厌鬼！

Drag queen！人妖！

Bummer！饭桶！懒虫！

My timbers！（口语，原为水手们的咒骂语。）他妈的！见鬼！

（19）有头衔时，忌不按规定乱放置，其顺序应为：Professor（职衔）—Doctor（学衔）—Sir（爵号）—Arthur Quiller-Couch（姓名）。

若见面对话时，只称 Sir Arthur 即可。

（20）不能以 brother、sister、cousin、son、daughter 等用作称呼，而可直呼其名或爱称；但对 grandfather、father、mother、uncle、aunt 等长辈的名称则可用来称呼，如 Uncle Ben。

（21）表示叔伯关系，用 uncle on your father's side；表示舅父姨夫关系，用 uncle on your mother's side；表示姑母、伯母、婶婶关系，用 paternal aunt；表示姨母、舅母关系，用 maternal aunt。

3.2 单音节词

遇到单音节词，应仔细地根据它在句中的位置来判断它属于哪类词，不要觉得简单而轻视，继而译错。

（1）Sick it！唤犬去咬人！

从结构中可看出 sick 是动词，祈使语气。

（2）The man is very near. 此人很吝啬。

系动词 is 之后应是表语，故 near 是形容词。

（3）He had no liking for me.

liking 前有 no，可见它是从动词 like 变来的动名词，译作"喜欢"。故整句应译作"他不喜欢我"，而不译作"他不像我"。

（4）Winning or losing is temporary, but friendship lasts. 胜负是暂时的，友谊才是永恒的。（last 后有 s，故作为动词。）

James Ⅱ was the last of the Stuart Kings. 詹姆士二世是斯图亚特王朝最后一个王。（last 之前有冠词，其后有介词 of，故作为名词。）

（5）Don't fob others off with empty promises. 不要用空许愿进行搪塞。（don't 之后有 fob，应是动词，解作"搪塞，哄骗"，不要看错成名词 fop，而错译作"纨绔子弟"。）

（6）This is a white lie. 无伤大雅的谎言。（lie 之前有 a，故作为名词，不译作"躺"。）

（7）For the love of Mike！真料不到！天啊！（Mike 作为感叹词。）

（8）You'll be <u>fine</u>d. 你会被罚款的。（fine 作为动词。）

（9）Can I put this paint <u>on</u> myself?

on 若作为介词，应译作：我可以把油漆刷在自己身上吗? on 若作为副词，则译作：这油漆我可以自己刷吗?

（10）C'mon!（＝Come on!）拜托!（C'mon 作为动词。）

Skunk! 卑鄙家伙!（skunk 作为名词。）

Deal! 一言为定!（deal 作为动词。）

Quack! 庸医!（quack 作为名词。）

Drat! 讨厌!（drat 作为动词。）

Loot! 贵重的礼物!（loot 作为名词。）

Fresh! 帅!（fresh 作为叹词。）

Nah! ＝No! 算了!（nah 作为叹词。）

Rats! 差劲!（rats 作为叹词。）

Toast! ＝Cheers! 干杯!（toast 作为动词。）

Yup! ＝Yes! 对啊!（yup 作为副词。）

Yum! 好吃!（yum 作为叹词。）

（11）He's in the <u>can</u>. 他在如厕。（can＝toilet，can 作为名词。）

（12）Take you <u>pick</u>. 任君选择。（pick 作为名词。）

（13）Her cousin is such a <u>ham</u>. 她的表兄是个夸大其词、好做作的人。（ham 作为名词。）

（14）That's <u>out</u>. 这样不行。（out 作为形容词。）

（15）They made me feel like such a <u>peon</u>. 他们使我感觉自己像个小卒子。（peon 作为名词。）

（16）If <u>chewy</u>, don't force yourself. 如果难以咀嚼，就勿勉强。（chewy 作为形容词。）

（17）Elvis-<u>clone</u>. 猫王的克隆。（clone 作为名词。）

（18）Whisky on the ice <u>rocks</u>. 威士忌加冰。（rocks 前有 the，故作为名词。）

（19）Pull one's <u>punches</u>. 未尽全力。（punches 前有 one's，故作为名词。）

（20）<u>Out</u>. 通话完毕，不必回复。（out 作为叹词。）

Over. 通话完毕，请回复。（over 作为叹词。）

Roger. 已收到。（roger 作为叹词。）

（21）What a <u>pro</u>（＝professional）! 不愧是行家!（pro 作为名词。）

（22）It's my <u>line</u>. 这是我的老本行。（line 作为名词。）

（23）They won by a <u>fluke</u>. 他们侥幸得胜。（fluke 作为名词。）

（24）It was a lucky <u>stroke</u>. 那是幸运的一击。（stroke 作为名词。）

（25）<u>Charge</u> it, please. 请记账。（charge 作为动词。）

（26）<u>Shoot</u>. I just blew it. 妈的，我把它搞砸了。（shoot 作为叹词。）

3.3 词语功能活用

懂得词语功能的活用对变换或解释文句能力的提高是极为有利的。

3.3.1 "the + 形容词" 相当于 "抽象名词/普通名词"

（1）<u>The best</u> is the enemy of <u>the good</u>. 标准过高反于成功不利/水清无鱼。（the best 和 the good 作为抽象名词。）

（2）<u>the true</u>, <u>the good</u>, and <u>the beautiful</u>，译作"真、善、美"（the true、the good 和 the beautiful 作为抽象名词）。

（3）They are <u>the</u> Japanese village <u>poor</u>. 他们是日本村里的穷人。（the poor 表示复数，为普通名词。）

3.3.2 "the + 普通名词" 相当于 "抽象名词"

the head，译作"理智"。（the head 也指"头，头领"。）

3.3.3 "and + 名词" 相当于 "形容词"

Get them <u>cups and gold</u>. 给他们金杯子。（cups and gold = gold cups。）

3.3.4 "to + 动词原形" 相当于 "名词/形容词/副词"

（1）<u>To see</u> is <u>to believe</u>. 眼见为实。（to see 和 to believe 功能上相当于名词。）

（2）No investigation, no right <u>to speak</u>. 没有调查就没有发言权。（to speak 功能上相当于形容词，用来修饰其前的 right。）

（3）This water is not fit <u>to drink</u>. 这水不适于喝。（to drink 功能上相当于副词，用来修饰其前的 fit。）

3.3.5 "分词" 相当于 "形容词/副词"

（1）This is an <u>amusing</u> story. 这是个有趣的故事。（amusing 功能上相当于形容词，作为定语。）

（2）<u>Working</u> this way, we reduced the cost. 用此法，我们降低了成本。（working 功能上相当于副词，作为状语。）

3.3.6　"数词"相当于"名词/形容词"

（1）<u>Five</u> is an odd number. 5 是个奇数。（five 功能上相当于名词。）

（2）<u>Fifty thousand</u> London workers are out on strike. 5 万伦敦工人罢工。（fifty thousand 功能上相当于形容词。）

3.3.7　注意诗歌的译法

（1）He puts his fortune to the touch, to win or lose all. 碰碰运气，要么成功，要么失败。

（2）Man never is, but always to be blest. 今苦后乐。

3.3.8　考虑外来语

对一些字母组合较为特殊或搭配古怪而又不具备专有名词性质的词，大多可从外来语方面考虑。

（1）au pied de la lettre，译作"照字面意义"。

（2）a la，译作"……派的，……式的"。

a la carte，译作"照菜单点的"。

3.3.9　古语的转义

（1）Thou <u>art</u> a good man.（从 thou "你" 这个古词中可见 art 也是古词，解作 are，而不应译作 "艺术"。）

（2）change 作为古语时，译作 "商人"，而不可译作 "变换"。

（3）to you 作为古语时，译作 "知道了"，而不译作 "给你"。

（4）He has no <u>mercury</u> in him. 他毫无活力。（mercury 在古语里被认为是天地万物的元气，故至今仍可用来指活力或精神，而不单单指水银。）

3.3.10　复合词的转义

（1）highball，译作 "威士忌酒加苏打水"，不译作 "高球"。

（2）deplane，译作 "下飞机"。当意识到这是复合词时，则可知 de-plane 是与 plane

有反义的意味，不然则费解多了。

（3）breakwater（防波堤）、sawbones（外科医生，不译作"锯骨"）、keepsake（纪念品）、greenhorn（新手）、upkeep（保养费）、offset（抵销物）、baseminded（下贱的）、meanwhile（同时）均为复合词转义。

（4）一般可从上下文有关情景来判断。

We hate these taskmasters of ours. 我们恨骑在我们头上的人。

3.3.11 前缀 im- 和 non- 都有否定意义，但译法可能迥异

One is immoral, the other is nonmoral. 一件事是不道德的，另一件则与道德无关。

3.3.12 带或不带连字符，有不同译法

有时，连字符可能只作为移行的符号。因此，在一行的末尾的词出现连字符时，有必要试试把下一行前面的音节加上去，看能否构成完整的单词，才确定是否是复合词。

（1）两个词之间有连字符时，则可构成复合词，作为名词、形容词或副词。

five pound notes，译作"5 张 1 镑的纸币"。

five-pound notes，译作"数张 5 英镑的纸币"。

She got a warm send-off（名词）. 她受到一个热情的欢送。

She was warmly sent off. 她被热情地送行。

（2）turn-out（出席人数）、dug-out（防空洞）、by-blow（私生子）、horn-book（识字课本）、gift-token（礼券）、rag-and-bone man（收买破烂的人）、an all-round man（多面手）、in-patient（住院病人）、out-patient（门诊病人）、parrot-like（鹦鹉学舌地）、quick-and-dirty（快餐店）由于带连字符，而有了不同译法。

（3）有时，连字符只是形象地表示"口吃"。

The puppet soldier stammered, "B-boss, we've been surrounded." 那傀儡兵结结巴巴地说："长，长官，我们被包围了。"

3.3.13 一些拟声词的含义，有时可从读声中推敲

（1）He kept me meowing outside the house. 他一直让我在屋外喵喵叫。

（2）My brother pooh-poohed the whole plan. 我哥哥对整个计划嗤之以鼻。

3.3.14 介词词组

3.3.14.1 "介词词组" 相当于 "形容词"

It is off the ground. 它离开地面。

3.3.14.2 "介词词组" 相当于 "副词"

He wandered about the town. 他在城里逛了逛。

3.3.14.3 "介词 + 形容词" 的特例

介词之后本来不能加形容词，下列是特例：

（1）take...for granted，意思为 "认为……理所当然"。

Jack took for granted all that his mother did for him. 杰克认为他母亲对他的照料是理所当然的。

（2）"kind/sort of + 形容词"，意思为 "有点，稍微"。

She looks kind of pale. 她看起来有些苍白。

（3）in short（总而言之）、of old（从前）、in full（充分地）、in particular（特别）、in general（通常）均为 "介词 + 形容词" 的特例。

3.3.14.4 "介词 + 副词" 的特例

介词之后本来不能加副词，下列是特例：

for once（只一次）、at once（立刻）、by now（现在）、till now（迄今）、since then（从那时起）、before now（从前）、from there（从那边）、near here（这儿附近）均为 "介词 + 副词" 的特例。

3.3.15 地点副词或时间副词大多可在功能上相当于形容词

Time is up. 时间到了。

3.3.16 有引号的各类词可在功能上相当于名词

"Good" is the antonym of "bad". "好" 是 "坏" 的反义词。

3.3.17 "名词 + 介词 + 名词" 作为 "副词/形容词"

（1）arm in arm（作为副词），译作 "臂挽着臂"。

（2）She is busy with day-to-day（作为形容词）work. 她忙于日常工作。

（3）Day by day（作为副词）the situation is improving. 形势一天天地好转。

3.3.18 "名词＋连词＋名词"作为"副词"

（1）heart and soul（作为副词），译作"全心全意地"。

对比：the rank-and-file，译作"普通士兵、老百姓"。

（2）in and out（作为副词），译作"进进出出，来来去去"。

对比：the ins and outs（名词词组，多作为宾语），译作"来龙去脉，详情"。

3.3.19 很多名词可转成及物动词来使用

He shot himself with a pistol（名词）. ［＝He pistoled（及物动词）himself.］他用手枪射击自己。

3.3.20 不同句型搭配的特定换用

The box is far heavier than I can lift.

可转为"The box is too heavy for me to lift.（这箱子太重，我提不起来）"。

3.4 肯定与否定的异同

3.4.1 兼有肯定或否定意义的形式

下列形式兼有肯定或否定意义：

（1）It is as clear as mud. 它明显得很。/它不明显。（诙谐用法。）

两种不同译法有时只能根据说话者的表情或上下文来加以判断。

（2）Bone! 施骨肥！/去骨！（名词转作动词使用时要特别注意。）

（3）The mistake was the result of oversight. 错误是由于疏忽所致。

对比：The children are under their teacher's oversight. 儿童们受到他们教师的细心照料。

3.4.2 可以兼用肯定或否定形式的句子

一些句子可以兼用肯定或否定形式。

（1）Hasn't he grown！＝Has he grown！他不是还没长大吧！（他都这么大了啊！）

（2）Much I care！＝I don't care much. 我才不在乎呢！（采用反语表示否定意义。）

（3）Don't you dare！（＝You dare）．你敢，谅你不敢！（让人绝不要做某事。）

3.4.3　句中有状语时 not 的否定

句中有状语时，则 not 往往否定的是状语而不是谓语。

（1）He does not like coffee very much. 他不是很喜欢咖啡。（不译作"他很不喜欢咖啡"。）

（2）She does not come to class by bike. 她并非骑自行车来上课。（不是说她没来，而是来了，但不是骑自行车来的。）

3.4.4　不同译法

hadn't 与 didn't have 的译法有时会不同。

（1）They hadn't anything to eat. 他们没有东西吃。

（2）They didn't have anything to eat. 他们没吃任何东西。

3.4.5　有否定意义的表达

下列表达有否定意义：

（1）The watch is out of beat. 此表走声不正常。

（2）He teaches ill who teaches all. 滥教者，教不好。

（3）Break your fast. 开斋吧。

对比：Fast on bread and water. 过清水面包的斋戒生活。

（4）It is a room free from mice. 这是无老鼠的房间。

（5）They resemble one another in no respect［＝in no sense（绝不）］. 他们毫不相似。

（6）Her talk is no condition（绝不）ambiguous. 她的讲话决不含糊。

（7）A slight cold will in no way prevent me from attending to my work. 轻微的感冒决不能阻止我从事自己的工作。

（8）China today is no longer（＝not any longer）the China of the past. 今日的中国不再是过去的中国了。

（9）We saw him no more. 我们再也没看到他了。

（10）The beautiful scene beggars description. 此美景无法描述。

（11）What he does belies his commitments. 他言行不符。

（12）It will preclude him from coming. 它将妨碍他来。

（13）She made light of her injury. 她对自己的伤痛满不在乎。

（14）We were all at sea as to what to next. 我们茫然不知所措。

（15）Don't take my words amiss. 对我的话勿见怪。

（16）None of us can complain, Jack least of all. 我们谁都不应抱怨，杰克尤其不应该。

All of us can't complain, Jack least of all. （错误，all of 之后不用否定式的词。）

（17）They neglect to write. 他们忘记写。

（18）She is at a loss. 她茫然不知所措。

（19）Illness prevented her from coming here. 疾病使她不能来。

（20）The windows fail/refuse to shut. 这些窗关不上。

（21）He is far trom honest. 他极不老实。

（22）He is anything but（＝by no means）a poet. 他绝不是个诗人。

对比：

Her English is nothing but correct. 她的英语只是没错。

He was nothing of a great man. 他绝不是什么伟人。

He is all but a scholar. 他几乎是个学者。

（23）He is down in health. 他身体不好。

（24）He is only a little（＝little）clever. 他不聪明。

（25）I'm blest if I go. 我才不去呢！

（26）She thinks otherwise. 她不这样想。

（27）The problem is above him. 这问题他解决不了。

（28）He hardly ever eats beef or pork. 他几乎不吃牛肉或猪肉。（已有 hardly 表否定之意，故不用 never。）

（29）Never is a long word. 不要说决不。

（30）I'm a Dutchman if it is true. 绝无其事。

（31）This is alien to that. 这个与那个格格不入。

（32）He tried in vain to do the work alone. 他独自试做，但无效。

（33）There is no money for a holiday this Summer, so we'll have to go without. 今年夏天没钱去度假，所以我们只好不去了。

（34）A fat lot you know. 你懂啥！（你一点儿也不懂。）

（35）The patient is quite beyond recovery. 这病人无法复原了。

（36）They have a scant supply of food. 他们的食品不够供应。

（37）What you say is foreign to their discussion. 你讲的与他们讨论的无关。

（38）I would be the last man to say such things. 我决不会说这种话。

（39）There is no accounting for tastes. 人的喜好是无法说明的。

（40）For all I care. 不关我事。（我毫不介意。）

（41）Take care how you do so. 你切勿这样做。

（42）There are commodities <u>exempt from</u> taxes. 有免税商品。

（43）She is a girl truly <u>superior to</u> all temptation. 她是个不受诱惑的姑娘。

（44）The lion is still <u>at large</u>. 那狮子仍未捕到。

（45）Speak lower <u>lest</u> you be overheard. 小声说，免得被人听到。

（46）I, <u>rather than</u> you, should do the work. 该做这个工作的是我，不是你。

（47）I <u>know better than to</u> believe such a man. 我不至于会相信这种人。

（48）Appearance is <u>deceptive</u>. 外表靠不住。

（49）Wet paint. 油漆未干。

（50）下列词和词组也有否定意义：rarely（很少）、scarcely（几乎不）、seldom（很少）、quit（放弃）、give up（放弃）、get rid of（摆脱）、beneath（次于）、want（缺少）、at the end（最终）、make light of（轻视）、in the dark about（全然不知）、more than enough（绰绰有余）、different from（不同）、anything at variance（不一致）、keep from（阻止）、<u>un</u>used（未被用过的）、<u>dis</u>used（被废弃的，不再用）、<u>mis</u>use（误用）、<u>un</u>organized（无组织的）、<u>dis</u>organized（杂乱无章的）。

3.4.6　独特译法

（1）Not half bad. 很不错。

（2）All to nothing. 百分之百的；肯定的。

（3）He is six feet nothing. 他刚好6尺高。

（4）He has spent good money for nothing. 他用去很多钱，却一事无成。

（5）The meaning eludes me. 我弄不懂这意思。

（6）She has married a nobody. 她和一个小人物结了婚。

（7）None of your little games! 切勿要小聪明。

（8）Bar none. 无例外。

（9）His new novel is nowhere. 他所写的小说是失败的。

（10）No half measures with me. 同我办事别拖泥带水。

（11）He had no head for heights. 他登高会头晕；他恐高。

（12）Better not be at all than not be noble. 宁为玉碎，不为瓦全。

（13）We didn't notice him. 我们没有看见他。

（14）We took no notice of him. 我们没理睬他。

（15）I don't care to go there. 我不想去那边。

（16）I don't care if I go there. 去不去那边我不在乎。

（17）It's not cricket. 这不公平。

（18）You are not playing the game. 你不公平。

（19）There is no come and go with him. 他很固执，毫不变通。

（20）That will count against them. 那将对他们不利。

（21）He does not know Russian, to say nothing of（＝much less＝still less＝much more）Italian or French. 他不懂俄语，更不用说意大利语和法语了。

（22）She knows Russian, not to speak of English.（＝She knows Russian, not to mention English.）她懂俄语，更不用说英语了。

（23）Death itself is nothing, let alone suffer some hardships. 死有什么，更不用说吃苦了。

（24）Old habits die hard! 旧习难改；本性难移。

（25）That project is as yet all in the air. 那计划尚未落实。

（26）It is warm, not to say hot. 虽说不上热，但也够暖和了。

（27）He sounded impolite, not to say rude. 听起来他有些不礼貌，甚至有些粗鲁。

（28）You don't say!（＝Really?）是吗？真的吗？

（29）A：Are you a skilful physician? 你是个技术娴熟的医生吗？

B：Over the left. 完全不是。

（30）No comment! 无可奉告！

（31）No dice! 不行；没门！

（32）No transfer. 不必转车；不能转让。

（33）No wonder! 怪不得！

（35）No bull? 没吹牛吧？

3.4.7　有否定意义的感叹句

感叹句有时有委婉的否定意义。
What an idea! 这算个啥主意呢！

3.4.8　有否定意义的省略句

用省略句也有否定意义。
He a gentleman! 他真不算得斯文！

3.4.9　有否定意义的祈使句

用祈使句有时有否定意义。
Catch me doing it. 我决不干这事。

3.4.10 有否定意义的进行时

用进行时有时有否定意义。

You are telling me! 不用你告诉我！（我早知道啦！）

3.4.11 有否定意义的肯定句

有些肯定句具否定意义。

I knew better. 我不认为如此。

3.4.12 形式上是肯定，意义上是部分否定

"介词 but/except/outside/unless/bar/save/instead of/beyond/than + 名词" 在形式上是肯定，意义上是部分否定。

（1）They are all there save/except/but not him. 除了他以外，他们全在那边。

（2）All these compositions are good except/but not yours. （同类比较。）除了你的作文，其他所有的作文都很好。

（3）Your composition is good except for certain misspellings. 你的作文好，但个别拼写不好。（不同类比较。）

对比：I would go, except （连词）it's too far. 我是要去，可是路太远了。

（4）Everyone is ready except/but you. 除你以外，大家都准备好了。（不包括你。）

对比：Apart from/Besides/In addition to French, she is also well versed in English. 她法语、英语都精通。（包括法语和英语。）

（5）The minors are except from the regulation. 未成年者，不在此限。

（6）Everybody must observe the rule, not excepting the director. 每个人都要遵守规则，主任也不例外。（在句首或句中有 not、without、always 时，多用 excepting。）

（7）We have two assistants besides her. 除她外，我们还有 2 位助手。

（8）All but/except one are here. 除一人外，其余的都来了。

3.4.13 在否定句中表部分否定意义的单词

单词 quite、all、both、entirely、every、each、often、always、much、many、necessarily、the whole、altogether 在否定句中表示部分否定意义。

（1）Every color is not reflected back. 并非每种颜色都能反射回来。（不译作：每种颜色都不反射回来。）

（2）each、anybody、anyone 作为主语时，谓语不用否定式。

不能说 "Each of them could not understand her"，应改为 "None of them could understand her（他们没一个人理解她）"。

若为 anybody，则改为 nobody；而若为 anyone，则改为 no one。

（3）Both of them are not correct. 他们两个并非都对。

Neither of them are/is correct. 他俩都不对。

（4）The rich are not always happy. 富人未必常幸福。

3.4.14 表示全部否定的单词

单词 no、neither of、nothing、nobody、never、nor、none、no more、no longer、nowhere 表示全部否定。

（1）None of the students learn Japanese. 这些学生全都不学日语。

（2）no one 指人，none 则指人或物。

There is no one like you. 没人像你一样。

None but he believed me. 只有他相信了我。

I have a lot of apples, but she has none. 我有很多苹果，但她什么都没有。

（3）nobody、no one 之后不用 of，除非用由 of 引导的词组来修饰前面的词。

Nobody seemed about. 附近好像没人。

Nobody of importance was hurt. 没有重要人物受伤。

Nobody of the children was hurt. （错误。）

None/Not one of the children was hurt. （正确。）没有一个孩子受伤。

（4）nobody、no one 后不得用 not、never 或 rarely 等含有否定意义的词。

Nobody ever（不用 never）arrived late. 从来没有人迟到。

No birds can read. 没有一只鸟会阅读。

（5）I know neither of them.（ = I don't know either of them. ）我对他们都不了解。

（6）or 用于否定句，表示全部否定。

The poor didn't have enough to eat or wear. 穷人没吃的和穿的。

She didn't talk loudly or clearly. 她讲得既不大声也不清楚。

I have no fork or spoon. 我既无餐叉，也无汤匙。

（7）and 用于否定句则表示肯定前者而否定后者。

She didn't speak clearly and correctly. 她讲得清楚但不正确。

He can't speak English and Russian. 他会讲英语，但不会讲俄语。

She is not a teacher and writer. 她是教师，但不是作家。

但以下情形例外：

Men can't live without air and water. 人没有空气和水就会死。

I don't like football and my brother doesn't either. 我不喜欢足球，我弟弟也不喜欢。

（8）两个并列成分前都有否定词，且用 and 连接，也表示完全否定。

It has no eyes and no ears. 它既无眼，也无耳。

3.4.15 否定之否定

否定之否定，意味着肯定。

（1）You can't overpraise that book. 你应当大大赞扬那本书。

（2）That doesn't mean you don't still have a lot to learn. 这并非意味着你没有什么好学了。

（3）It never rains but it pours. （＝It never rains without pouring.）不雨则已，雨则倾盆。/不鸣则已，一鸣惊人。

（4）There is no smoke without fire. 无风不起浪。

（5）Not a day passed but he wrote to me. 他没有一天不写信给我。

（6）My book is not half good. 我的书非常好。

（7）Not for nothing. 并非没有道理。/事出有因。

（8）Her English is nothing but correct. 她的英语仅仅是没错误。

（9）I will do so without fail. 我必定如此做。

（10）He could not see you and not love you. 他见到你就爱你。

（11）I do not love him the less because he has many faults. 我不因他有很多过失而不爱他。

（12）It doesn't follow that a man is great because he knows many things. 人不因知得多就必然伟大。

（13）He was never out of the streets. 他老是在马路上。

（14）This is the best book I have ever seen. 这是我见过的最好的书。

不能说：This is the best book I have never seen.

（15）Unless there is motion, there is no work. 没有运动，就没有做功。

（16）She is nothing （＝little）short of a genius. 她简直可以说是（＝正是）天才。

（17）Though with no little reluctance. 虽然很勉强。

（18）She is not a little afraid of it. 她非常害怕它。

（19）She has not the least experience. 她毫无经验。

双重否定应尽力避免。

（20）错误：They can't hardly speak English.

应改为：They can hardly speak English. 他们几乎不会说英语。

（21）错误：We'll succeed if we don't not try again. （don't 与 not 不能用在一起。）

应改为：We'll succeed if we try again. 如果我们再试一次，就会成功。

3.4.16　双重否定表示加强否定

有时作者会故意用双重否定来表示否定，双重否定此时表示加强否定。

（1）Not today we won't. 今天我们不干。

（2）We can't see no wit in him. （＝We can't see any wit in him.）我们看不出他有什么智慧。

（3）No one never said anything. （＝No one never said nothing.）谁也没说什么。

有时，会把反说转换为正说。

（4）Isn't that just like the man! 这个人就是这样!（对他还能有什么要求呢?）

（5）It is not nearly so expensive as I thought. 它远没有我想象的那么贵。

3.4.17　until 的用法

表示延续性的动词，其肯定或否定皆可用 until。

（1）We worked until he came back. 我们一直工作到他回来时为止。

（2）We did not work until he came back. 他回来了，我们才开始工作。

（3）Hadn't we better wait until the rain stops? 我们等到雨停不好吗。

表示短暂性的动词，如 start、finish、leave 等，要用否定式才能与 until 从句连用。

（5）The test did not start until Mr. Li came. 直至李先生来之后，试验才开始。

不能说：The test started until Mr. Li came.

3.4.18　对比

（1）在肯定句中，a little water＝a bit water；但在否定句中，a little≠a bit。

I was not a little （＝very）tired. 我累极了。

I was not a bit tired. 我一点也不累。（采用直译法。）

She is not a bit afraid of it. 她一点也不怕它。（与 not the least 有相似译法。）

（2）much more、still more 只用于肯定句。

They have a right to their property, much more to their ideas. 他们有处理自己财产的权利，更有支配自己思想的权利。

（3）much less、still less 则只用于否定句。

He cannot speak English, much less write it. 他不会说英语，更不用说写英语了。

3.4.19 "wished/hoped/desired/intended/meant + to have done"，表示"本来……但未做"

（1）I wished to have helped you, but I had no money then. 我本想帮助你，但我当时没钱。

（2）He meant to have come to see you last night. 昨晚他本来有意来看你。

3.4.20 no 与 not 的不同点

3.4.20.1 no 较 not 更注重强调

（1）She is no teacher. 她绝非教师。（她不懂教学。）

She is not a teacher. 她不是教师。

不能说：She is no a teacher. 也不能说：She is not teacher.

（2）This star is no brighter than（＝as dark as）that one. 这颗星跟那颗星一样暗淡。（两颗星都不亮。）

This star is not brighter than that one.（＝This star is darker than that one.）这颗星没那颗星亮。（两颗星都亮，只是这颗星亮的程度不及那颗星的。）

（3）There are no more than 7 transistors here. 晶体管仅仅只有 7 个。

There are not more than 7 transistors here. 晶体管不超过 7 个。

（4）She is no more excited than you are. 她与你一样不激动。

She is not more excited than you are. 她不比你更激动。

（5）This is no place for me. 这不是我该待的地方。（这没有我的立足之地。）

It's not my place to tell you. 我没资格告诉你。

（6）This method is no better than that one. 这种方法和那种方法差不多，彼此都不好。

This method is not better than that one. 这方法并不比那种好。

（7）She is no more a teacher than a worker. 她不是教师，也不是个工人。

She is not more a teacher than a worker. 说她是个教师，倒不如说她是个工人。

（8）We have no less than as many as ＄1 000. 我们有多达 1 000 美元。

She is no less beautiful than her sister. 她与她姐姐同样漂亮。

Not less than〔＝At least（至少）〕ten passengers were killed. 至少有 10 名乘客被杀。

Light is not less necessary than fresh air to health. 光对健康的必要性不亚于新鲜空气。

（9）There is no love lost between them. 他们非常不和。（强调他们之间根本无感情可以失去。）

3.4.20.2　no 不能修饰原级或最高级形容词，只能修饰比较级

（1）He is no happy.（错误。）

He is <u>no happier</u>.（正确。）他一点儿也不幸福。

（2）He is <u>no taller</u> than me. 他不比我高。（他和我一样不高，即一样矮）。

3.4.20.3　not 不能修饰名词

It does not harm（名词）to them.（错误。）

It does <u>no harm</u> to them.（正确。）这对他们无害。

3.4.21　表示否定概念的"too + 形容词/副词"结构

3.4.21.1　"too + 形容词/副词 + 动词不定式"，译作"太……而不能……"

（1）This lesson is <u>too hard to understand</u>. 这课太难理解了。

（2）He walks <u>too slowly to get</u> there on time. 他走得太慢，不能准时到达那里。

3.4.21.2　"too + 形容词/副词 + for + 代词/（动）名词"，译作"太……而不能……"

（1）It is <u>too hot for eating</u>. 太烫了，吃不了。

（2）It is <u>too good for me</u>. 太好了，我不配。

3.4.22　表示肯定概念的"too + 形容词/副词 + 动词不定式"结构

3.4.22.1　当"too + 形容词/副词 + 动词不定式"结构中的 too 前面有 only，not，all，but，never，simply，just 等词时，译作"非常……；十分……；实在……；真是太……"

He is <u>only too glad</u> to do so. 他非常乐意这样做。

对比：They have come none too early. 他们来得一点也不早。

3.4.22.2　当"too + 形容词/副词 + 动词不定式"结构中的形容词或副词是 eager、anxious、pleased、kind、willing、apt、ready、inclined 等词时，该句型表示肯定概念。在用法上，too 与 extremely、very 同义

（1）She is <u>too apt to lie</u>. 她太爱说谎了。

（2）She is <u>too willing to tell</u> you. 她很愿意告诉你。

3.4.22.3　"too＋形容词/副词＋not＋动词不定式"，译作"非常（很，太，那么）……不会不（必定能，所以能）……"

（1）He is <u>too angry not to box</u> you on the ear. 他太生气了，必定会给你一记耳光。

（2）He is <u>too kind not to help</u> you. 他很善良，不会不帮助你。

3.4.23　表示肯定意义的"cannot…too…"结构及其变体形式

句型"cannot/can never/can hardly/won't＋动词＋too＋形容词/副词""cannot＋动词＋形容词/副词＋enough""cannot＋over‑动词""cannot be＋over‑形容词"均表示"强调"及"肯定"语义，可以译为"……怎么……也不过分"。

（1）You <u>cannot begin</u> the practice <u>too early</u>. 你开始练习得怎样早也不过分。（你越早练习越好。）

（2）We <u>cannot thank you too much</u> for your help. 对你的帮助我们怎么感谢你都不过分。（我们对你的帮助感激不尽。）

（3）Drinking water <u>can never be pure enough</u>. 饮用水越纯越好。

（4）We <u>cannot be too careful</u>. 我们怎么小心也不过分。

（5）You <u>won't be too careful</u> about it. 你对此越仔细越好。

（6）We <u>cannot overemphasize</u> the importance of learning a foreign language. 我们无论怎么强调学习外语的重要性也不过分。

（7）We <u>cannot be over-vigilant</u>. 我们应该特别警惕。

（8）I <u>cannot see</u> you <u>too often</u>（副词）. 我和你见面越多越好。

（9）She <u>cannot eat</u> salt（名词）<u>too much</u>. 她怎样吃盐也不嫌多。

对比：She <u>cannot eat too much</u> salt（名词）. 她不能吃太多盐。

（10）…must not/shouldn't… over…，译为"不应过分"。

His contribution <u>must not</u> be <u>overrated</u>. 他的贡献不应过分夸大。

3.4.24　表示肯定意义的否定形式

下列表达式是较为固定的否定形式，带有肯定意义。

（1）The old gentleman was <u>none other than/no other than</u> the general himself. 这位老人<u>就是</u>将军他本人。

She is <u>none the less</u> busy. 她还是很忙。

She won £500, <u>no less</u>, in the lottery. 她居然中了 500 英镑的彩券。

（2）The project requires <u>not a few</u> technicians. 这项工程真的需要<u>许多</u>技术人员。

（not a few = quite a few = a lot = quite a lot。）

（3）They do <u>not</u> know the value <u>till</u> they lose it. 他们<u>直到</u>失去它时，<u>才</u>知道它的宝贵。

（4）We <u>cannot but</u> admire his decision. 我们<u>不得不</u>钦佩他的判断。

（5）We <u>cannot help</u> laughing. 我们<u>不禁</u>发笑。

（6）We <u>cannot keep from</u> laughing to hear such a story. 我们听到这故事就<u>不禁笑了</u>。

3.4.25 "appear/believe/expect/fear/hope/imagine/seem/suppose/think/trust/be afraid/probably + not" 否定其后的从句

"appear/believe/expect/fear/hope/imagine/seem/suppose/think/trust/be afraid/probably + not" 否定的是其后的从句。

（1）A：Will you do it? 你要做吗？

B：I am <u>afraid not</u>. 恐怕不是这样。

对比：I am <u>not afraid</u>. 我不怕。

（2）It <u>appears so</u>. 好像是这样。

It <u>appears not</u>. 好像不是这样。

3.4.26 宾语从句的否定转移

当主句的主语是第一人称且为一般现在时，谓语动词 believe、expect、fancy、feel、guess、imagine、reckon、suppose、think 等动词后接的宾语从句为含有 not 的否定句时，该否定应移至主句，即否定主句的谓语动词。

（1）I <u>don't think</u> that will happen. 我认为那事不会发生。

（2）但 hope 后接的宾语从句的否定形式不需要转移。

I <u>hope</u> it will <u>not</u> rain. 我希望不会下雨。

（3）转移的只是 not。not 以外的其他否定词（如 no、never、seldom 等）不必转移。

I <u>believe</u> he <u>has never been</u> late for school. 我相信他上学从来没有迟到过。

（4）口语中，可以用 so 或 not 替代这些动词之后的肯定或否定的宾语从句，以避免<u>重复</u>。

A：Is Mary coming to your house? 玛丽要去你家吗？

B：I <u>expect so</u>. /I <u>expect not</u> (= I don't <u>expect so</u>). 我想会来/我想不会来。

（5）A：Will it rain? 会下雨吗？

B：I <u>hope not</u>! 我希望不会下雨！（hope 只能使用 not，不能用 don't hope so。）

3.4.27 used to 的否定式

（1）…didn't use to do。

I didn't use to like tea，but I love it now. 我以前不喜欢喝茶，但我现在喜欢了。

（2）…used not to do。

They used not to go to school on Sunday. 他们以前星期天不上学。

（3）…never used to do。

I never used to like singing. 我过去不喜欢唱歌。

3.4.28 情态动词的特异用例

3.4.28.1 can 在问句或否定句中才表示现在的可能性，而不表示能力

（1）Can（不用 May）it be true? 这可能是真的吗?

（2）You can't be（不用 may not be）serious. 你不是认真的吧。

（3）Stop! You can't do that! 不许你那样做!

（4）can 在主动语态时表示能力，在被动语态时则表可能。

Smith cannot do it. 史密斯做不到。

It cannot be done by Smith. 不可能是史密斯做的。

3.4.28.2 may 表示可能时的用法

may 表示可能时，不可用在问句中。may 用于疑问句时表示询问许可、询问可能性或提出建议。

May（不用 Can）I go home? 允许我回家吗?

3.4.28.3 情态动词否定式的意义

（1）A：That must be a mistake. 那肯定是个错误。

B：No，it cannot be a mistake. 不，那不可能是个错误。

（2）You must not do it. （＝You may not do it.）你不可以做这事。

（3）You don't have to do it. 你不必做这事。

（4）He may not be here tomorrow. 他明天也许不在这儿。

（5）You had better not do it. （＝You may as well not do it.）你最好别做它。

（6）He doesn't need to stay if he doesn't want to. （＝He needn't stay if he doesn't want.）如果他不想，他可以不用留下来。

（7）I dare you to swim. 我谅你不敢游泳。

3.5 同义词与反义词的特殊对应

（1）She pulled at her mother's hand. 她扯了一下母亲的手。

pull 强调一时或突然拉的动作，这里不能译作"拖着不放"，即不能从反义词 push "推"的角度来推断。所以有些词很难生硬地找它的反义词来释义。

（2）Catch a train. 赶上一列火车。

有时，可从反义词而知原词的正确意义。catch 在此句的反义词是 miss（赶不上），所以译作"赶上"，而不译作"抓"。

（3）从"I get into bed"译作"我上床"可知，"I get out of bed"可译作"我下床"，而不译作"滚出床外"。

（4）do good（有好处）的反义词不是 do bad，而是 do harm（有害处）或 do damage。

（5）host（主人）的反义词是 guest（客人），master（主人）则与 servant（仆人）相对，owner 则表示物体的主人。

（6）有些词没有反义词，若要表示其反义时，一般就得加用从句。如 favorite 没有反义词，若要表示其反义时，就加用带有其近义词的从句。

Russian is the subject that I like the least.（＝Russian is the subject that I dislike the most.）俄语是我最不喜欢的科目。

（7）Long hair is very much in fashion. 长发很流行。

Long hair is very much out of fashion. 长发已过时。

（8）up-to-date 译作"时兴"，out of date 译作"过时"。

（9）合乎人们希望的用 come，相反的用 go。

It will come right in the end. 到头来总会好的。

These oranges have gone bad. 这些橙子要坏了。

（10）She has something about her. 她相当了不起。

She has nothing about her. 她没有什么了不起。

（11）The left and the right are in reverse. 左右相反。

（12）The front and the back are in reverse. 前后相反。

（13）This side up and that side down. 这一边向上而那一边向下。

upside-down 译作"颠倒的，混乱的"，inside-out 译作"彻底地，从里面翻到外面"。

（14）He was indicted for his un-American activities. 他因（从事）反美活动而被控告。

Large mumbers of Iranians are pro-American. 大量伊朗人是亲美的。

3.6 常用词的一词多义

一般而言，每个词都有几种解释，但在正规且较权威的词典中，常以本义排在最前边，并以此顺序排列。使用时，应当考虑到这一点。此外，为使译文符合中文习惯，常有不直译的现象。

（1）There's a standing dish here. 这里有一道常备菜（每日例菜）。

This made his hair stand on end. 这使他毛骨悚然。

Stand down. 暂时停止活动。

（2）The cake eats short. 这饼很松脆。

I'll be taken short. 我突然想大小便。

（3）You can say that again. 说得好！/真妙！

Say it with flowers. 用鲜花传递感情吧。/以花传情。/帮我说几句好话。

（4）Give the word！说出口令！下命令！

Upon my honor/word, I will return it to you before I go. 以我的名誉担保，在我动身前，我会把它还给你。

（5）To horse！上马！

Hold your horses！稍安毋躁！/沉住气，慢慢来！

I have a charley horse. 我手脚麻木僵直。/我抽筋了。

（6）or rather（说得更确切点）、or the like（诸如此类）、or so（大约）。

（7）His family was left well off. 他家人的生活尚好。

Cut it off！停止，别说了！

Knock it off！少来，别闹了！

（8）Does anyone second that? 有人附议吗？

（9）That's my side of the picture. 我是这样看问题的。

（10）She gets a pretty good screw. 她所得较丰。

（11）He is cutting his second tooth. 他正在出第二只牙。

（12）They want to be at the table. 他们想参与谈判。

（13）He came the swell. 他装作了不起的样子。

Many famous people, it seems, come out of nowhere. 很多著名人物好像天外来客，是突然出现、一鸣惊人的。

Come it！尽本分吧！

When my ship comes home. 当我发了财的时候。

（14）I've been done. 我受骗了。

No sooner said than done. 说干就干，说到做到。

（15）Here's a go! ／What a go! 这件事倒难办了！

I go as far as most people. 我所知道的跟多数人差不多。

Going! Going! Gone! 要卖了！要卖了！卖掉了！（拍卖用语。）

He is a go-getter. 他是野心家。

He is a go-go person. 他是个活力充沛的能人。

（16）But me no buts! 别老跟我说"但是，但是"的了。

This is a but. 这是个厨房/外室/借口。

（17）It's under the given conditions. 这是在假定的情况下。

（18）Let him have it! 惩罚他！／让他吃顿苦头！

What a have! 真会骗人！

You have been had! 你上当了！

Have at them! 向他们进攻！

Have it! 挨骂！

He has a fine person. 他风度很好。

（19）It's her way. 这是她平日的作风。

（20）You are just my type. 你是我最喜欢的类型。

（21）I'll be right with you. 我马上就过来。

（22）It gets me. 我真不懂。

I'll get back to you. 我会再来和你联系。（一时难以答复。）

Got any idea? 有头绪吗？

（23）She is a good loser. 她是个经得起输的人。

She is a good mixer. 她是个擅于交际的人。

（24）She pulled herself together. 她镇静下来。

（25）Let be. 不管。／不理。

The room lets well. 这房间很好租。

（26）I'll see to it at once. 我马上办理。

（27）It's not working out. 无法解决的事。／这不管用。

（28）Be what you seem. 你要言行一致，表里如一。

（29）Is he difficult to deal with? 他很难对付吗？

（30）We welcome criticism, but please don't make a scene. 欢迎批评，但请不要吵闹。

He has made a place for himself in the history books. 他为自己在历史上争得一席之地。

In a society that places so much emphasis on "making it", we come to believe it. 在如此重视"干成它"的社会里，我们开始相信它了。

（31）He has to keep himself. 他得养活自己。

I shall not keep you long. 我不会让你久等的。

（32）They take him prisoner. 他们俘虏他。

Will it take long? 要花很长时间吗?

He takes it. 他逆来顺受。/他吃苦头。

Do you take me? 你懂我的意思吗?

Don't take your spite out on me. /Don't take it out on me. 勿拿我出气。

(33) Cheap skate! 守财奴。/吝啬鬼。

(34) Let sleeping dog lie. 莫惹是非。

That's a gay dog. 那是个活泼的人。

Don't dog-ear the books! 不要把这本书折角!

(35) He sent in his jacket. 他辞职了。

(36) He looks himself again. 他又恢复健康了。

(37) They run the show. 他们逞威,称霸。

(38) They are unnatural. 他们假正经。

(39) He tries me. 他叫我受不了。

He kept trying. 他没泄气。

(40) His head is turned. 他神经错乱了。

(41) I? Not a bit of it! 我一点也不是那样!

(42) By St. George, this is as good as new! 有圣人作证/哎呀,这简直和新的一样。

(43) By Jove, it is true! 天知道/天啊,这是真的!

(44) Mercy on us! We're in a fix. 天啊! 我们真是进退两难了。

(45) Dash it! Let's do and be done with it! 糟了/可恶! 我们来做完,然后就此结束吧。

(46) Stuff! Don't get such things here next time. 哼! 下回别再带这种东西来。

(47) Shocking! 讨厌!

(48) Out with it, what is it? 说出来吧,到底是什么?

(49) Don't bark up the wrong tree. 勿找错了对象。

(50) Don't put me on. 别唬我! /别骗我!

(51) Zip your fly! 拉上你的拉链! /闭嘴!

(52) Hang it all! 岂有此理!

(53) What a shame! 真丢脸! /真遗憾!

It's a shame. 真可惜。

Shame on you! (= Without shame! = For shame!) 无耻!

She was shamed into working. 她羞愧得开始工作了。

(54) Foot the bill! 付账吧!

(55) Face the music. 面对现实吧! /临危不惧。

(56) He is now very down at heel. 他一副潦倒相。

(57) He won the championship hands down. 他轻易地得了冠军。

（58）She's an old so-and-so. 她是个老××。（侮辱话。）

（59）Don't be square！别老古板！

（60）The face sets. 脸崩住了。/沉下了脸。

（61）My heart sank. 我心里冷了半截。

（62）There's no point in going on living. 继续活着还有什么意思？

（63）We wish peace could be saved at the eleventh hour. 我们希望在最后一刻可以挽回和平。

（64）See the elephant. 见世面。/长见识。

（65）Hot air！胡扯！/吹牛！

（66）This is personal remark. 这是人身攻击。

（67）Cook up. 虚构。

（68）This is a white day. 这是个黄道吉日。

（69）Deadline. 截止日期。

（70）He never calls a spade a spade. 他从不直说。

（71）Shape up！好好干！

（72）How rotten！好下流！

（73）I've got a feeling. 我有预感。

（74）Take a rain-check. 改期。

（75）Is he her Mr. Right？他是她的白马王子吗？

（76）You are a one！你真是个活宝！/你真讨厌！

3.7 数字译法

3.7.1 含有数字的句子的独特译法

（1）由21到49的数字，可有如下表示法。

如 five and twenty = twenty-five。

（2）There are 6 dollars down and 9 dollars on account. 6元付现，9元赊账。

（3）She was standing twenty-fifth in a class of forty-eight. 全班48人中她是第二十五名。

（4）His home is next door but one to mine. 他的家是在我家隔壁的隔壁。

He lives next door to us but one. 他住在我们隔壁第二家。

He was the first but one. 他是第二个。

She was the last but one to come. 她是倒数第二个来的。

（5）It sells at a premium of 30 percent. 这是加三成卖出的。

（6）2 grams daily is commonly given in 2 injections of 1 gram at intervals of 12 hours. 每日用量一般为 2 克，分 2 次注射，每次 1 克，每隔 12 小时 1 次。

（7）Catch the three <u>something</u> train. 赶三点几分那班火车。

（8）There are 12 diners at 4 shillings a head. 12 位用餐，每位 4 先令。

（9）He has a <u>clear</u> 1 000 dollars. 他有 1 000 美元<u>整</u>。（300 美元整也可写成 three hundred U. S. dollars <u>only</u>。）

（10）She is <u>on the right side of</u> thirty. 她还不到 30 岁。

She is <u>on the wrong side of</u> thirty. 她超过了 30 岁。（口语中较少用。）

（11）He was defeated by 175 votes <u>against</u> 142. 他以 142 <u>对</u> 175 票落选。

（12）…by an overwhelming majority of <u>76 votes to 14</u>, with <u>16 abstentions</u>. ……以 <u>76 票赞成，14 票反对，16 票弃权</u>的压倒性票数。

（13）The girls marched <u>two and two</u>. 女孩们<u>一对一</u>地行进。

（14）有 by，表示纯粹增加。

It exceeded our estimate <u>by</u> 4 times. 它超过我们的预算的 4 倍。

She is taller than I <u>by</u> two inches. 她比我高 2 英寸。

It has increased <u>by</u> 4 times. 它增加了 4 倍。

（15）American Civil War occurred in the <u>1860s</u>. 美国南北战争发生于 <u>19 世纪 60 年代</u>。

（16）在比较级结构或在一个百分比或分数前，不管有无 by 都表示纯粹增加或减少。

A is 4 times <u>bigger/higher than</u> B. A 比 B 大/高 4 倍。

By 1973 it had been expanded to one third <u>more than</u> that of 1965. 1973 年时，它比 1965 年扩大了 1/3。

A is 400% <u>more than/upon</u> that of B. A 比 B 增长了 400%。

It has gone up <u>by</u> more than 35%. 它提高了 35% 以上。

It has increased 70 percent. （= it has increased <u>by</u> 70 percent.）它增长了 70%。

（17）She has magazines <u>half as much as</u> he. 她只有他一半那么多的杂志。

（18）有 again，表示净增 1 倍。

This wheel turns as fast <u>again</u> as that wheel. 此轮转速比彼轮快 1 倍。

（19）有 half…again 表示净增 0.5 倍。

This rod is <u>half</u> as long <u>again</u> as that one. 这根棒是那根的 1.5 倍长。（这根棒比那根长 0.5 倍。）

She is eight years old, and I am <u>half</u> as old <u>again</u> as she. 她 8 岁，我 12 岁。

（20）在 as heavy as、as fast as、as much as、as many as 等的前面是倍数时，表示"重、快、多"；若是分数时，则表示"轻、慢、少"。

A is 4 times <u>as large/much as</u> B.（= A is 4 <u>times that</u> of B.）A 为 B 的 4 倍大/多。

This turns 4 times <u>as fast as</u> that. 这个的转速是那个的 4 倍。

This reacts one-fourth as fast as that. 这个的反应速度是那个的 1/4。

错误：She has as many as ten dollars with her.

应改为 as much as，因 dollars 虽是复数名词，但源于 money，用 much。

正确：She has as much as ten dollars with her. 她随身携带多达 10 美元。

（21）It has been increased（＝has increased to/has risen to）over 4 times. 它增长为原来的 4 倍多。

（22）Improvement has raised its efficiency 61 times. 改革使功效提高为过去的 61 倍。（句中没有比较级，也没有 by 一词。）

（23）By 1980, our present output will be able to triple/treble. 到 1980 年，我们的产量将是现在的 3 倍。

（24）表示减少时，若是一个具体数字，则表示纯粹减少。

Cut down/Reduce a long hundred dollars. 减去 120 美元。

（25）表示减少时，若有 to 一词，则表示减少后所剩的实数。

Be cut down to 4 dollars. 减至 4 美元。

（26）句中有 light、short、fall、reduced 或 decreased 等词和 n times 时，可译作"减少到 1/n"。

This is four times as light as that. 这个的重量是那个的 1/4。

There's a four-fold fall in price. 价格降到原来的 1/4。

（27）句中有比较级结构如：n times less than，可译作"减少到 $1/(n+1)$"。

Six is three times less than 24. 6 是 24 的 1/4。

（28）英语表示其多时，用 thousand，而中文则用"百"。

A thousand words of hearsay are not worth a single glance at the reality. 百闻不如一见。

（29）two all＝2∶2；two one＝2∶1；love all＝0∶0。

（30）Jane was born on July 8, 1962. 简出生于 1962 年 7 月 8 日。

3.7.2 倍数表示法

（1）She is more than four times as diligent as you.（＝She is four times more diligent than you.）她的用功是你的 4 倍还不止。

（2）His room is three times hers.（＝His room is 3 times as large as hers. ＝His room is three-fold as large as hers.）他的房间是她的房间的 3 倍。

（3）The cost of production was reduced by 30 percent.（＝The cost of production was reduced to 70 percent.）成本降低了 30%。

3.7.3 钟点的读法

（1）It's ten past/after twelve. 现在是 12:10 。
（2）It's five to/of/till/before two. 现在是 1:55。
（3）It's about/around seven. 现在是 7 点左右。

3.7.4 "零"的表示法

"零"可用 nought、naught、zero、o、nil、nothing、love、zip、cipher 表示。
Put three ciphers after 1 and you will get 1 000. 1 之后写 3 个圈就是 1 000。

3.7.5 数字及时间的读写法

（1）8:05 a. m. = eight（naught）five a. m. ，译作"上午 8 时零 5 分"。
（2）4:16 p. m. = four sixteen p. m. ，译作"下午 4 时 16 分"。
二十四小时混合制如下：
（3）0800 = 0 eight hundred，译作"上午 8 时"。
（4）0710 = 0 seven ten，译作"上午 7 时 10 分"。
（5）1400 = fourteen hundred，译作"14 时（下午 2 时）"。
（6）1635 = sixteen thirty-five，译作"16 时 35 分（下午 4 时 35 分）"。
（7）2000 = twenty hundred，译作"20 时（下午 8 时）"。

3.8 虚词译法

3.8.1 虚词

虚词在全部英语词汇中只有 200 多个，而一般在文章中占约 1/3 的篇幅，足见其重要性。

实词一般可以作为一个独立单位来理解，但虚词如介词、连词、叹词或冠词等，却总是与其他词连用而需要全盘考虑。

如 He is out with Jones. 他和琼斯闹翻了。

由于 is、out、with 这 3 个词连用，故如此译。

It was not that she had plenty of money. 那并不是因为她有很多钱。

此处 it 是代词，并非指 that 后的从句。此处 that 译作"因为"。

3.8.2 虚词的特点

（1）不作为句中成分。

（2）无词形变化。

（3）无意义或具多种解释。

因此，需要注意各个虚词的确切用法及解释。例如，若注意到 for 这个词不用以表示动作发生的次数而只说明动作延续多长时间，则可知"She has been to Shanghai for several times."错误，应将 for 删掉。句义为：她去过上海好几次了。

3.8.3 虚词的译法

3.8.3.1 搭配不同，译法不同

同一个虚词，由于搭配不同，译法也会不同。

（1）The driver has just drawn up at a garage. 那个司机刚把车停在车库。

Can you hear them at it? 你听见他们又再搞了吗？

（2）He is a child of nine. 他是一个 9 岁的孩子。

He is a father of nine. 他是 9 个孩子的父亲。

He asked his way of me. 他向我问路。

Strength is not born of the gods. 力量不是天赐的。

The artistic side is more of a problem. 艺术方面更成问题。

（3）The journey was urgent and I went by air. 行程紧急，因此我坐飞机去。

I went on board and had a look round. 我登船浏览了一番。

（4）Let's keep ourselves to ourselves. 别管我们的事。

The petrol tank holds fifteen gallons and the car does about twenty miles to the gallon. 油箱可以装 15 加仑的汽油，而这台车子每加仑汽油能开约 20 英里。

Will you see to this business? 你来料理这件事好吗？

I'll see to it that you are back on time. 我保证使你们准时返回。

（5）He falls flat on his face. 他面朝下直直地跌倒。

He lies on his back. 他仰卧着。

What's on this evening? 今晚有什么节目？

The birds are on the wing. 鸟在飞。

They struck him on/by the head. 他们打他的头。

（6）It's beyond me. 我弄不明白。

He went beyond himself. 他忘形失态了。

（7）They rose <u>in</u> a body. 他们群起暴动。

What will he go <u>in</u>? 他穿什么去？

Are you <u>in</u> the secret? 你知道这个秘密吗？

He has nothing <u>in</u> him. 他没有任何优点。

She is <u>in</u> labor. 她在分娩。

She is <u>in</u> work. 她在工作。

（8）It's stuck for weeks <u>into</u> the looking-glass. 它被塞在镜子背后几个星期之久。

She stared the naughty boy <u>into</u> silence. 她瞪着那个顽皮孩子，使他安静下来。

They work well <u>into</u> the night. 他们工作到深夜。

（9）He's very near <u>with</u> his money. 他很吝啬。

He is staying <u>with</u> a friend. 他住在朋友家。（不译作"同居"。）

We'll welcome you <u>with</u> open arms. 我们将张开双臂热烈欢迎你。

He treated us <u>with</u> open hands. 他待我们十分慷慨。

（10）Take care <u>how</u> you do so. 你慎勿这样做。

Ask him <u>how</u> he does it. 问问他，他是怎样做的？

（11）He works <u>as</u> an actor. 他是一名演员。

I can do it <u>as</u> well. 我也能做。

（12）He has gone up to Shanghai <u>for</u> the day. 他已去上海，要耽搁一天。

He may be drowned <u>for</u> all they care. 他可能会溺水，他们也不管。

He sprang up too gaily <u>for</u> a dead body. 他跳起来时神情太高兴了，简直不像是个死人。

He walks well <u>for</u> an old man. 他虽老，但走得有劲。

（13）He <u>may</u> not be a poet. 他可能不是诗人。

He <u>cannot</u> be a poet. 他不可能是诗人。

（14）We had a talk about the matter <u>over</u> tea. 我们饮着茶谈那件事。

They have no command <u>over</u> themselves. 他们不能克制自己，身不由己。

（15）We're having the Greens <u>down</u>. 我们请格林一家来做客。

Bread is <u>down</u>. 面包便宜了。

（16）They sleep <u>out</u>. 他们外宿。

It will never wear <u>out</u>. 它永远也穿不破。

（17）<u>Up</u> motherland! 祖国万岁！

The hunt is <u>up</u>. 打猎开始了。

<u>Up</u> betimes. 起得早。

（18）He kept his family <u>from</u> starving. 他使家人不挨饿。

He kept the truth <u>from</u> me. 他对我隐瞒真情。

3.8.3.2 虚词不同，译法不同

搭配类似，虚词不同，译法不同。

（1）She is absent from Shanghai. 她不在上海。

She is absent in Shanghai. 她不在这儿，去了上海。

（2）They were killed to a man. 他们被杀得一个也不剩。

They were killed by a man. 他们被一个男人杀了。

（3）I talked him into doing it. 我说服他做这事。

I talked him out of doing it. 我劝他别做这事。

（4）She is sure of success. 她自认一定成功。

She is sure to succeed. （我想）她一定成功。

（5）Happiness consists in good health. 幸福在于健康。

Their team consists of 11 members. 他们队由 11 人组成。

（6）The gun was heard in the distance. 远方传来炮声。

Keep him at a distance. 勿与他太亲密。

（7）Don't read in the sun. 勿在阳光下看书。

There are quite a few strange things under the sun. 天底下有不少怪事。

（8）I know nothing of the matter. 我完全不知道这件事。

I know nothing about the matter. 我不知道这件事的内容。

（9）There is something queer in him（指"他的性情"）. 他有些可疑之处。

There is something queer about him（指"他的模样"）. 他有些可疑之处。

（10）He opened the book at（表示"偶然"）page 15. 他翻到第 15 页。

He opened the book to（表示"故意"）page 15. 他翻到第 15 页。

（11）She will not reveal the secret even if/even though she knows it. 即使知道，她也不会透露那个秘密。（她可能知道，也可能不知道那个秘密。）

She will not reveal the secret though she knows it. 虽然知道，但她也不会透露那个秘密。（她肯定知道那个秘密。）

（12）She has an eye for pictures. 她有识别画的眼力。

She has an eye to pictures. 她注意/觑觎那些画。

（13）At this time we must keep the troops under/in arms. 此时我们必须使部队保持备战状态。

It is a barbarous way to extend dominion by arms. 用武力扩张领土是一种野蛮行为。

（14）He read a book with the boys. 他和孩子们一起读书。

He read a book to the boys. 他读书给孩子们听。

Learn English with Comrade A! 向 A 同志学英语！

（15）He is on the air. 他在广播中。

He is in the air. 他在空中。

The project is in the air. 计划未落实。

（16）He presented a pistol to her. 他送她一支手枪。

He presented a pistol at her. 他用手枪对着她。

（17）We ask for your help. 我们请求你们帮助。

We come to your help. 我们来帮助你们。

（18）They'll fight to the end. 他们将战斗到底。

The meeting was at an end. 会议结束了。

（19）That's your remark of him. 那是你对他的评价。

That's your remark by him. 那是他对你的评价。

（20）This road is closed to heavy motor traffic. 此路禁止重型车辆通行。

This door closed upon him. 他进来后门随即关上了。

（21）It's the key to our room. 它是我们房间的钥匙。

Key up! 把调子升高！

（22）They struck him with the butt of a gun. 他们用枪托打他。

The band struck up the strains of a welcome march. 乐队开始演奏迎宾曲。

（23）She threw a bone to the dog. 她把骨头扔给狗吃。

She threw a bone at the dog. 她扔骨头打狗。

（24）Tell me whether I am to come. 告诉我，我是否该来。

Tell me if I am to come. 如果我该来，告诉我。

（25）The area is three miles around. 这周围有 3 英里。

The area is three miles across. 这地方有 3 英里宽。

（26）She jumped a horse over the wall. 她骑马跳过这道墙。

Can you jump across the water? 你能跳过这片水洼吗？

（27）He comes to our help. 他来帮我们。

He comes for our help. 他寻求我们的帮助。

（28）He is tired of the work. 他厌烦了工作。

He is tired from the work. 他干工作干累了。

（29）There is something in his mind. 他在思考事情。

There is something on his mind. 他有心事。

（30）They are in the square. 他们在广场上。

They act on the square. 他们处事公正。

（31）Inquire after Jack. 问候杰克。

Inquire about Jack. 打听杰克的情况。

（32）We went to each other. 我们面对面走去。

We went at each other. 我们扑向对方。

（33）I have one/a hundred and one things to do. 我有许多事情要做。

A hundred to one it will be a failure. 这件事失败可能性很大。

（34）Are you concerned in the matter? 你与此事有牵连吗？

Are you concerned about the matter? 你关心此事？

（35）She went to a chair. 她走向椅子。

She went to the chair. 她被处死。

（36）What's in the news today? 今天报纸里有什么新闻？

What's on the news today? 今天电视上有什么新闻？

（37）句子用了 the，大多采用意译法。

The name seems to ring a bell. 这名字听起来似乎很熟悉。

You've rung the bell on me. 你令我赞许。（你成功了。）

（38）She got a cane. 她弄到一根藤条。

She got the cane. 她被打一顿。

（39）He gave her a needle. 他给她一根针。

He gave her the needle. 他激怒了她。

（40）She is in a cart. 她在大车里。

She is in the cart. 她处于困境中。

（41）She took a cake. 她拿了一块蛋糕。

She took the cake. 她得了奖。

（42）He didn't say a word. 他没说一句话。

He didn't say the word. 他没下达命令。

（43）She speaks to me in a family way. 她对我说话像一家人一样。

She is now in the family way. 她现在怀孕了。

（44）She gave him a bag. 她给他一个包。

She gave him the bag. 她解雇了他。

（45）Have a heart! 发个善心吧！

We had not the heart to refuse his request. 我们不忍心拒绝他的请求。

（46）I stood in for him. 我替代他。

I stood up for him. 我拥护他。

（47）Don't make such a fuss about them. 别为它们大惊小怪。

Don't make such a fuss of them. 勿过于惯着他们。

（48）I swear at him. 我诅咒他。

I swear by him. 我极相信他。

（49）They have nothing to do at the moment. 他们目前没有什么事情可做。

His entry was timed to the moment. 他的入场时间恰到好处。

（50）In that he killed her, he was a murderer. 既然他杀了她，他当然是凶手了。

Let it go at that. 就这样算了。

（51）I feel like going to bed. 我想去睡觉。

I feel after/for the stair. 我摸着找寻楼梯。

（52）She asked after you. 她问候你。

She asked about you. 她问起你。

She asked for you. 她要求见你。

（53）We don't know why he walked out from the meeting. 我们不知道他为什么从会场上走出去。

We don't know why he walked out on the meeting. 我们不知道他为什么从会场上突然不高兴似的退出。

（54）She walked out with the boy. 她跟这男孩一道出去。/她跟这男孩谈恋爱。

She walked out on the boy. 她离开/抛弃了这男孩。

（55）The policeman walked her off. 警察把她带走了。

They walked out yesterday. 他们昨天罢工。

（56）She is ill and turns (away) from her food. 她病了，不想吃东西。

He really turns me off. 他真令我受不了。

We wonder when they will turn up. 我们真不知道他们什么时候才能来。

Our factory is turning out many new products. 我们厂正在生产许多新产品。

（57）He is able to do anything. 他能做任何事情。（褒义。）

He is capable of doing anything. 他有能力做啥事情！（贬义。）

（58）Let's go skating on the lake. 让我们在湖上溜冰吧。

Let's go rowing in the lake. 让我们在湖里划船吧。

（59）Have you paid for the books? 你付了书钱了吗？

She had to pay off that 30 dollars. 她得偿付那30美元。

（60）I parted from my parents. 我离开了双亲。

She parted with her servant. 她辞退了她的佣人。

（61）Japan is to the east of China. 日本在中国（之外）的东方。

Japan is in the east of Asia. 日本在亚洲（之内）的东部。

The United States is on the south of Canada. 美国紧接在加拿大的南边。

Srilanka is an island at the south of India. 斯里兰卡是印度南方的一个岛屿。

（62）The wind blows east. 风从东边来。

The river flows east. 河水向东流去。

（63）The baby was born of a Monday. 孩子在某一个星期一出生。

The baby was born on a Monday last. 孩子在上星期一出生。

（64）He is away on vacation this week. 他本周外出度假。

He is going away for a vacation. 他要去度假。

（65）We act always on principle, not on impulse. 我们总是按照原则行事，而不是由于一时冲动。

We are agreed in principle but not in detail. 我们原则上意见一致，但在细节上意见不一致。

（66）My radio receiver is the last word in radio receivers. 我的无线电接收机是最新式的。

We'd better let the chairman have the last word on the matter. 我们最好让主席对此事做最后决定。

（67）Do you have anything to say for yourself? 你有什么要替自己辩解的吗？（你还有什么话要说吗？）

She said to herself that there was something wrong. 她心里想一定是出了什么事。

（68）John lives at 36 Wimpole street.（若街道名和号码都列出，则用 at。）约翰住在温坡街 36 号。

I met her in/on the street. 我在街上遇见她。

（69）I am angry with him. 我很生他的气。（对人。）

I am angry at it. 我很气此事。（对事。）

（70）Give me a glass for wine. 给我一个酒杯（为了装酒用）。

Give me a glass of wine. 给我一杯酒。

（71）He was confined in his room. 他被关在房中。

He was confined to his room. 他整日守在房中，不出来。

（72）He is in on the dictionary. 他参加编写这词典。

She is in on it. 她参与其中。

She is in for it. 她倒霉了。

（73）Professor Li sat on my left. 李教授紧挨着我左边坐。

Professor Li sat to my left. 李教授坐在我左边。

（74）He is good to children. 他对儿童很和蔼。

He is good with children. 他管孩子很有办法。

This knife is good for cutting fruit. 这把刀切水果很合适。

He is good at painting. 他善于绘画。

（75）He was familiar to me. 我对他很熟悉。

He was familiar with me. 他对我很随便。

（76）There is a bird in the tree.（指外界的事物在树上，而非树自身生长，如动物或人，用 in the tree。）树上有一只鸟。

There are apples on the tree.（指树自身所有，长在树上的东西，如果实或树叶，用 on the tree。）树上有苹果。

（77）A man by the name of（叫……名字）Baker came in. 一个叫贝克的进来了。

He did it in the name of（以……名义）Baker. 他以贝克的名义干了。

（78）They strolled hand in hand. 他们携手漫步。

They fought the enemy hand to hand. 他们与敌人肉搏。

（79）Many pupils will be attending a farewell dinner in his honor. 许多学生都将参加为他举行的告别宴会。

They were on their honor not to cheat. 他们用人格担保不作弊。

（80）They are in the field. 他们在野外。

They are on the field. 他们在战场/操场上。

（81）On the whole, I am very happy here. 总的说来，我在这里很快乐。

The college as a whole supports him. 作为一个整体，学院支持他。

（82）She laughed at the sight of his new hair-cut. 一看到他新理的头发，她笑了。

In the sight of the law, he is guilty. 从法律的观点看，他是有罪的。

（83）She waits up. 她熬夜。

She waits on him. 她侍候他。

She waits for him. 她等候他。

（84）The machine is on order. 机器已被订购了。

He puts his things in order. 他把东西放整齐。

（85）We like to compare the new moon to a sickle. 我们喜欢把新月比作镰刀。

Let me compare the new moon with a sickle. 让我把新月与镰刀相比。

（86）He is here during the day. 他白天期间都在这里。

He is here for the day. 他今天白天在这里。

指动作发生的整段时间可用 during；指动作发生的时间持续多久，则可用 for。

The sun gives us light during（不用 for）the day. 白天太阳给我们光亮。

It is difficult to concentrate for（不用 during）such a long time. 集中注意力这么长时间是很困难的。

（87）at court，译作"在宫廷上"；in court，译作"在法庭上"。

at a word，译作"立刻"；in a word，译作"简言之"。

at fault，译作"不知所措"；in fault，译作"有过错"。

at hand，译作"将来临"；in hand，译作"在进行中"。

at play，译作"在玩耍"；in play，译作"开玩笑地"。

at large，译作"详尽地"；in large，译作"大规模地"。

（88）on the right，译作"在右边"；in the right...，译作"在正确的……"。

on the press，译作"在报界工作"；in the press，译作"在印刷中"。

on the face of，译作"按……字面意思"；in the face of，译作"面临"。

on the way，译作"在去……的途中"；in the way，译作"妨碍"；in a way，译作"在某种程度上"。

（89）get in a car/taxi，译作"上汽车/出租车"；get out of a car/taxi/lift，译作"下汽车/出租车/电梯"；get on a bus/tram/train/plane/ferry，译作"上公共汽车/有轨电车/火车/飞机/渡船"；get off a plane，译作"下飞机"。

（90）go on foot，译作"步行去"；go on horseback，译作"骑马去"；go by subway（underground）/taxi/car，译作"坐地铁/出租车/汽车去"；go underground，译作"（违法地）走入地下"；go in your（own）car，译作"乘你（自己）的汽车去"。

（91）for oneself（＝without other's help），译作"为自己，独立地"；by oneself（＝alone），译作"单独"；to oneself，译作"私自，独自"，如"She has a large room to herself（她自己有一个大房间）."；of oneself（＝spontaneously），译作"自动地，自然地"，如"The light went out of itself（灯光自行灭掉）."；in itself（＝in its own nature），译作"本身，本性，本来"；beside oneself，译作"极度兴奋，忘乎所以"；with oneself，译作"自己，自我"。

3.8.3.3　句子中有或无虚词，也有不同的译法

同一个动词，常有及物与不及物两种用法。一般而言，用于及物时表示"较确实"；而用于不及物，即带有虚词时，则表示"不可靠"。

（1）She guessed your age. 她猜出你的年龄。

对比：She guessed at your age. 她试猜你的年龄。

（2）Pass a lane. 从小巷旁边过去。

对比：Pass along a lane. 穿过一条小巷。

（3）They took his hand. 他们拉了他的手。

对比：They took him by the hand. 他们拉住他的手。

（4）Let them knock it. 让他们敲吧。

对比：Let them knock away. 让他们继续敲吧。

句子有副词时，宜采用意译法。

（5）I don't know how to give him. 我不知道怎样给他。

对比：I don't know how to give him up! 我不知道怎样才能把他忘掉！

（6）I repair the house. 我修理房屋。

对比：I repair to the house. 我到这房屋去。

（7）I send the doctor. 我派医生去。

对比：I send for the doctor. 我叫人去请医生。

（8）They do exercises. 他们做练习。

对比：They do in it. 他们弄死它。

（9）We knew her. 我们认识她。

对比：We knew of her. 我们听说过她。

（10）I catch a dog. 我抓住一只狗。

对比：I catch at a dog. 我想抓一只狗。（但未抓到。）

（11）What are you？你是干什么的？

对比：What are you at？你在做什么？

（12）She kept smoking all the time. 她一直在抽烟。（此处 kept 表示动作或状态的持续。）

对比：She kept on smoking all the time. 她反复抽烟。（此处 kept on 表示动作的反复；有此习惯，但在谈话时不一定在抽烟。）

（13）His sister went to keep house for him. 他姐姐去替他整理家务。

对比：Please keep the house. 请留在家里。

（14）Report him. 告发他。

对比：Report to him. 向他汇报。

（15）Begin this book. 开始读此书。

对比：Begin with this book. 从此书读起。

句子有 a 时，宜采用直译法。

（16）He took flight. 他逃之夭夭。

对比：He took a flight. 他做了一次飞行。

（17）You must do it in body. 你必须亲自做它。

对比：We moved forward in a body. 我们全体向前挺进。

（18）I'm of age today. 今天我是成年人了。

对比：The three of them are of an age. 他们三个是同龄人。

（19）Jack told his brother. 杰克告诉了他的兄弟。

对比：Jack told on his brother. 杰克告发了他的兄弟。

（20）She is in service. 她在当佣人。

对比：She is in the service. 她在当兵。

（21）He is all wet. 他全错了。

对比：He is all wet through. 他全身湿透了。

句子有介词及有 the 时，宜采用意译法。

（22）She is in green. 她穿绿衣。

对比：She is in the green. 她正处青春期。

（23）She is in red. 她穿红衣。

对比：She is in the red. 她负债了。

（24）She is dressed blue. 她身穿蓝色服装。

对比：She is in the blues. 她闷闷不乐。

（25）She is in pink. 她穿粉红衣。

对比：She is in the pink. 她身体很好。

（26）She is in black. 他穿着黑色衣服。

对比：She is in the black. 她赢利了。

（27）The house was on fire. 房子起火了。

对比：This project is on the fire. 这计划在审议中。

（28）He is playing horse on the arm of the chair. 他正坐在椅子扶手上玩骑马。

对比：He is always playing the horses. 他老是赌赛马。

句子有 the 时，the 表示具体地点。

（29）He is out of prison. 他服罪后出狱。

对比：He is out of the prison. 他从这所监狱出来。

句子有宾语补足语时，宜采用意译法。

（30）He called them names. 他臭骂了他们。

对比：He called them by their names. 他叫他们的名字。

（31）We leave Shanghai. 我们离开上海。

对比：We leave for Shanghai. 我们去上海。

（32）She is visiting Shanghai. 她正在访问上海。

对比：She is visiting in Shanghai. 她正在上海访问亲友。

（33）He hit the mark. 他击中目标。

对比：He hit at a mark. 他瞄准目标。

（34）We believe him. 我们相信他。（我们相信他说的话，相信的内容一般为具体事情。）

对比：We believe in him. 我们信任他。（相信的内容为他的为人、品行或能力。）

（35）They held up their hands. 他们举起手。

对比：They held up on all plans to travel. 他们推迟了所有的旅行计划。

（36）Now then, a little less noise! 喂！小声点儿！

对比：Now and then we go to a ball game. 我们偶尔去看球赛。

（37）We saw him speaking to a woman with child. 我们看见他正在对一个孕妇讲话。

对比：A woman with a child came to see her this morning. 今早有一个妇女带着一个孩子来看她。

（38）Try it once again. 再试一次。

对比：He was punished once and again. 他屡次受罚。

（39）He turned thief. 他堕落成为小偷。

对比：He turned out (to be) a thief. 原来他是个小偷。

（40）We passed on. 我们继续往前走。

对比：His property will pass on to his son. 他的财产将传给他儿子。

（41）He wakes up early. 他醒得早。

对比：He should wake up to the danger he is in. 他应意识到所处的危险。

（42）Can you get apples there? 在那地方你吃得到/买得到苹果吗？

对比：Can you get at the apples there? 在那里你拿得着/够得着苹果吗？

（43）The dust works in everywhere. 灰尘无孔不入。

对比：Their plan works in with ours very well. 他们的计划同我们的很配合。

（44）I will work it. 我会做好的。

对比：I will work at it. 我会继续努力的。

（45）The only way to climb a rope is hand over hand. 爬绳的唯一方法是交替使用左右手。

对比：He handed over his stock to her. 他移交股票给她。

（46）Is John home yet? 约翰回家了吗？

对比：Is John at home? 约翰在家里吗？

（47）He escaped prison. 他没进监狱。

对比：He escaped from prison. 他越狱了。

（48）He came up for air. 他上来换气。

对比：He came upon an old friend. 他邂逅了一位老朋友。

（49）He grew up on a farm. 他在农庄长大。

对比：She grew upon him. 她越来越喜欢他。

（50）They want peace in word only. 他们只在口头上要求和平。

对比：I'll tell you in a word. 我将简略地告诉你。

（51）When will you have time? 你何时有空？

对比：He had a good time playing in the park. 他在公园里玩得很开心。

（52）She swept out the room. 她打扫好了房间。

对比：She swept out of the room. 她大摇大摆地走出房间。

（53）He attended a lecture. 他参加了一个讲座。

对比：He attended to his lecture. 他专心听讲。

（54）I called him. 我喊他过来。/我打电话给他。

对比：I called to him. 我大声喊他。

（55）He plays tennis only so so. 他的网球打得很一般。

对比：They told me so and so. 他们曾告诉我某某事/某某人。

（56）The story has taken air. 这事已被泄露了（传播开了）。

对比：We often take the air in the park. 我们常在公园呼吸新鲜空气。

（57）Show him the door. 请他出去。

对比：Show him to the door. 陪他到门口。

（58）She has kept a diary to this day. 她至今还记日记。

对比：They have been working there two years to the day. 他们在那边工作了整整两年，一天也不差。

（59）This article cannot be improved. 这文章没办法再改了。

对比：This article cannot be improved upon. 不可能有比这更好的文章。

（60）Have you finished the paper? 你看完/写完论文了吗？

对比：Have you finished with the paper?（＝Do you still need the paper?）这论文/报纸你不再需要了吗？

（61）They lodged the Johnson. 他们把房间租给约翰逊家。（提供住宿给约翰逊家。）

对比：They lodged with the Johnson. 他们向约翰逊家租了房间。（寄住，暂住在约翰逊家。）

（62）Our scheme met his objection. 我们的方案消除了他的反对意见。

对比：Our scheme met with an objection. 我们的计划碰到反对意见。

（63）We take his advice. 我们接受他的建议。

对比：We take advice from him. 我们征求他的建议。

（64）We went there by sea. 我们乘船到那。

对比：We stayed by the sea. 我们在海边逗留。

（65）We do morning exercises by day. 我们每天做早操。

对比：They count heads by the day. 他们按日计算人数。

（66）The project is in issue. 这方案在争议中。

对比：The article in the issue for Oct 1 was published. 10月1日那一期的文章发表了。

（67）Who is here in place of the manager? 谁在这里代替经理？

对比：Who is in the place of the house? 谁在那房子的位置？

（68）His new role is in character. 他适合扮演这新角色。

对比：The gateway should be in character with the house. 大门应与房屋相称。

（69）How is business? 生意怎么样？

对比：How is the business? 店里怎么样？

（70）Put your book any place there is room. 把书放在有空的地方。

对比：There is a room in the house. 屋内有一个房间。

（71）They went to sea. 他们去当水手。

对比：They went to the sea. 他们到海边去。

（72）They sit at table. 他们坐在桌边吃饭。

对比：They sit at the table. 他们坐在桌旁。

（73）What kind/sort of car is it? 什么牌子的汽车？

对比：What kind/sort of a car is it? 怎么样（指质量方面）的汽车？

（74）In case of any difficulty, don't hesitate to ask for help. 如果有困难，尽管寻求帮助。

对比：In the case of learning English, we must practice a lot. 就学习英语来说，我们必须大量练习。

In case it rains, do not expect me. 万一下雨，就别指望我了。

I will in no case do it. 我决不干。

（73）Out of question, she ought to have the position. 无疑地，她理应得到这个职位。

对比：Her request is out of the question. 她的要求是不可能的。

（74）They did it in secret. 他们秘密地干这件事。

对比：Is she in the secret? 她知道内情吗？

（75）I tapped the boy's shoulder. 我拍了拍男孩的肩膀。

对比：I tapped the boy on the shoulder. 我轻轻地拍了拍男孩的肩膀。

（76）She wanted payment in kind, so we gave her some fresh eggs. 她想以实物支付，我们就给她鲜蛋。

对比：What he says is, in a kind, insult. 他的话多多少少是种侮辱。

（77）He died as a man. 他作为一位男子汉而逝。

对比：The audience rose as one man to applaud the newly elected president. 听众全体起立，鼓掌欢迎新当选的主席。

（78）It is more than a year. 它比1年多些（如"1年2个月"等）。

对比：It is more than one year. 它不止1个年头（如"2年、3年"等）。

（79）In front of（在某范围之外的前面）the house, there is a pond. 屋前有个池塘。

对比：He came early and sat in the front of（在某范围之内的靠前位置）the class. 他来得早，坐在班级前边。

（80）It takes long.（＝It takes a long time.）这花了很长时间。

对比：It didn't take long. 没花很长时间。

肯定句中，可以加 a 和 time；在否定句中，a 与 time 要去掉。

3.9　惯用语译法

如果有时候对惯用语（idioms）或谚语（proverbs）无法从形态上去辨认，又无法把它和上下文连作一个独立整体来理解，只在词典中逐个查找它们当中每个单词的字面意义，然后逐个分析语法结构，就会产生误译或令人感到费解。因此，对于惯用语，应该加以记取套用，不宜拆散。

（1）Its specific gravity is 11.

虽然在词典中可以看到 specific 有"特殊的、特有的、特定的、专门的、明确的、种的、有特效的"的注释，但它们对这句的翻译似乎无一合用时，这就说明要将这个单词与其他单词搭配在一起构成整个词组才解释得通。尝试将它与其后的单词 gravity 连在一起从词组部分中查找，发现这两个词原本是一个惯用语，解作"比重"，因此，整句译作：它的比重是11。

（2）They are at sixes and sevens.

at sixes and sevens 是个惯用语，译作"乱七八糟"。倘不辨其为一个惯用语，而按各自分开的字面分别译作"在""六""和""七"，则令人费解。以下都是惯用语：pinch and scrape（省吃俭用）、hum and haw（吞吞吐吐）、off and on（断断续续）、null and void（无效）、hard and fast（一成不变）、tit for tat（一报还一报）、forgive and forget（不计前嫌）、peak and pine（憔悴）、wash and wear（免烫）、hit and miss（碰巧）、bill and coo（抚爱与低声交谈）、touch and go（一触即发）、give and take（互相让步，妥协）、by fits and starts（间歇地，一阵一阵地）。

（3）遇上有引号的词语多是惯用语。

He called them "mouth friends" and "cap and knee" friends. 他骂他们为"酒肉朋友、虚情假意"的朋友。

3.9.1　"动词+副词"搭配的惯用语

一些惯用语，如"动词+副词"这类惯用语，有时中间会被别的单词分隔，以致难以辨认而理解错误。

（1）The reaction can be speeded up by taking some of the rods of cadmium out. 把镉棒抽走几根，该反应就能加速进行。

动词 take 与副词 out 本为一个惯用语，由于被其他词分隔得太开，有时会难以辨认。若按单词逐个"翻译"，则容易误译。

（2）I saw my friend off. 我为朋友送行。

动词 saw 与副词 off 是惯用语，故不应逐词译作：我看我的朋友离开。

3.9.2　固定搭配

下列画线部分属于固定搭配，要作为一个惯用语整体来理解。

（1）Change the baby! 把婴儿尿布换一换吧！

（2）You bet I will. 我当然会的。

（3）It doesn't ring the bell. 没印象了，记不起来了。

（4）You look floppy. 你看着很沉重。

（5）That's a different story. 那又另当别论。

（6）Is there a delicatessen department? 有熟食区吗？

（7）Do you have catering service? 有承办酒席的服务吗？

（8）One must take a little rough with the smooth. 一个人在顺当的时候还得吃一点苦。／必须做到既能享乐又能吃苦。

（9）Here you are. 这给你，收下吧。

（10）I'm not myself. 我心不在焉。

（11）It's eleventh hour! 是最后时刻！

（12）light of carriage，译作"举止轻浮"。

（13）That's sweet water. 那是淡水（饮用水）。

（14）It's dry goods. 那是干货（指非液体、非生鲜的商品，如谷物、豆类、干果等）。

（15）You are not quite yourself tonight. 你今晚不对劲。

（16）He will open the new hospital. 他将主持新医院的开幕礼。

（17）She stoops to conquer. 她委曲求全。

（18）Turn it upside down. 把它从上向下颠倒过来。

Turn it inside out. 把它从内向外翻转。

（19）They are in on it. 他们插上一脚（参与其中）。/他们熟悉内情。

We are in. 我们参加/在/到了。

（20）Don't take a leak! 勿撒尿！

（21）After about a month, she had lived in this town enough to know who was who. 她住在这城镇1个月后，才认识这里的一些要人。

（22）Follow me up if you've got the guts. 有胆量就跟我上吧。

（23）You might as well reason with the wolf. 你不妨同豺狼去讲理。

（24）He's a composer for the piano. 他是钢琴作曲家。

（25）She's to act a play by Shakespeare. 她要演一部莎士比亚的戏剧。

（26）He is on the wagon. 他在戒酒。

off the wagon，译作"不再戒酒"。

3.9.3　惯用语中两个意义相反的词

如果惯用语中有两个意义相反的词，一般后面的单词对句义起较大作用。

（1）He leaves for Shanghai. 他到上海去。

（2）Stand off. 滚开。

（3）It's dry rainy season. 无聊的雨季。（此处 dry 解作"无聊"而不解作"干的"。）

（4）They keep away. 他们避开而不愿意来。

不能译作：他们保留下来。

（5）He'll stay away from school. 他要逃学了。

不能译作：他留在学校。

（6）Let's stay out of this. 让我们置身事外。

3.9.4 查阅词典以助理解

查词典时，可针对不同情况侧重查词组中的某个词，以便查到整个词组的真正意义。

3.9.4.1 动词词组

动词词组，查动词之外的相邻词。

例如，throw a lie in one's face，查 lie，词组译作"当面斥责某人说谎"。

3.9.4.2 "动词＋副词＋介词"

"动词＋副词＋介词"，查动词。

例如，look forward to，查 look，词组译作"期待"。

3.9.4.3 "系动词＋形容词＋介词"

"系动词＋形容词＋介词"，查形容词。

例如，be angry at，查 angry，词组译作"对……生气"。

3.9.4.4 介词词组

介词词组，查介词之后的宾语。

例如，at railway speed，查 speed，词组译作"飞快地"。

3.9.4.5 副词词组

副词词组，则查第一个副词。

例如，so what，查 so，词组译作"那又如何"。

3.9.4.6 形容词词组

形容词词组，查形容词。

例如，easy as my eye，查 easy，词组译作"易如反掌"。

3.9.4.7 合成词

合成词，查词组的第一个词。

例如，right-about turn，查 right，词组译作"向后转"。

3.9.5 谚语

遇上谚语，不能将其中单词逐个分解来释义。

（1）Before you can say knife. 说时迟，那时快。

（2）A miss is as good as a mile. 失之毫厘，谬以千里。

（3）Tomorrow never comes. 切莫依赖明天。/我生待明日，万事成蹉跎。

（4）It is a wise man that never makes mistakes. 智者千虑，必有一失。

（5）Let bygones be bygones. 既往不咎。

（6）It is now and never. 勿失良机！

（7）Well begun is half done. 良好的开端即成功了一半。

（8）Once bitten, twice shy. 一朝被蛇咬，三年怕草绳。

3.9.6 前后都用命令式的谚语

某些谚语前后都用命令式语句，前者表示条件，后者表示结果。

（1）Grasp all, lose all. 贪多必失。

（2）Love me, love my dog. 爱屋及乌。

3.9.7 表示反义的惯用语

某些惯用语表达的是反义。

（1）People will be long forgetting him. 人们会长久记住他的。

（2）I have no opinion of her. 我反感她。

（3）There is no love lost between them. 他们之间毫无感情。

3.10 英译汉窍门

英语用抽象思维的表达方式较多。若从中国人的角度来看，这种表达未免过于啰唆，但有时似意犹未尽。因此，译解时一旦遇到按常理说不通的语句，就应根据具体情况考虑增减变换，要勤查阅词典而不该逐字对译。

3.10.1 不必直译的例子

下列下划线部分汉译时不必直译。

（1）He has not a penny to his name. 他一个铜子儿也没有。

（2）He is guilty of no crime towards the state. 他无罪于国。

（3）the city of London，译作"伦敦"。

（4）We missed the train and had to tramp it. 我们没有赶上火车，因此不得不步行。

（5）He is lording it over his brothers. 他对兄弟们的态度像"山大王"似的。

（6）I'm a stranger here myself. 我对此地很生疏。

（7）Representatives of about 80 member states spoke at the General Assembly. 大约有80位会员国的代表在会上发了言。

（8）text of lessons，译作"课文"。

（9）It's Regent's Park zoo. 这是"利珍"动物园。

（10）the month of May，译作"5 月"。

（11）One fine morning he found himself a ruined man. 一朝醒来他发现自己已成为一个破产的人了。

3.10.2　抽象名词

英语抽象名词一般用得较多，下列语句似觉抽象含糊，汉译时不能一对一直译。

（1）The attendance（＝students）at this class never dropped off. 这班学生从未减少过。

（2）He found some resistance to the spade. 他的铲子触到一个硬物。

（3）It is a comfort for me to find my brother has a son. 我因看到我哥哥有一个儿子而感到安慰。

（4）Spitting marvellously increased. Fountains seemed to be at work inside their cheeks. 痰越吐越多。他们的两腮里面好像泉水不断在流着。

（5）This was putting the matter in a new light. 这样一来，对这件事便有了一种新的看法。

（6）Give it him hot. 一刀见他的血。（指痛骂/打他一顿。）

3.10.3　下列语句汉译时增加画线部分就清楚了

（1）Things don't last. 好景不长。

（2）I mean what I say. 我这话不是随便说的。

（3）As if anybody could get away with that. 好像有人做错事而可以逃避惩罚似的。

（4）We are expecting some weather. 我们预计天气要变坏。

（5）He is a little difficult. 他有点儿难侍候。

（6）The kettle is boiling. 壶里的水开了。

（7）Call white black. 指白为黑，颠倒黑白。

（8）In 230 A. D. during the period of the Three Kingdoms, the Kingdoms of Wu dispatched General Wei Wen. 公元 230 年三国时期，<u>孙吴派遣将军卫温</u>。

（9）Dash these ifs! <u>左</u>一个"如果"，右一个"如果"，讨厌死了！/勿拐弯抹角。

（10）If I haven't lost my watch! 如果我的表不丢（，那该有多好啊）！

（11）What a student! 多<u>好</u>的学生啊！

（12）What a smell! 多<u>难闻</u>的气味啊！

（13）Writer in name. <u>徒有虚名</u>的作家。

（14）The place looks like rabbits. 这里似<u>有</u>兔子。/这里杂乱拥挤。

（15）There are indications that... <u>种种迹象表明</u>……

（16）Hear and tremble! <u>好好听着</u>。/牢记着。

（17）She came, dot and go one. 他<u>一瘸一拐</u>地来。

（18）Cut and come again! 尽量<u>多吃点</u>！

（19）Go nesting. <u>去掏鸟窝取蛋吧</u>。/碰碰运气吧。

（20）a person of birth，译作"出身好的人"。

（21）The screw bites. 螺丝钉<u>钉得牢</u>。

（22）You ought to make a point of going to the opera at least once during the season, if you can. 如果可以，当剧院<u>旺</u>季的时候，你无论如何至少应该去 1 次。

（23）I average eight hours. 我平均<u>每天工作</u>8 小时。

（24）Push the door to. 把门<u>关闭</u>。

（25）Leave the door to. 让门<u>就那样虚掩着好了</u>。

（26）Will you arrange accordingly? 可不可以<u>权</u>宜处置？

（27）You have the advantage of me. 你<u>认识我，我却不认识你</u>。/你知道得比我多。

（28）You tried to cash in on me. 你想<u>占</u>我便宜。

（29）The earth and the sky were in their places. 大地和天空都在<u>原位</u>。

（30）They were boys together. 他们<u>从小</u>就在一起。

（31）The reactionary has lifted a rock only to drop it on its own feet, and has suffered repeated defeats and increasing isolation. 反动派搬起石头砸了自己的脚，<u>结果却落得</u>不断失败和日<u>益孤立</u>。

3.10.4　骈语

英语极少有骈语，而中文的骈语较多。

（1）far-fetched，译作"牵强附会"。

（2）mince，译作"半吞半吐，矫揉造作"。

3.10.5 "to +表示感情的名词"

"to +表示感情的名词",译作"使……的是……"。

(1) to their satisfaction,译作"使他们满意的是……"。

(2) to my delight,译作"使我高兴的是……"。

3.10.6 英译汉时的词性转换

英语中某些词性的词语可译作中文的另一些词性的词语。

1) 英语中一些副词或介词有中文动词的意义,如 about (充满)、across (横穿)、after (追求)、against (违反)、among (蔓延)、at (攻击)、by (经过)、down (丢脸)、from (动身)、in (入侵)、into (进入)、off (离开)、over (跨越)、through (穿过)、to (接近)、with (赞成)。

(1) We shan't let you down.

down 转译作"丢脸"。整句译作:我们不会让你们失望的。

(2) What are they after? They are after fame, after position and they want to cut smart figures.

after 转译作"追求"。整句译作:这种人闹什么呢? 闹名誉,闹地位,闹出风头。

2) 英语中的一些形容词可译作中文的副词。

They ate rapturous food. 他们快快乐乐地吃了一顿。

3.11 明确指代关系

若对某个词语到底指代哪一部分感到模糊不清,则应当设法理清句中词语的指代关系才能正确理解句义。

3.11.1 it 或 they 的指代范围

it 或 they 指代范围广泛,它们较多指代靠近的东西。

(1) A man was riding this kind of bicycle, it (= bicycle) is a lazy beast of a machine. 一个人正骑着这种懒洋洋的自行车。

(2) A red lampshade gave a warm color to the room, and an electric fire kept it (= room) comfortable while we had dinner. 一丝灯影让房间散发一袭暖和温馨的色彩,而在我们吃饭的当儿一派电火光又使房间添上一种舒适的感受。

由于 it 是动词宾语，故不会指其前的主语 fire（因为主语和宾语在同一句中绝不可能是同一物），而是指近前的 room，更不会指离得较远的 color 或 lampshade。

（3）He decided to make a break for it（＝his purpose）. 他企图突围。

（4）Read newspapers everyday. They（＝newspapers）will help you in many ways. 每天读报纸，报纸会在许多方面有助于你。

3.11.2　it 指代还没弄清楚的人

对一个还没弄清楚的人，可用 it 指代。

I saw a shadow more quickly. It was the thief. 我看见一个快速移动的影子，是那个小偷。

3.11.3　it 指代不定式、动名词或从句所表示的句中成分

it 可指代一个由不定式、动名词或从句所表示的句中成分，而使这部分放到后面；但 it 一般不代替整个句子。

（1）It is difficult to do it. 做这件事很困难。

此句首的 it 是形式主语，指代 to do it。

（2）He found it quite pleasant to work with her. 他觉得同她一起工作很愉快。

此句 it 是形式宾语，指代 to work with her。

（3）It is a pleasure reading novels. 读小说是一种乐趣。

此句 it 指代 reading novels。

（4）It does not matter whether the report is true or not. 报告是否属实不重要。

此句 it 指代 whether the report is true or not。

（5）I thought it a pity that the meeting should have been canceled. 会议竟然被取消了，我感到非常遗憾。

此句 it 指代 that the meeting should have been canceled。

3.11.4　it 在固定搭配中的独特指代关系

it 在固定搭配中有独特的指代关系。

（1）He had it out（＝settled the dispute）with her. 他和她摊牌/决一雌雄、争论。

（2）He laid it on（＝exaggerated）when he said that. 他说话时不免夸大其词。

（3）We cannot hit it off（＝be on friendly terms）with Jack. 我们不能与杰克友好相处。

对比：She can hit off horses' and dogs' calls. 她能模仿马和狗的叫声。

（4）He kings it（＝acts like a king）over his colleagues. 他在他的同事中妄自尊大。

3.11.5　it 可指代时间、天气、距离或做某个动作的人等

it 可指代时间、天气、距离或做某个动作的人等。

（1）It's five. 现在 5:00。

（2）It's very hot. 天很热。

（3）It's 10 miles from here to Shanghai. 这到上海有 10 英里。

（4）A：Who is knocking? 谁在敲门？

B：It's me. 是我。

（5）Rumor/Legend/Report has it that… 谣传／传闻／据说……

（6）I think it all boils down to this. 我看，可以概括地这样说。

（7）We shall give it to you later. 以后我们准要给你点厉害瞧。

3.11.6　it 可指代无生命的事物、植物、昆虫、幼孩、小兽等

it 可指代无生命的事物、植物、昆虫、幼孩（如 baby、child）、小兽等，而 baby、child、dog、horse 也可用 he 或 she 指代。

（1）We have nothing to fear, but fear itself. 除了恐惧本身，我们无所畏惧。

（2）I was riding a horse. He knew the road. 我骑着马。他认识路。

（3）Is it（不用 he）a boy or a girl? 是男孩还是女孩？

3.11.7　人称代词 it 可以表示前面的同类同物

（1）His mother has bought a bike and she wants to give it to me.（it 指同名同物，在该句中指前面的 bike。）他的妈妈买了一辆自行车，她想把它送给我。

对比：She wants very much to buy a bike but she can't afford one.（one 指同名异物，在该句中泛指 bike。）她很想买一辆自行车，但她买不起。

（2）For barefaced lying you are really it. 以造谣而论，你真是第一。

（3）Among heroes, he's it! 在英雄当中，他最出色！

3.11.8　无生命名词也可用 he 和 she 指代

1）下列的无生命名词，常被当作阳性，可用 he 代替，如 sun（太阳）、death（死亡）、anger（愤怒）、ocean（海洋）、winter（冬季）、summer（夏季）、majesty（君权）、war（战争）、June（六月）、wind（风）、river（河）、thunder（雷）、mountain

（山）等。

The <u>sun</u> sheds <u>his</u> warmth on the earth. 太阳把他温暖的光芒洒向大地。

2）下列的无生命名词，常被当作阴性名词，可用 she 代替，如 moon（月亮）、mercy（仁慈）、peace（和平）、fame（名誉）、pride（自豪）、flattery（奉承）、humility（谦逊）、liberty（自由）、modesty（谦虚）、jealousy（嫉妒）、charity（慈善）、virtue（德行）、truth（真相）、spring（春季）、justice（公正）、hope（希望）、sea（海）、lake（湖）、earth（地球）、aeroplane（飞机）、boat（船）、country（国家）、gun（枪）、machine（机器）、motor（汽车）、car（轿车）、ship（船）、nation（民族）、nature（大自然）、bulk（庞然大物）等。

<u>Nature</u> rewards those who love <u>her</u>. 大自然回报那些热爱她的人。

3.11.9　人称代词或物主代词的指代

人称代词或物主代词的指代要注意代词的"格"在句中所起的作用。

（1）I like him better than <u>she</u> does.

主格 she 作为后一句的主语。故译作：我比她更喜欢他。

（2）I like him better than（I like）<u>her</u>.

宾格 her 作为从句的宾语。故译作：我喜欢他多于喜欢她。

（3）<u>He</u> looked over <u>his</u> shoulders. 他回过头来看。

（4）<u>He</u> looked over <u>her</u> shoulders. 他越过她的肩头看过去。

3.11.10　宾语与主语的对应

动词、分词、不定式或动名词等的宾语一般与句中主语不是同一人；物主代词或带有-self 的宾语，则与句中主语是同一人。

（1）The magician led <u>him</u> on a considerable distance, amusing <u>him</u> all the time with entertaining stories. 魔术师领他走了很长一段路，一直在用有趣的故事逗他。

动词 led 与分词 amusing 后的 him 与主语 magician 不是同一人。

（2）He made Aladdin try on such as seemed to fit <u>him</u>（＝Aladdin）. 他让阿拉丁试穿了一件似乎适合他的衣服。

（3）He can't help <u>his</u> views, any more than you can help yours.

动词后的物主代词则可与句中主语同属一人。故此句译作：他无法改变他的主张，跟你无法改变你的一样。

（4）He saw <u>himself</u> in the mirror. 他从镜中看到自己。

himself 与主语 he 是同一人，若 himself 改为 him 则与主语 he 不同属一人。

3.11.11　省略句的主语

口语中，为了简化，常用宾格人称代词作为主语。

A：Jack，you play chess with kate. 杰克，你和凯特下棋吧。

B：What! Me（to）play with her at chess?（= Do you want me to play with her at chess?）No! 什么！让我和她下棋？不是吧！

3.11.12　影响指代关系的情况

动词与介词词组是否存在搭配关系影响指代关系。

1）若动词与介词词组有必然的搭配关系时，即它们在句中连在一起作为一个意群来解释时，则介词后的代词与介词相邻，表示生物的名词或人称代词大多数同属一人。

（1）John complimented him on his success. 约翰对他的成功表示祝贺。

因动词 complimented 与介词 on 有必然的搭配关系，故介词后的代词 his 与其前的 him 同属一人，而非指代 John。

（2）He laughed a person out of his belief. 他笑得别人失去信心。

因动词 laughed 与介词 out of 连在一起译作"笑得……失去了……"，故 his 与 person 同属一人，而不同属于 he。若认为 laughed 与 out of 没有必然的搭配关系，即在它们之间读断，则会误解。

2）若动词与介词词组没有必然的搭配关系时，或介词词组含有地点意义时，则介词后的代词与句中主语大多同属一人。

（1）He took him to his shop. 他带他去了他（指主语 he）的商店。

动词 took 与介词 to 虽似有联系，但却不是非要 to 不可的必然联系。何况 to his shop 含有地点意义，故介词 to 之后的代词 his 与主语 he 指的是同一人，与宾语 him 则不同属一人。

（2）All living things depend on the sun for their（指主语 all living things）growth. 万物生长靠太阳。

此处动词 depend 与介词 for 没有必然的搭配关系。

（3）John ordered Jane to bring him before him. 约翰让简把他带到他（指主语 John）面前。

因 ordered 后有不定式 to bring，bring 与 before 也无必然搭配关系，且 before him 可表示地点意义，故介词 before 后的 him 与主语 John 同属一人，与前面的 him 则不同属一人。

3.11.13　指示代词 this 和 that 的指代

1）指示代词 this 指代后者，而 that 指代前者。

Health is above wealth, for this（= the latter）cannot give so much happiness as that（= the former）. 健康比财富更重要，因为财富不能像健康那样带来那么多的幸福。

2）用 this 或 that 代替前面整个词组或句子，或前面的动作。

（1）He is a hero. This/That（代表前边整个句子）is known to all. 他是个英雄。这个/那个大家都知道。

（2）This is our bus.（this 表示"开来的车"，that 表示"开走的车"。）这是我们的车。

（3）This（表示"将说的新闻"）is the news. 新闻即将开始。

That（表示"已说的"）is the end of the news. 新闻到此结束。

对比1：those pupils in Shanghai 表示"上海那些学生"。

对比2：the pupils in Shanghai 则指"上海所有学生"。

（4）The steel output of this year will be bigger than that of last year. 今年的钢铁产量比去年的大。

（5）I prefer the climate of Shanghai to that of Hong Kong. 比起香港的气候，我更喜欢上海的。

对比：I prefer a flat in Shanghai to one in Hong Kong. 比起在香港的公寓，我更喜欢在上海的。

（6）打电话时，this 用作自我介绍，而 that 用来问对方是谁。

Hello. This is Jim. Is that John? 喂，我是吉姆，你是约翰吗？

A：Who's that（speaking）? 你是谁？

B：This is Mary（speaking）. 我是玛丽。

3.11.14　由并列连词连接的同等地位的词语所代替的都是相同的人或物

（1）John felt that he（= John）could not let him go and he（= John）determined to teach him also. 约翰感到他不能让他（指另一个人）去，并决定还要教训他。

（2）John knocked him down and kicked him. 约翰把他打倒，还踢了他。

（3）The magician was also afraid to meet any person who might have seen him（= the magician）walk out with the lad, and come back without him（= the lad）. 这魔术师也害怕碰到瞧见他带了小孩出去却没有把小孩带回来的人。

（4）She said（that）she would come and that she did come. 她说她会来并强调一定来。

根据 that...and that...这个结构，可以知道此处 and 所连接的是两个从句 she would come 和 she did come。

对比：She said (that) she would come and she did come.

根据 that...and...这个结构，可以知道此处 and 所连接的是主句 she said 和简单句 she did come. 故译作：她说她会来的，而她果然来了。

在从句中，代词代替什么，有时要根据句义来判断。

(5) John asked Jones if he (=John) should finish his (=John's) exercise at home. 约翰问琼斯他（约翰）是否应该在家里完成他（约翰）的练习。

(6) John asked Jones if he (=Jones) could swim. 约翰问琼斯是否会游泳。

(7) Father told John that he (=father) believes he (=John) should read. 父亲告诉约翰说他相信约翰读过了。

(8) The officer gave the order and instructed the policeman how he (=the policeman) should prevent the bandit's escape. 警长下命令并指点警察如何防止匪徒脱逃。

3. 11. 15 关系代词的指代

关系代词一般指代靠近它前面的名词。

(1) John had supper with Jones, who (=Jones) showed him (=John) the room where he (=John) was to sleep. 约翰和琼斯吃过了晚饭，琼斯给约翰指该睡哪个房间。

(2) At last they met two shepherds whom (=shepherds) they asked where they might obtain food and stay. 终于，他们遇到了两个牧羊人，问牧羊人他们从哪里可找到食宿。

(3) He noticed that they were not shooting at the hill on which (=hill) he was standing for fear of hitting him. 他发现他们不再继续向他站着的山上射击，因为怕射中他。

3. 11. 16 动词被动语态后的主语补足语

动词被动语态后的名词（主语补足语）一般与主语同属一人。
He was elected a deputy (=he) to the congress. 他被选为大会的代表。

3. 11. 17 one...the other 与 some...the others...

用 one...the other 代替两个人或两件事物；用 some...the others 代替许多人或许多事物。

(1) The rocket carries with it two tanks, one for a fuel, the other, for an oxidizer. 火箭带有两只箱子：一只装燃料，另一只装氧化剂。

(2) I have many pens, some are blue, the others are red. 我有许多钢笔，一些是蓝色

的，其余的是红色的。

3.11.18　具有特定指代意义的词语

某些词语有其特定的指代意义。

（1）PS = postscript，译作"附言"。

（2）alm 代替 money、food、clothes etc. given to the poor（给穷人的钱、食物和衣服等），译作"救济品"。

（3）cover 是 plate、napkin、knives and forks、spoons 等的总称，因而也指"位子"。

（4）the fine arts 是美术的总称，包括 painting（彩画）、drawing（绘画）、sculpture（雕刻）、architecture（建筑）等。

（5）ours 指代 our families，即"我们家人"。

（6）eight nothing/eight zip/eight love 代表 8∶0。

（7）Your service/serve. 你发球。

（8）a duck's egg，译作"没得分，零分"。

（9）Move closer together, everybody, smile and say "cheese". 大家靠近一点，微笑着说"cheese"。（做笑状拍照。）

对比：to say grace，译作"餐前祈祷"。

（10）sanitary engineer（= garbage collector），译作"垃圾集运工"。

（11）the handicapped（= the disabled），译作"残疾人"。

（12）slow learner（= unintelligent person），译作"学得慢的人"。

（13）love child（= bastard child），译作"私生子"。

（14）expecting woman（= pregnant woman），译作"孕妇"。

（15）fair-weather friend，译作"可共享乐而不可共患难的朋友"。

（16）This is the first finger（= forefinger = index finger）. 这是食指。

（17）He often talks horse. 他经常吹牛。

（18）That's it! 就这样。

（19）He is the backbone（= key member）of the team. 他是这个队的骨干。

（20）He is somebody. 他是大人物。

（21）He is nobody. 他是无名小卒。

（22）They are the vulgar. 他们是普通老百姓（带有贬义）。

（23）Hayseed! 乡巴佬!

（24）She is a cat. 她心地险恶。

（25）It is a real eye-sore. 真是碍眼（不顺眼、辣眼睛、丑陋的东西）。

（26）They are half-brothers（sisters）. 他们是异父（母）兄弟（姐妹）。

（27）I'd like tea. 我想喝茶。（tea 有时不仅指茶，还指面包、牛油或肉。）

（28）It's <u>bag and baggage</u>. 那是全部财物。

（29）It's my <u>scheme</u>. 这是我的身体。（scheme 代替 system，表示整个身体。）

（30）He'll <u>give us the go-by</u>. （＝He'll pay no attention to us.）他对我们冷淡。

（31）Where's <u>dumbwaiter</u>? 饭桌旁的食器架在哪？

（32）I'd like to have some <u>hors d'oeuvre</u>. 我想要一些开胃菜。（hors d'oeuvre 指主菜前的开胃食品。）

（33）"You are the <u>master</u> and I'm the <u>man</u>," said Captain Goyles in joke. （master 指主人，man 指佣人。）"你是主人我是佣人，"盖尔斯上尉开玩笑地说。

（34）She's <u>on the right/sunny side of</u> thirty. 她未满 30 岁。

She's <u>on the wrong/shady side of</u> thirty. 她已过 30 岁。

3.11.19 符号、缩写字有特定的含义

（1）DO（＝ditto）作为缩写字时，不译作"做"，表示"同上"或"同前"。

（2）They were talking with students from <u>7－8</u> last evening. 昨晚 7:00—8:00 的时候，他们在跟学生谈话。

（3）D and D ＝ drunk and disorderly，译作"醉酒后扰乱治安的"；deaf and dumb，译作"又聋又哑的，装聋作哑的"。

（4）We have no use for a <u>P. A</u>（＝Paper Ass）like this. 我们不需要这样无脑的家伙。

（5）School <u>Xing</u>!（＝School crossing!）前方有学校，减速慢行。

（6）He <u>x-ed</u>（crossed）it out. 他划掉它了。

（7）X-eyed（＝cross-eyed），译作"斜视的，对眼的"。

（8）Stay out of <u>O. P. B</u>（＝other people's business）. 别管闲事。

（9）N-bomb（＝nuclear bomb），译作"核弹"。

（10）H-bomb（＝hydrogen bomb），译作"氢弹"。

（11）M-dog（M 指 mine），译作"探地雷的军犬"。

（12）M-day（＝mobilization day），译作"动员日"。

（13）D-day（＝demobilization day），译作"复员日，重大事情预定发生日、计划行动开始日"。

（14）R-day（＝reception day/rehearsal day），译作"接待日，预演日"。

（15）V-day（＝victory day），译作"胜利日"。

（16）The fellow is a <u>B. T. O.</u>（＝big time operator）. 那家伙是个游手好闲的人/大人物。

（17）an A student，译作"一名优等生"。

（18）Bis!（＝Encore!）再来一次！

3.11.20 用 get 替代

1）get 可替代 have。

（1）"get + 名词 + 过去分词"，多用于口语，可替代 "have + 名词 + 过去分词"。

Take your shoes to the shop and get（ = have）them mended. 把你的鞋拿到店里去修一下。

（2）表示"经一定的努力"，也可用 get 或 have。

Have you got（ = had）a degree? 你有获得学位吗？

2）get 也可替代 be。

When were you married?（ = When did you get married?）你什么时候结婚的？

3.11.21 用 do、does、did 等替代

1）省略与前相同的动词时，可用 do、does、did 替代。若其后有附加词语，则加 so。否定时，则用 not 替代。

（1）Though she said she wouldn't go, she did so at the last moment.

可以改为：Though she said she wouldn't go, she did. 虽然她说了不去，但还是去了。

（2）A：Is he diligent? 他勤奋吗？

B：Yes, immensely so. /No, he is not. 是的，非常勤奋。/不，他不勤奋。

（3）He taught me and still teaches.（此处因动词时态不同，故不能用 does 代替。）他教过我，现在还在教。

（4）He speaks English as well as she does. 他英语说得和她一样好。

（5）do 不能用来代替被动语态。

It is always cleaned as well as ours is cleaned. 它总是被打扫得和我们的一样干净。（后面这个 cleaned 不能用 done 代替。）

2）若用 to do 或 doing 代替时，则要加 so。

（1）They promised to help him, but they failed to do so. 他们答应帮助他，但是没做到。

（2）They promised to help him, but instead of doing so, they left in a hurry. 他们答应帮助他，但是没有这么做，而是匆匆忙忙离开了。

（3）You should help him since you have promised to do so. 你答应帮助他就应当帮助他。

3）若省略与其前相同的形容词或整句，可以用 so 替代。

（1）He was not angry at first, but became so after a little while. 他一开始并不生气，但过了一会儿就生气了。

（2）A：We didn't know where he would be. 我们不知道他会在哪里。

B：Why, I told you so. 咦，我不是告诉过你们他在哪里吗?

4）句型 "…so." 或 "…not." 中 so 代替一个名词从句，作为前面的及物动词的宾语，not 则表示否定意义。

（1）think、expect 的以下表达均可，其中否定词 not 可以前移。

I think/expect so. 我想是吧/我期待如此。

I think/expect not.（=I don't think/expect so.）我认为不是/我期望不是。

（2）suppose、believe、hope、perhaps、probably、be afraid 后直接加 so 或加 not，但否定不能前移。

I'm afraid so. 恐怕是这样。

I'm afraid not. 恐怕不行。（而 "I'm not afraid." 句义：我不害怕。）

I hope so. 我希望如此。

I hope not. 我希望不是。（不能说 "I don't hope so."。）

3.11.22 if 条件从句可与 unless 从句互换

"If I were a bird, I could fly.（如果我是鸟，我就能飞了。）" 可代替 "Unless I were a bird, I could not fly（除非我是鸟，否则我不会飞）."。

但不可说 "Unless I were not a bird, I could fly."。

3.11.23 有时，系动词连同作为表语的介词词组可以用动词进行时代替

He is in work.（=He is working.）他在工作。

3.12 区分动作的专属

若只照平日的常规去分析句子，对动作到底是何人所为或何人承受，有时还是会感到模糊不清。因此，在需要时，应当设法弄清句中含有动作意义的词的主体或逻辑宾语是什么，才能正确理解句义。

3.12.1 逻辑主语和逻辑宾语

所有格名词或物主代词可能是它们后面含动作意义的名词的主体，即逻辑主语或逻辑宾语。

（1）It's the teacher's/his arrival. 是教师的/他的到来。

teacher's 或 his 是 arrival 的逻辑主语。

（2）They are <u>John's</u> murderers. 他们是杀害约翰的凶手。

John's 是 murderers 的逻辑宾语。

（3）John knew that the police had given orders for <u>his</u> arrest. 约翰知道警察已下令逮捕他。

his 是 arrest 的逻辑宾语。

3.12.2　分词词组表示的动作

分词词组表示的动作应是靠近它前面的人或动物所为。

（1）Jones remained there until he got a message from <u>Jane asking</u> him（=Jones）to see her（=Jane）. 琼斯留在那边，直至他收到简请他去看她的信息为止。

分词 asking 是由 Jane 所为。

（2）They laughed at the idea of <u>Jane going</u> to the hall. 他们取笑简去大厅的想法。

分词 going 是由 Jane 所为。

（3）如果近前的名词与分词在意义上不配套时，则要根据句中实际意义而定。

He made up his mind to have the <u>wisdom</u> of the whole world <u>collected</u>, <u>stored</u> up in an earthen pot. 他下定决心把全世界的智慧都收集起来，储存在陶罐里。

句中的分词 collected 和 stored 明显地与前边的 world 很难放在一起解释，它们应该是作为定语修饰名词 wisdom。

（4）若是动名词，则其前的名词，特别是非动物名词，有时不是行为的主体，而是行为的对象或行为的方式方法。

<u>oil feeding</u>（动名词）system，译作"给油系统（oil 是行为对象）"。

<u>high speed milling</u>（动名词）machine，译作"高速铣床（high speed 是行为的方式）"。

3.12.3　前面有逗号的分词表示的动作

句子前面有逗号的分词表示的动作行为，一般属于前面句子的主语。

（1）<u>They</u> refused him, really <u>fearing</u> that he would do it. 他们实在怕他会这么干而拒绝他。（分词 fearing 的行为是属于 They。）

（2）Every <u>soul</u> there, <u>thinking</u> that he recognized it, felt sad… 想到他已经承认它，那儿每个人都感到难过……（thinking 的行为属于 soul。）

对比：

（3）As he lay thinking, he saw a <u>spider</u> over his head, <u>trying</u> to spin a web. 当他正躺着思考时，看见头上有一只蜘蛛在试图织网。（因为此句动词 saw 要求复合宾语，故 trying

作为宾语补足语，与宾语 spider 有逻辑上的主谓关系。)

（4）So she gave each boy a coin and watched as <u>they</u> ran off, <u>laughing and making jokes</u> with each other. 于是她给了每个男孩一枚硬币，看着他们跑掉，边笑边互相开着玩笑。（从句义中很明显地知道 laughing 与 making 指的是近旁的主语 they 的行为，且此处有 as 隔开，故与前句的主语 she 无关。）

3.12.4　在 while、when、although、after、if 等后的分词表示的动作

在 while、when、although、after、if 等后的分词表示的动作一般属于前面句中的主语。

<u>You</u> must be polite <u>when speaking</u> to your teachers. 你对老师们说话时，应当有礼貌。

3.12.5　在句子最前面的分词表示的动作

在句子最前面的分词表示的动作多是属于后面分句中的主语。

（1）<u>Remembering</u> she was still a student, <u>she</u> tried to explain it. 记着自己仍是个学生，她力图解释这件事。

某些含分词的附加插语一般在句前，其后用逗号分隔，以表示作者对句中所表达意思的态度，它的行为主体在句中是找不到的。

（2）<u>Generally speaking</u>, that task is not easy. 总的来说，那任务并不容易。

句中 speaking 没有行为主体，是附加插语，只表示作者的思想态度。

含分词的附加插语不多，形式也较固定，像下列的都很容易认出。

（3）Considering that…，译作"考虑到……"。

（4）Talking of…，译作"谈起……"。

（5）Judging from what you say, …，译作"以你所说来判断，……"。

3.12.6　逻辑主语与句中主语不一致

当分词的逻辑主语是 we 或 you 时，分词的逻辑主语与句中主语可以不一致。

（If <u>we</u> are）<u>Given</u> the voltage and the current, the resistance can be determined according to Ohm's Law. 已知电压和电流，根据欧姆定律，就可以求出电阻。

3.12.7　不定式表示的动作

不定式表示的动作，一般属于靠近它的前面的人或动物名词。

（1）Jane told Jones to go out and write his （＝Jones'）work carefully, or she （＝Jane）wouldn't read it. 简叫琼斯出去，并吩咐琼斯用心写作，否则她是不会读它的。［to go 及（to）write 是由 Jones 所做。］

（2）John ordered Jones to search for his （＝John's）brother, and to bring him （＝John's brother）before him （＝John）. 约翰命令琼斯找寻他（约翰）的弟弟，还让琼斯把弟弟带到他（约翰）面前。（to search 及 to bring 是由 Jones 所做。）

例外：

（3）I wrote for an interview and received a cordial invitation from her to come to call. 我写了一封信，请求访问她，她诚挚地回信邀我前去。

由于 from her 有地点意义，故 to come 与 her 无关。

（4）I didn't think it prudent before that merchant to give anything. 我认为在那客商面前给他任何东西都是不慎重的。

由于 it 代替 to give anything，且 before that merchant 作为地点状语加插其间，故 to give 与 merchant 无关。

（5）He promised her to go.

由于 promise 词义较特别，要求双宾语，译作：他答应她他会去。

（6）He asked me to promise him to study at night. 他请我许下我得在夜间学习的诺言。

3.12.8　不定式在句首

若不定式在句首，用逗号隔开，则不定式表示的动作一般属于后面分句的主语。

To succeed, we must understand the process. 若要成功，我们必须懂得方法步骤。

3.12.9　不定式之前是动词性质的词语

3.12.9.1　不定式之前是具有动词性质的词语时

若不定式之前是具动词性质的词语时，则两者所表示动作的主体相同。

（1）He determined （动词）to teach him. 他决定教训他。

he≠him，指不同的两个人；he 同是 determined 与 to teach 的主体。

（2）He sent a letter to his brother, promising （分词具动词性质）to give him （＝his brother）back his （＝his brother's）money. 他给他弟弟一封信，答应还钱给他弟弟。

he 同是 promising 与 to give 的主体。

（3）She will marry him and go （动词）to help him. 她将与他结婚，且将去帮助他。

she 同是 go 与 to help 的主体。

（4）I don't like to play. 我不喜欢自己去玩。

I 同是 like 与 to play 的主体。

3.12.9.2　动名词之前是动词性质的词语时

若动名词之前是动词性质的词语时，则此词与该动名词所表示动作的主体不一定相同。

I don't like playing. 我不喜欢（自己或别人去）玩。

3.12.10　of 的宾语

of 的宾语通常是其前由及物动词变来的名词的执行者，偶尔也表承受动作者。

（1）the writings of Smith，译作"史密斯的著作（Smith 是发动者）"。

（2）the writing of a book，译作"写一本书（book 表示承受动作者）"。

（3）The proper study of mankind is man. 要正当地研究人类，就应以人为对象/人文研究，应以人为本。

（4）It's the criticism of John. 这是批评约翰的。

（5）a mother's love of children，译作"母亲对孩子的爱。"（由于有 mother's，故 love 宜更明显地解作"母爱"。）

3.12.11　for 的宾语

for 的宾语则大多为其前表示动作意义的词的逻辑宾语而不是发动者。

He ordered Jane to search for his brother. 他命令简去找他弟弟。

3.12.12　介词与其前表示动作意义的词语

若介词与其前表示动作意义的词语有必然搭配关系时，即词典里将两者作为一个意群来解时，则其后一般是它们的逻辑宾语。

He stole a look at them. 他偷看了他们一眼。

由于动词 look 与 at 有搭配关系，虽然这里的 look 是名词，也同样有搭配关系，故其后的 them 是它们的逻辑宾语。

3.12.13　介词的宾语是动名词时

3.12.13.1　介词与其前的动词有搭配关系时

介词的宾语若是动名词，而这个介词与其前的动词又有搭配关系时，则该动名词的行为一般属邻近的人。

（1）They blamed <u>her for doing</u> so. 他们责备她这种做法。

因为 blamed 与 for 搭配，所以 doing 这个动作属于 her。

（2）Illness prevented <u>me from coming</u>. 疾病使我不能来。

因为 prevented 与 from 搭配，所以 coming 由 me 发出。

（3）She used to tease（及物动词）<u>Frost into keeping</u> pace with them. 她时常逗引弗洛斯特向他们看齐。

3.12.13.2　介词与其前的动词没有必然的搭配关系时

介语的宾语若是动名词，而这个介词与其前的动词没有必然的搭配关系时，则该动名词的行为从属于句中的主语。

（1）<u>She</u> stopped him <u>by saying</u>. 她用言词阻止了他。

因为 stopped 与 by 没有搭配关系，即 stopped 不是非得用 by 搭配不可，所以 saying 属于主语 she。

（2）<u>She</u> left me <u>without taking</u> leave. 她没有告别就离开我。

因为 left 与 without 无必然联系，所以 taking 这个动作由主语 she 发出。

3.12.14　从句中谓语的所属

在从句中谓语动作所属是以动词的变化而定。

（1）The teacher with the <u>pupils</u> who <u>were writing</u> sat quietly. 教师安静地坐着，带着正在写字的学生。

（2）<u>The teacher</u> with the pupils who <u>was writing</u> sat quietly. 正在写字的教师安静地坐着，带着学生。

3.13　省略句

有时，虽然每个词义都懂得，但仍感到整个句义连贯不起来，这就得从是否有所省略（omission）来考虑句子结构和句义了。

3.13.1　特定搭配中的省略

注意是否有一些特定搭配词语的省略。

（1）Never seen such a thing. 没见过这样的事。

省略多出现于陈述自己意见的句子中。此句首省略"I've"或"We've"。

（2）Winter finds out what summer lays by. （ = In winter one finds out what importance in summer he lays by. ）

很多谚语、俗语、警句和格言都用省略形式，如果补上省略的词，便知此句应译作：到了冬天，一个人才会知道，在夏天他所储存的东西的重要性。

（3）She is listening to Beethoven. 她正在听贝多芬（的音乐作品）。

Beethoven 前省略 the musical works of.

（4）He died a millionaire. （ = When he died，he was a millionaire. ）他去世时是一位百万富翁。

（5）"What if…" 是省略形式。

What if fail! （ = What does it matter if we fail. ）失败算什么！

What if I refuse to answer? （ = What would happen if I refuse to answer?）我不回答又怎么样？

（6）how about、what about 是省略形式。

How about taking a walk with us? （ = How is it about taking a walk with us?）跟我们一道散步如何？

What about going to Shanghai for our vacation? （ = What is it about going to Shanghai for our vacation?）去上海度假怎么样？

（7）if not，译作"假如无的话"。

if any，译作"假如有的话"。

There are few, if any, such men. 这样的人要是有的话也是很少。

（8）The kettle is boiling. （ = The water in the kettle is boiling. ）水开了。

（9）That I could study together with you! 我希望能和你一起学习！

此句句首省去了 I wish。

（10）He is a prize specimen! I wouldn't trust him any farther than I can see him.

从下一句"除非我再次见到他，我再也不信任他了"看，可知 prize specimen 在此处并非表示赞美，因而译作"模范"不合适，不妨在 prize specimen 前加上 so-called 而将 prize specimen，译作"奇葩"。

（11）They treat him as though he's a nit.

如果在 nit 后加上 wit，"傻瓜"之意就明显了。整句译作：他们把他当傻瓜。

（12）Beauty is truth, truth beauty. 美即真，真即美。

第二个 truth 后省略系动词 is。

（13）One man, no man.

One man 之后，省略 means。故整句译作：一个人意味着没有人。可转义为：个人是渺小的。

（14）It depends. 视情况而定。

句后省略了 on circumstances，可根据上下文具体情况来确定具体内容。

（15）Jones the milk.（＝Jones who sells milk.）卖牛奶的琼斯。

Jones the post.（＝Jones, the postman.）邮差琼斯。

John the school.（＝John, the schoolmaster.）校长约翰。

（16）They play Shakespeare.（＝They act a play by Shakespeare.）他们表演莎士比亚的戏剧。

（17）He would sleep in no other.

因有 sleep，可见 other 之后省去 room。译作：他不愿在别的房间睡。

（18）Beauty is like a rich stone, best plain set. 美貌像宝石，不用装饰最好。

plain set is best 倒装之后省略 is。

（19）The biter bit!

过去分词之前往往省去系动词，应当作被动式来理解，译作：骗人者反被人骗，害人反害己。

（20）Bet!

Bet 前省去 I，Bet 后省去 you。译作：确实！／一定！

（21）He put on his hat wrong side to.

句后省了 his head。整句解作：他帽子戴得帽檐朝后了。

（22）Heads I win and tails I lose. 如果是人头，我就赢，而背面则我输。

可视为 heads 前省略 if there are。

（23）With or without B?（＝Would you like your A with B or without B?）

例如，点咖啡时要糖还是不要糖，即"Would you like your coffee with sugar or without sugar?"。或者，点可乐时要冰还是不要冰，即"Would you like your cola with ice or without ice?"。

（24）What nasty weather! 鬼天气！

感叹句中常省略系动词及其主语。

（25）Hence this suggestion. 故有此建议。（hence 后省略 is。）

（26）When/If/Where（it is）necessary. 必要时。

（27）He came to（himself）. 他苏醒过来了。

（28）（The bill falls）On me! 我付钱！

（29）It is time we turned to（work）. 是我们开始工作的时候了。

（30）We were close to（the place）where it happened. 我们在事故发生地的附近。

（31）The door flung to（itself）. 门自动关上。

（32）Three hundred men are on（the job）today. 今天有 300 人上了工。

（33）（It is）Not quite the thing（you should do）. 这样做是不太妥当的。

（34）（There is）Nothing（which）our country has not. 我们国家什么东西都有。

（35）（So much for that.）Now（we stay）for a cup of tea.（那个问题解决了.）现在喝茶吧。

（36）（Do you）Get it?（＝Do you understand?）你懂吗?

（37）Nothing doing! 不行!

（38）I know what（is to be done）! 我知道应该做什么事情!

（39）It boots（me）not. 对我毫无好处。

（40）Club in（his hand），the policeman ran after the thief. 手拿着棍棒的警察追捕小偷。

（41）What day（of the week）is（it）today? 今天是星期几?

（42）What day of the month is（it）today?（＝What's the date today?）今天几号?

（43）Of whom more（will be said）later on. 关于某人，下回再说。

（44）I am through（with）asking questions. 要问的问题，我已问完了。

（45）What's the good（of）bragging? 瞎吹有什么用?

3.13.2　上文相同或有关的词语的省略

注意是否有与上文相同的省略词语，或与上文情景有关的词语。

（1）A：Don't you have to speak quickly in class? 你上课不需要说快点儿吗?

B：We can if we want to, but, of course, we're not obliged to.（＝We can if we want to speak quickly, but, of course, we're not obliged to speak quickly.）

可从前面问句中知道答句中省略了 speak quickly。故译作：如果我们想说快，我们是能说得快的，当然，我们不一定要这样做。

（2）We left him with his pipe and sports.（＝We left him with his pipe and with sports.）

从 and 的并列结构中可以看出 and 连接两个介词 with，故译作：我们留他一个人在那边抽着烟斗，想着体育问题。

（3）Do as I say, not as I do.（＝Do as I say, not do as I do.）照我说的做，别照我做的做。

（4）Laugh those that can, weep those that may.

can 与 may 之后省去了与前面相同的词，即省去 laugh 与 weep。故译作：笑那些可笑的人，为那些可能会哭的人而哭。

（5）You'd better take your raincoat, just in case.

in case 之后，视上下文情况而补加 it rains，便可将此句译作：你最好带着雨衣，以防下雨。

3.13.3　科技文章中的省略

注意科技文章中有时注释性文字不一定是句子，而是词组，特别是在词典中为了节省篇幅，以致省略了谓语中的动词"是"，而只写出过去分词，且往往有被动意义。

The energy <u>associated</u> with electric charges and their movements. <u>Measured</u> in watt-hours or kilowatt-hours. One watt-hour equals 860 calories.

句中 associated 和 measured 都是过去分词，而不是过去时态。associated 前省略了 is，measured 前省略了 the energy is。故整句译作：由电荷和电荷运动结合而成的能量，以瓦时或千瓦时计量，1 瓦时等于 860 卡。

3.13.4　虚拟语气倒装句中的省略

注意助动词 should、were、had、could 或 did 在主语之前而省略 if 的这类虚拟句式。

（1）Should you（＝If you should）meet it, you would beat it. 万一你遇到它，你会打它。

（2）Did I see her（＝If I did see her）, I would blame her for it. 如果我看见她，我会为此责备她。

3.13.5　"副词＋with＋名词"结构中的省略

注意某些表示运动方向的副词，如 "away/off/on/up/down ＋ with ＋ 名词" 结构省略了谓语动词。

<u>Off with</u> your <u>cap</u>!（＝Take off your cap!）摘下你的帽子。

3.13.6　可省略 can 的情况

can 其后的 speak、remember、play 或 understand 表示说某种语言的能力，或者演奏乐器和玩游戏的能力时，can 可省略。

（1）She speaks（＝can speak）Russian. 她会讲俄语。

（2）Do you play the piano?（＝Can you play the piano?）你会弹钢琴吗?

3.13.7　所有格的省略情况

（1）He is a friend of my brother's（friends）.（＝He is one of my brother's friends.）他是我哥哥的一个朋友。

不能说 "He is a friend of my brother."。

（2）They visited St. Paul's（Cathedral）. 他们参观了圣保罗大教堂。

3.13.8　广告中的省略

Comfort! Everything! 舒适！样样好！

3.13.9　祈使句中成分的省略

（1）Be considerate! 体贴一点！

（2）Pray be seated. 请坐。

（3）Don't spare yourself! 勿放宽自己！/严格要求自己！

（4）For details, inquire within. 欲知详情，请入内询问。

（5）A cup of tea, please. 请给我一杯茶。

（6）Drink him!（＝Drink to his health!）为他的健康干杯！

（7）Go it! 加油干呀！

（8）Rough it! 艰苦地过吧！

（9）Take it! 拿着吧！受着吧！

（10）Anyone, say John, could do it.（＝Anyone, let's say John, could do it.）无论哪一位，比方说约翰，都能做得了。

3.13.10　避免省略不当

省略句需要遵守语法规则，不能影响句子结构，同时也要避免因为省略造成歧义。

（1）I have never abused and will never abuse my comrades. 我从未虐待过，也永远不会虐待我的同志。

abused 及 abuse 都不能省略，因其时态各不相同。

（2）I get up and get dressed. 我起床，穿衣服。

由于两个 get 的意义各有不同，get 不能省略。

（3）She is diligent and is respected by us. 她很勤奋，受到我们的尊敬。

因 is 的作用各有不同，故不能省。

以下（4）和（5）两句中第二个 to 不能省，因前后两个不定式有对比关系。

（4）He is free to go home or to stay here. 他可以自由回家或留在这里。

（5）To try and fail is better than not to try at all. 尝试后失败比根本不尝试好。

有时省略不当可能会使句子有歧义。

（6）"Jack will interview some candidates this morning and John this afternoon." 可以理解为 "Jack will interview some candidates this morning and John will interview some candidates this afternoon（杰克今早将会见一些候选人，而约翰则于今天下午会见他们）." 或

"Jack will interview some candidates this morning and will interview John this afternoon（杰克今早将会见一些候选人而今天下午又将会见约翰）."。

3.13.11　并列结构中的省略现象

1）在并列结构中，可省略句子中前后相同的主语、谓语、宾语、地点状语、定语的中心词、作状语的关联词、冠词及不定式。

（1）She can（demand repayment）and（she）will demand repayment. 她可以而且也会要求偿还。

（2）Matters consist of molecules，and molecules（consist）of atoms. 物质由分子构成，而分子由原子构成。

（3）We are anxious to learn from other countries and（to）share their experiences. 我们渴望向其他国家学习并分享他们的经验。

（4）I have finished and Jack has（finished）too. 我完成了，杰克也完成了。

（5）We noticed how Jack talked to them and（how）they answered him. 我们注意到杰克是如何与他们交谈的，以及他们是如何回答的。

（6）I should like to fry chicken，but do you know how（to do it）？我想炒鸡肉，但你知道怎么做吗？

（7）Jack came in first in one race yesterday and（he came in first in）one（race）today. 杰克昨天在一场比赛中得了第一，今天在一场比赛中又得了第一。

（8）The men and（the）women are sitting at the table. 一堆男女坐在桌子旁。

（9）My husband and（my）children are all out. 我的丈夫和孩子们都出去了。

（10）She washes（her own skirts）and irons her own skirts. 她自己洗且自己熨裙子。

（11）He works（in Shanghai），and his brother studies，in Shanghai. 他在上海工作，他的兄弟在上海学习。

（12）Not only young（men）but also old men were invited. 不仅邀请了年轻人，还邀请了老年人。

（13）The sum of（normal distributions）or difference between normal distributions is also a normal distribution. 正态分布之和或差也是正态分布。

（14）They want to begin the work at once，but we don't want to（begin the work at once）. 他们想马上开始工作，但我们不想。

2）并列句有时省略表语。

（1）在并列句中，若前面有 be，而后面不是 be，则可省略前面的表语。

A. He was（angry），and she certainly seemed angry. 他很生气，她看上去也很生气。

B. He is（a teacher），and his son will also be a teacher. 他是一名教师，他的儿子也将成为一名教师。

（2）在并列句中，若后面有动词 be，则可省略前面或后面的表语。

Jack seemed angry and George certainly <u>was</u>（angry）. 杰克似乎生气了，而乔治肯定是生气了。

3）并列连词 and 所连接的前后成分，若其中有相同词汇时也可存有省略现象。

（1）The boys（studying at this school）and（the）girls <u>studying at this school</u> help one another. 在这所学校学习的男生和女生互相帮助。

（2）The speed formula is $v = s/t$, where v <u>stands for</u> the speed, s（stands for）the distance, and t（stands for）the time. 求速度公式是 $v = s/t$。式中 v 代表速度，s 代表距离，t 代表时间。

由于…not only…but also… 带强调意义，它所连的成分不能省略。

（3）His grade is based <u>not only on how</u> well you do, <u>but also on how</u> you participate in class. 他的评分不仅取决于你的表现，还取决于你在课堂上的参与度。

4）后句用 neither、either、nor、so、too 引出时，常出现省略或代替现象。

（1）Jack doesn't like babies, <u>neither/nor does</u> John. 杰克不喜欢婴儿，约翰也不喜欢。

（2）Jack won't be a doctor, <u>neither/nor will</u> John. 杰克不会当医生，约翰也不会。

（3）They agree to work, <u>so do</u> I. 他们同意工作，我也同意。

5）并列连词如 and，若在 so、then、yet 等之前，可省略。

We want him to learn to drive,（and）yet he won't pay for the lessons. 我们想让他学开车，但他不肯付钱上课。

6）多个名词、形容词等并列时，可省略前面相同的连词或介词。

（1）I've got two pens, a shirt, a book and some magazines.（= I've got two pens, <u>and</u> a shirt, <u>and</u> a book and some magazines.）我有 2 支钢笔，1 件衬衫，1 本书和一些杂志。

（2）We'd like it to be red, white, or gray.（= We'd like it to be red, <u>or</u> white, or gray.）我们希望它是红色、白色或灰色的。

（3）We've heard and read about their adventures.（= We've heard <u>about</u> and read about their adventures.）我们听说过，也读过他们的冒险经历。

在书面语中，若列举的事物举之不尽时，连词常省略。

（4）The woods were alive with the call of blackbirds, thrushes, finches,（and）woodpigeons. 山鸟啦，画眉啦，金翅雀啦，野鸽啦，叽叽喳喳叫个不停，树林一片生机。

3.13.12 定语从句中的省略现象

1）关系代词在定语从句中作为宾语或表语时的省略情况。

（1）关系代词在定语从句中作为宾语或表语时可省略。

A. This is the boy（whom）I gave the book <u>to</u>.（此处的 to 不能省略。）这就是我给他书的男孩。

B. She is not the woman（whom）she once was. 她再不是从前的那一个人了。

C. She asked the teacher（whom）I referred to to give us a lecture.（此句有 2 个 to。）她请我提到的那位老师给我们讲课。

（2）当关系代词做介词宾语，而介词又前置时，关系代词不能省略。

This is the boy to whom I gave the book. 这就是我给他书的男孩。

（3）在非限制性定语从句中，作为宾语的关系代词不能省略。

Mr. Green，whom you know, is the tallest in our class. 格林先生，你也认识的，是我们班上最高的。

2）关系代词在定语从句中作为主语时，一般不能省略，但特殊情况时可以省略。

I don't know the way that/which leads to the top of the mountains.（关系代词作为主语，不能省略）我不知道通往山顶的路。

（1）当主句是 it is、here is/are、that is 或 there be 结构时，在定语从句中作为主语的关系代词可以省略。

A. Here is a book（that）will tell you how to do it. 这里有一本书，（它）会告诉你怎么做。

B. That's all（that）is today's homework. 这就是今天的全部作业。

C. There is a teacher here（who）can speak Spanish. 这里有一位会说西班牙语的老师。

（2）当定语从句为 there be 结构时，在定语从句中作为主语的关系代词可以省略。

A. We want the best（that）there is. 我们要最好的。

B. We have read all the books（that）there are on this subject. 我们已经读完所有关于这个主题的书。

3）关系词在定语从句中作为状语，且先行词是 day、month、time、the minute、year、moment、once、immediately、reason、directly、way、place 时，关系词 that、in which、when、where 或 why 可省略。

（1）I'm fascinated by the way（in which/that）he works. 我被他的工作方式迷住了。

（2）Let me know immediately（that）he comes. 他一来就通知我。

（3）It is high time（when）she gave a definite answer. 该是她给出明确答复的时候了。

（4）This is the way（that/in which）it happened. 事情就是这样发生的。

（5）That's the reason（why/for which/that）he came. 那就是他来的原因。

（6）This is the place（where）they met yesterday. 这就是他们昨天见面的地方。

4）用 as 引出的定语从句多是省略句。

This travels at the same speed as that（does）. 这个和那个以同样的速度行进。

3.13.13 状语从句中的省略现象

1）状语从句的主语是 it 或与主句主语相同时，可省略从句的主语和 be 动词。

（1）Wherever（it was）possible, we planted cauliflowers. 只要有可能，我们就种菜花。

（2）Jane often helped her classmates when（she was）free. 简一有空就帮助她的同学。

（3）以 because 或 since 引出的状语从句，主语虽一致，但不能省略从句成分。

We have made many friends since we have lived here. 自从我们住在这里，我们交了许多朋友。

2）比较状语从句中与句子前面相同的部分常可省略。

（1）We speak English better than they（speak English）. 我们的英语说得比他们好。

（2）He can tell you about it better than I can（tell you about it）. 这件事他比我更能告诉你。

（3）He is better today than（he was）when I wrote you last year. 他今天比我去年给你写信时好多了。

3）比较状语从句中的宾语是从句时，可省略。

（1）Jack caught more fish than I expected（that he would catch）. 杰克钓到的鱼比我预想的多。

（2）The scarcer the goods（are）, the more expensive（they are）. 商品越稀缺，就越贵。

4）than 后比较状语从句的主语 what 可省略。

He won more support than（what）might have been expected. 他赢得的支持比预期的要多。

5）条件状语从句或由 as 引出的比较状语从句的表语可省略。

（1）I'm happy if you are（happy）. 你快乐，我也快乐。

（2）Shakespeare was the author of *Macbeth*, as he was（the author）of *Julius Caesar*. 莎士比亚是《麦克白》的作者，正如他是《恺撒大帝》的作者。

对比：

（1）状语从句中的宾语通常不省略。

James enjoys the film more than Jane enjoys it. 詹姆斯比简更喜欢这部电影。

（2）比较状语从句中的介词多不省略。

It is colder in Peking than in Shanghai. 北京比上海冷。

than 后的不定式、分词、动名词多不省略。

（1）I find it easier to work than to be idle. 我发现工作比闲着容易。

（2）It is easier said than done. 说起来容易做起来难。

（3）原因状语从句、目的状语从句或结果状语从句的主语 it 通常不能省略。

The cloud was so big that <u>it</u> was easy to see. 云很大，很容易看到。

6）让步状语从句的 be 在句首时，可省略连词。

<u>Be</u> the problems easy or difficult, this method applies. （ = <u>Whether</u> the problems are easy or difficult, this method applies.）不论问题是容易还是困难，这个方法都是适用的。

3. 13. 14　可省略 should 的虚拟语气

表示"希望、命令、必要性"的虚拟语气的主语从句或宾语从句中，可省略 should。

（1）He ordered that they（should）be made of synthetic materials. 他下令用合成材料制造它们。

（2）"It is + 形容词 + that…（should）+ 动词原形"。

It is essential that we（should）tell her the news. 我们有必要告诉她这个消息。

3. 13. 15　在及物动词后引导宾语从句的 that 往往可省去

They said（that）the meeting would be held. 他们说将举行会议。

3. 13. 16　介词的省略

1）表示时间的名词前后若有单词或词组，如 ago（以前）、before（之前）、after（之后）、about（大约）、today（今天）、tomorrow（明天）、tomorrow night（明天晚上）、yesterday（昨天）、yesterday evening（昨天晚上）、last night（昨晚）、later（后来）、afterwards（后来）、the night before last（前天晚上）、the day after tomorrow（后天）、two nights from tonight（后天晚上）、any（任何）、each（每个）、every（每个）、last（上一个）、next（下一个）、some（一些）、this（这个）、these（这些）、that（那个）、one（1）、all（所有）、the other（另一个）、the following（之后的）、several times（几次）、each time（每次）、three days（3 天）、the whole time（整个时间）、a lot of time（很多时间）、all the time（一直）、four days running（一连 4 天）、three days straight（连续3 天）、this Sunday（ = the coming Sunday，译作"这个周日"）、first（of all）（首先）、the first day（第一天）等，则其前的介词省略。

（1）…<u>one</u> afternoon，译作"……一个下午"。

（2）They go to the seaside <u>every summer</u>. 他们每年夏天都去海边。

（3）We saw him <u>the February before last</u>. 我们在前年 2 月见过他。

（4）They swam <u>the day before yesterday</u>. 他们前天游泳了。

（5）I saw him <u>the day after his birthday</u>. 我在他生日后一天见他了。

（6）We shall visit him <u>the following summer</u>. 我们明年夏天会去看他。

（7）I saw him <u>the other day</u>. 我那天看到他。

（8）I saw him <u>every other day</u>（＝every second day/every two days）. 我每隔1天见他1次。

（9）There are buses to the park <u>every ten minutes</u>. 每隔10分钟就有公共汽车去公园。

（10）I called on Mr. Wang <u>last Sunday</u>. 我上星期天拜访了王先生。

但以下词组中的介词不能省略：at times（有时）、at any time（随时）、at any given time（在任何特定的时间）、at meal time（用餐时间）、at other times（在其他时候）、at the same time（同时）、at the right time（在适当时候）、at all time（随时）、at our time（在我们这个时代）、at that moment（在那时候）、at the moment（目前）、at this critical moment（在这个关键时刻）、at the appointed hour（在指定时间）、at an unearthly hour（很早，过分地早）、at the end of four days（4天后）、at the end of the week（在周末）、at the weekend（在周末）、at midsummer（在仲夏）、at daylight（黎明）、at the crack of dawn（破晓）、at dawn（黎明）、at sunrise（日出时）、at sunset（日落时）、at noon（中午）、at midday（在正午）、at nightfall（傍晚）、at dusk（黄昏）、at twilight（黎明或黄昏）、at night（在夜间）、at midnight（在午夜）、at parting（分别时）、at that remote period（在太古时代）、at Christmas（圣诞节前后几天）、at Spring Festival（在春节）、at New Year（在新年）、for a moment（一会儿）、for a long time（很久）、in the meantime（在此期间）、in due time（在适当的时候）、in half the time（在一半的时间）、in the day-time（在白天）、in the night-time（在夜间）、in a week's time（1周的时间）、in a moment（一会儿）、in the small hours of the morning（凌晨时分）、in the middle of the afternoon（下午3点左右）、in the middle of the night（在半夜）、in these days（在这些日子里）、in those days（在那些日子里）、on that day（在那一天）、on Christmas Day（圣诞节当日）、on a cold autumn day（在一个寒冷的秋日）、on alternate days（隔日）、on the next morning（第二天早上）、on a summer evening（在夏天的一个夜晚）、on this occasion（在这种情况下）、on that occasion（在那种情况下）。

2）可省略，也可不省略介词 in 的短语。

短语 be busy（in）doing、have difficulty/trouble（in）doing、spend…（in）doing、have a good time（in）doing 中可省略或不省略介词 in。

They have no difficulty（in）finding friends. 他们找朋友没困难。

3）表达"坐几等交通工具"时不加介词，但表达"坐船，坐车，坐飞机"需要加介词，如 by boat、by train、by plane 等。

（1）We always <u>travel third class</u>. 我们总是坐三等舱旅行。

对比：口语中，有时动词也可省略。

（2）We always <u>third-class it</u> when we travel. 我们总是坐三等舱旅行。

（3）We always <u>take a third-class car</u>. 我们总是坐三等车。

4）在接有疑问意思的句子里，who、which、what、where、when、why、whether 或 how 前面的介词常省略。

Tell me（about）where you went. 告诉我你去了哪儿？

5）"be + of + 度量名词"结构中 of 的省略。

口语中，尤其是在 the same 前，of 常省略。常见的度量名词有 length、height、depth、width、distance、weight、area、volume、size、shape、type、kind、sort、color、age、hardness、thickness 等。

（1）I'm（of）your age. 我的年龄和你的一样。

（2）The two ropes are（of）the same length. 这两根绳子一样长。

6）"it is（+ of）+ no use doing"结构中的 of 常省略。

（1）It's（of）no use complaining. 抱怨没有用。

（2）It's no use crying over spilt milk. 覆水难收。

7）"不定代词 +（of + 限定词）+ 名词"结构中，both、all 后可以省略 of 直接加限定词。

All of my students are smart.（= All my students are smart.）我所有的学生都很聪明。

3. 13. 17　不定式的省略

1）在 let、make、have 等使役动词后用作宾语补足语的不定式必须省略 to。但使役动词用于被动语态时，其后的不定式必须带 to。

（1）Let me do that. 让我来做。

（2）They were made to work day and night. 他们被迫日夜工作。

2）在 see、hear、observe、notice、feel、watch、listen to 等感官动词后用作宾语补足语的不定式必须省略 to。但感官动词用于被动语态时，其后的不定式必须带 to。

（1）Did you notice her leave the house? 你注意到她离开房子了吗？

（2）They were heard to break a glass. 有人听到他们打碎了一个玻璃杯。

3）动词 help 后的用作宾语或宾语补足语的不定式可以带或不带 to。但 help 用于被动语态时，其后的不定式必须带 to。

（1）He helps me（to）carry this table upstairs. 他帮我把这张桌子搬上楼。

（2）Mary was helped to overcome her fear of flying. 有人帮玛丽克服了她对飞行的恐惧。

4）介词 except 和 but 后用作宾语的不定式，如句中有 do，则不带 to；句中无 do，则带 to。

（1）He did nothing but write a letter. 他什么也没做，只是写了封信。

（2）They have no choice but to go there.（由于句中没有 do，but 之后就要加 to。）他们别无选择，只能去那里。

5）为了避免重复，want、mean、know、hope、like、love、wish、allow、be going 后

常常省略不定式，只保留不定式符号 to。

（1）I should like to <u>help you with your English studies</u>, but I don't <u>know</u> how <u>to</u>（help you with your English studies）. 我很想帮助你学习英语，但我不知道怎么做。

（2）You don't have to <u>be concerned with the project</u> if you don't <u>want</u> to. 如果你不愿意，你不必关心这个项目。

（3）I am very sorry if I <u>hurt your feelings</u>, I didn't <u>mean to</u>（hurt your feelings）. 如果我伤害了你的感情，我很抱歉，我不是故意的。

（4）Don't <u>touch the light</u> unless your mother <u>allows</u> you <u>to</u>（touch the light）. 除非你妈妈允许，否则不要碰。

6）不定式作为表语时，原则上不能省略 to。但当主语部分有动词 do 的某种形式，且此部分含有 all、all that、anything、the only thing、the first thing、the second thing、the last thing 或 what 时，用作表语的不定式可以省略 to。

（1）His aim is <u>to</u> pass the exam.（不能省略 to。）他的目标是通过考试。

（2）<u>What</u> a motor <u>does</u> is（to）change electrical energy into mechanical energy. 马达的作用是把电能转化为机械能。

（3）<u>All</u> the operator <u>did</u> was（to）turn on or off the switches. 操作员所做的只是打开或关闭开关。

（4）<u>What</u> I want to <u>do</u> is（to）take a holiday right now. 我所想的就是马上去度假。

（5）<u>The only thing</u> I can <u>do</u> is（to）help you to make up for the missed lessons. 我唯一能做的就是帮你补课。

3.13.18　分词中 being 的省略

分词中的 being 常可省略。

<u>（Being）</u>Tired with the work, he went out for a walk. 工作累了，他出去散步了。

3.14　语序

3.14.1　语序影响词句意义

1）注意定语在前还是后。

中文中定语多是在它的中心词的前面，而在英语中，用从句或词组作为定语时则往往放在它的中心词之后。因此，感到语意费解时，可尝试颠倒一下语序。

（1）a story <u>without words</u>，介词词组 without words 后置修饰 story，译作"无字的故事，图画故事"。

（2）the house to let，不定式 to let 后置修饰 house，译作"待出租的房子"。

（3）There's always work that mustn't be neglected.

定语从句修饰中心词 work，译作：总是有些不可疏忽的工作。

（4）He smiled as who should say，"Well done！"

译作：他笑了，像要说："做得好！"

（5）The deuce he isn't.

把语序颠倒过来，译作：他不是才见鬼哩。

（6）Worse cannot happen.

把语序颠倒过来，译作：不可能发生更糟的事情。

（7）Know something of everything and everything of something.

由于 of everything 在 something 之后作为定语，故汉译时将之放于前而译作"对每件事"；此外，其后的 of something 作为定语修饰 everything，故汉译时也将之放在前而译作"对某一事"，更由于动词原形 know 在句首，可见句子具有祈使语气。故整句应译作：对每件事都应知其大略，而对某一事则应全部皆知/通百艺而专一长。

2）不同语序的词句，会有不同的译法。

（1）men of millions（富有者），对比：millions of men（几百万人）。

（2）Lesson One（第一课），对比：one lesson（1 节课）。

（3）There is no smoke without fire. 无风不起浪（比喻事出有因）。

对比：There is no fire without smoke. 没有不冒烟的火/有火必有烟（比喻凡事有利必有弊）。

（4）three square meters（ = 3 m^2，3 平方米），对比：three meters square〔3 米的平方，$(3 m)^2$，即 9 平方米。〕

（5）forty thousand odd pupils，译作"40 000 多名学生"。odd 修饰 forty thousand，因此，是 40 000 多一点。

对比：forty odd thousand pupils，译作"40 000 ～ 50 000 名学生"。odd 修饰 forty，因此，是 40 000 ～ 50 000。

（6）He is a family man. 他是一个有家室的人。

对比：He always behaves as a man of family. 他总是表现得像一个名门子弟。

（7）a kind of tea，译作"一种茶"。

对比：tea of a kind，译作"劣质茶"。kind 是单数时，有贬义，表示质量低劣。

若 kind 是复数时，则语序虽不相同但意义一样。all kinds of（ = of all kinds），译作"各种各样的"。

（8）a jug of milk，译作"一壶牛奶"。

对比：a milk-jug，译作"一个牛奶壶"。

（9）He saw the king himself. 他看到国王本人。

对比：He himself saw the king. 他本人看到国王。

（10）Anyhow, she works. 不管怎样，她总算工作了。

对比：She works anyhow. 她马马虎虎地工作。

（11）You may as well take this. 你不妨收下这个。

对比：You may take this as well. 你可以把这个也收下。

（12）She must needs go at once. 她偏要立即去。

对比：She needs must go at once. 她不得不立刻去。

She shall go if needs must. 如果必须的话，她会去的。

（13）before long，译作"不久以后"。

对比：long before，译作"很久以前"。

（14）Only if you have been through such agony, will you believe it. （在句首有"only + 状语"，则主句用部分倒装，译作"只有……"）只有你受过痛苦，你才会相信。

对比：If only you had told me about it. 如果你把这事告诉我，该多好呀！

对比：If he would only come. 他如果能来该多好啊！（if only 也可以拆开使用。）

（15）They did not die happily. 他们死时不快乐，他们死得很惨。（若状语在后就否定状语。）

对比：Happily they did not die. 所幸他们没死。（若状语在前则否定谓语。）

（16）He has to stump up ＄65 for his son's debts. 他不得不为他儿子还65美元的债。

对比：He is always up a stump. 他常不知所措。

（17）She is rather a foolish woman. 她实在是个愚妇。（此时 rather 修饰名词短语。）

对比：She is a rather foolish woman. 她有点笨。（此时 rather 修饰 foolish。）

（18）Jolly（副词）beastly（形容词）！糟透了！

对比：Beastly（副词）jolly（形容词）！好极了！

（19）She simply spoke. 她只不过说说罢了。

对比：She spoke simply. 她说话直率。

（20）They saw her through. 他们对她帮助到底。

对比：They saw through her. 他们看透她的为人。

（21）The task was so easy that I got it over within one hour. 这个任务是如此的容易，以至于我1小时之内就完成了。

对比：Don't daydream! Get over it. 不要做白日梦了，忘了它吧。

（22）See you（later）. 再见。

对比：I am not feeling very well, you see. 我身子不太舒服，你知道吧（＝你瞧）。

（23）I don't really like her. 我不怎么喜欢她。

对比：I really don't like her. 我实在不喜欢她。

（24）In the shop, there is a tradesman, such as a baker or a shopkeeper. 在店里，有面包师或店主这样的买卖人。

对比：Money, as such, doesn't matter much. 金钱本身并不很重要。

（25）Much as I believe it, I won't act now. 我虽很相信，但现在我不会干。

对比：Don't thank me, I would do as much for anyone. 勿谢我，我对任何人都会同样这么做的。

（26）He had gone for good. 他永远去了，他一去不复返了。

对比：The ticket is good for 4 months. 这张票的有效期是 4 个月。

（27）The action is all over. 行动全部结束。

对比：He was aching all over. 他全身都痛。

对比：Man is the deity over all creatures. 人乃万物之灵。

（28）In all they did very hard. 总的说来，他们干得很卖力。

对比：They couldn't walk another step, they were all in. 他们一步也走不动了，他们太累了。

（29）For all her achievements, she is very modest. 尽管有所成就，但她还是很谦逊的。

对比：She is all for that. 她完全赞成。

（30）They all came that day of all days. 他们偏偏在那一天全来了。

对比：She was all of eight years old. 她足足 8 岁。

（31）She can't hold her feelings in check any longer. 她不再能控制自己的感情。

对比：We have to check in. 我们必须签到。

（32）We have some money in hand. 我们手头有些许钱。

对比：Hand in your exercise books. 交出你的练习本。

（33）We must keep in step with the times. 我们必须与时代步调一致。

对比：Step in at my brother's. 到我兄弟家串门吧。

（34）Each student in turn spoke. 每个学生轮流说话。

对比：We'll turn it in. 我们会把它上交。

（35）They have a doctor on call at any hour. 他们有随叫随到的医生。

对比：He calls on us to work hard. 他号召我们努力工作。

（36）Always have your dictionary on hand. 随时把你的词典放在手边。

对比：Hand it on to your comrade. 将它传递给你的同志。

（37）I will not remain for long. 我不会停留太久。

对比：I long for him to come back. 我渴望他回来。

（38）You are an experienced man. 你是个有经验的人。

对比：You are a man of his experience. 你是位像他那样经验丰富的人。

（39）We don't trust in God. 我们不相信上帝。

对比：She left the money to her brother to keep in trust for her children. 她将钱留给她兄弟，请他替她的子女保管。

（40）注意语序及使用不同的实词和虚词。

You have <u>the devil of a</u> temper. 你有魔鬼般的脾气。

对比：He is <u>an oyster of a</u> man（＝a man of few words）. 他是一个沉默寡言的人。

She is <u>a fine figure of a</u> woman. 她是个窈窕淑女。

（41）a week tomorrow（＝tomorrow week＝eight days hence＝one week counting from to-morrow），译作"一星期后的明天"。

3.14.2　语序影响词句表达

3.14.2.1　多层定语的顺序

多个定语修饰名词时的顺序，一般是意义越重要，关系越密切，程度越强的定语距中心词越近。一般而言，遵循的次序为："限""观""形""龄""色""国""材"。即限定词（数量、数词、形容词性物主代词、不定代词等）、外观（美丑等）、形状（或大小、高矮、胖瘦等）、年龄（或新旧）、颜色、国籍、材料、用途。

（1）all the long old white stone bridges，译作"所有又长又老的白色石桥"。

（2）a newly-built stone store house，译作"一个新建的石头仓库"。

（3）an interesting little red French oil painting，译作"一张有趣的法国红色小油画"。

（4）a small lovely girl（叙述身体特征的形容词先于表示情感和性格特征的形容词），译作"一个可爱的小女孩"。

（5）a pale anxious patient，译作"一个脸色苍白、焦虑不安的病人"。

（6）an inquisitive brown dog（表示情感和性格特征的形容词先于表示颜色的形容词），译作"一只好奇的棕色小狗"。

（7）the first three days（序数词先于基数词），译作"头3天"。

（8）a good effective method（音节较少的形容词先于音节较多的形容词），译作"一个有效的好方法"。

3.14.2.2　人称代词在句中的顺序

（1）<u>You, he, and I</u> are...，译作"你、他和我……"。

（2）<u>We, you, and they</u> are...，译作"我们、你们和他们……"。

（3）若上级对下级，或承认过失时，则 I 在前。

It was <u>I and Jack</u> that broke it. 是我和杰克弄坏的。

（4）人称代词与其他代词并列时，人称代词在前。

<u>You and I</u> and everyone else... 你、我和其他人……

3.14.2.3　方向在句中的顺序

north（北）、south（南）、east（东）和 west（西）。

3.14.2.4 表示先后次序的词

英语中常用的表示先后次序的过渡词语如下：

（1）First…then…next…and finally…，译作"首先……接下来……然后……最后……"。

（2）In the first place…In the second place…In the last place…，译作"首先……其次……最后……"。

（3）First(ly)…second(ly)…third(ly)…lastly…，译作"第一……第二……第三……最后……"。

3.14.2.5 各种成分在句中的位置

1）插入语（parenthesis）勿放在助动词与主要动词之间。

John did speak, I feel certain, on that subject before. 我可以肯定约翰以前讲过那个问题。

不可以说：John did, I feel certain, speak on that subject before。

2）名词作为宾语时可放在位置副词前或后，代词作为宾语时只能放在位置副词前。

（1）Put away these chairs. 把这些椅子放好。

（2）Put these chairs away. 把这些椅子放好。

（3）Put them away. 把它们放好。

（4）两个宾语都是人称代词时，则直接宾语在前。

Give it（直接宾语）him（间接宾语）then. 然后把它给他。

3）形容词的位置。

（1）只作为定语的形容词一般只能前置。

A. That is a golden apparatus. 那是一个金色的器具。

B. Tom is the only boy in his family. 汤姆是家里唯一的男孩。

（2）下列只做表语或宾语补足语的形容词，做定语时大多后置，一般表示状态。

A. 前缀多有 a，少数无 a 的词，如 afloat（漂浮的）、afraid（害怕的）、aghast（吃惊的）、alike（相像的）、alive（活的）、alone（孤单的）、apt（敏捷的）、ashamed（羞耻的）、asleep（睡着的）、averse（厌恶的）、awake（醒着的）、aware（知道的）、else（其他的）、worth（值得的）。

She was the only passenger alive after the accident. 她是事故中唯一幸存的乘客。

若它们本身带有修饰语，则也可用于名词前做定语。

the fast asleep children，译作"熟睡的孩子"。

a really alive student，译作"真正活跃的学生"。

B. 前缀是 a 的形容词的反义词，如 unable（不能的）。

C. 表身体状态的形容词，如 well（健康的）、unwell（不适的）、poorly（身体不舒

211

服的）、ill（生病的）、sick（恶心的）。

（3）单独的-ing 分词做定语时，多在中心词之前；而过去分词在中心词之前或之后皆可。

A. It is a very interesting book. 这是一本非常有趣的书。

B. It is a well built（过去分词）house. 这是一座建造得很好的房子。

C. He sat in a chair, with his legs crossed（过去分词）. 他跷着二郎腿，坐在椅子上。

4）各种状语的位置。

（1）时间和空间的排列一般以从小到大为序。

At 3:15 in the afternoon of May 5, 1949, he was… 1949 年 5 月 5 日下午 3:15，他……

（2）持续时间状语—频度状语—具体时间状语。

She went to stay for a day or three every month last year. 去年她每个月都去待上 1～3 天。

（3）"地点/方向＋方式＋目的＋原因＋时间"。

A. He came to China by a special plane for an official visit at the invitation of the Chinese Government in 1932. 1932 年，应中国政府邀请，他乘专机来华进行正式访问。

B. The Romans built this way（＝road）this way（＝in this direction）this way（＝in this manner）. 罗马人是以这种方式沿着这个方向修建这条路的。

（4）方式副词常在全部助动词之后。

Do you think the repair has been properly done? 你认为修理好了吗?

（5）"不及物＋副词＋介词"。

They called early on the man. 他们一早就来拜访此人。

（6）英、汉副词的语序有时大致相同。

She almost always…，译作"她几乎总是……"。

5）先行词的位置。

（1）定语从句大多紧跟先行词。

This is the house（先行词）where he lives（定语从句）. 这是他住的房子。

（2）先行词有时可与定语从句分离。

How many people does the doctor know who are dying of the disease? 医生知道有多少人死于这种疾病?

6）某些关系副词的位置。

（1）"no matter how＋形容词/副词"。

A. No matter how careful you were… 无论你多么小心……

B. No matter how hard she studied… 不管她学习多么努力……

no matter how 与 however 对比：

C. No matter how cold it is, he goes out.（＝However cold it is, he goes out.）不管天气多冷，他都出去。

D. However much she eats, she never gets fat. 不管她吃多少，她从不发胖。

错误：However she eats much, she never gets fat.

（2）"no matter if + …"。

He wanted to get to the classroom on time, <u>no matter if</u> he went without breakfast. 他就是不吃早饭也要准时赶到教室。

（3）"no matter whether + …"。

<u>(No matter) Whether</u> it is light or dark, we've decided to leave at 4. 不管天色是黑还是亮，我们已决定4时动身。

7）某些关系代词的位置。

（1）no matter what 只能引导状语从句；whatever 既可引导状语从句（= no matter what），又可引导名词性从句（= anything that）。

A. <u>No matter what</u> you say, I won't believe you. （= <u>Whatever</u> you say, I won't believe you.）不管你说什么，我都不会相信你。

B. <u>Whatever</u> he did was right. 他所做的一切都是对的。

C. You can eat <u>whatever</u>（不用 no matter what）you like. 你喜欢吃什么就吃什么。

（2）no matter who 和 no matter what 引导的从句不能做主句的主语或宾语。

A. No matter who will leave. （错误，no matter who 引导的从句不能作为主句的主语。）

应改为"<u>Whoever</u> will leave?"，译作"究竟是谁会离开?"。

B. I'll eat no matter what you give me. （错误，no matter what 引导的从句不能作为宾语。）

应改为"I'll eat <u>whatever</u> you give me."，译作：你给我什么我就吃什么。

（3）whomever 勿放在句首。

A. Whomever you may ask, you'll get the same answer. （错误。）

可改为"<u>Anyone whom</u> you may ask, you will get the same answer."，译作"你问谁都会得到相同的答案"。

B. 对比：Who（不用 Whom）else did you meet at the park? 你在公园还遇到谁?

（4）whoever。

The emperor wanted to get <u>whoever</u>（不用 whomever）he thought was most fit for his office to see how the weavers were getting along with the splendid cloth. 皇帝想找一个他认为最称职的人来看看织工们是如何织这些华丽的布的。

（5）whosever。

You can use <u>whosever</u> typewriter you like. 你喜欢用谁的打字机就用谁的。

3.14.2.6　某些单词在句中的位置

1）enough 修饰形容词或副词时，大多放在形容词或副词后；修饰名词时，放在名词前后均可。

（1）His salary is big enough for food. 他的工资够吃的。

（2）Did she study hard enough? 她学习够努力吗?

（3）enough time = time enough，译作"足够的时间"。

2）else 在疑问代词或不定代词之后。

A：What else do you want? 你还想要什么?

B：Nothing else. 没什么了。

3）other 在中心词之前。

Do they have other ways to work? 他们有其他的工作方式吗?

4）still 和 yet 位置不同。

（1）She still doesn't understand. 她还是不明白。

（2）She doesn't understand yet. 她还不明白。

5）all 和 whole 位置不同。

（1）all the students（个体名词复数），译作"所有的学生"；the whole class（集合名词），译作"全班"。

（2）all my school education = my whole school education，译作"我所有的学校教育"。

（3）all the day = the whole day，译作"一整天"。

6）whichever、whatever 和 which 的位置不同。

whichever 指同类的任何一项，whatever 指不同类的任何一项，皆可做名词、形容词，而关系代词 which 只能做名词。

（1）Take whichever book（= either of the two books/any of the books that）you like. 你喜欢哪本书就拿哪本书。

（2）You may read whatever book（= any book which）you like. 你可以读任何你喜欢的书。

（3）Whatever（= Anything that）he does is right.（有强调意义。）他做的任何事都是对的。

（4）The chair（which）I sat in was a broken one. 我坐的那把椅子是坏的。

对比：

（5）What I need is money.（what 无强调意义。）我需要的是钱。

（6）I cannot do it, not but what a stronger man might. 我不能做，不过也许更强的人能做。

（7）I can't come, not but that I'd like to. 我来不了，虽然我愿意来。

7）available、reliable、above、below、in、out、off、here、there、abroad、home、the color、"数量词短语 + old/long/high/wide/deep"作为定语时要后置。

（1）There is no data available in this area now. 目前这个地区无可用数据。

（2）This book here is hers. 这儿的这本书是她的。

（3）It is water the color of pea soup. 这是豌豆汤颜色的水。

（4）I saw them on my way home. 我在回家的路上看见他们了。

（5）He has just returned from the <u>trip abroad</u>. 他刚从国外旅行回来。

（6）It is a <u>beam one-half inch wide</u>. 这是一根半英寸宽的横梁。

（7）He is the only <u>man reliable</u>. 他是唯一可靠的人。

8）修饰 something、somebody、somewhere、anything、anybody、anyone、anywhere、nothing、nobody、everything、everybody、everyone、one 等不定代词的定语要后置。

（1）<u>Nothing unexpected</u> has happened here. 这里没有发生什么意想不到的事。

（2）I don't know <u>anybody absent</u>. 我不认识缺席的人。

（3）He doesn't know <u>anyone absent</u>. 他不认识缺席的人。

9）always、usually、often、sometimes、seldom、ever、never、almost、scarcely、rarely、hardly、soon 等频度词常在系动词、助动词或情态动词后，行为动词前。

（1）She <u>soon</u> finished. 她很快就完成了。

（2）They are <u>sometimes</u> late for work. 他们有时上班迟到。

但在简略答语中，当频度词与系动词、助动词或情态动词位于句末时，频度词应前置。

（3）A：John is late again. 约翰又迟到了。

B：Yes, he <u>always</u> is. 是的，他总是这样。

（4）A：Have you ever seen this？ 你见过这个吗？

B：No, I <u>never</u> have. 不，我从来没见过。

10）下列的特定词语，其定语固定在后。

（1）heir <u>apparent</u>，译作"当然继承人/法定继承人"。

（2）Postmaster <u>General</u>，译作"邮政总长"。

（3）court <u>martial</u>，译作"军事法庭"。

（4）sum <u>total</u>，译作"合计"。

（5）dictionary <u>proper</u>，译作"词典正文"。

（6）rent <u>due</u>，译作"应付的租金"。

（7）the speaker <u>today</u>，译作"今天的演讲者"。

（8）an ambassador <u>extraordinary and plenipotentiary</u>，译作"特命全权大使"。

（9）the Lord Mayor <u>elect</u>，译作"当选市长"。

（10）from time <u>immemorial</u>，译作"自古以来"。

（11）the Poet <u>Laureate</u>，译作"桂冠诗人"。

（12）a battle <u>royal</u>，译作"大混战，激烈的争论"。

（13）wealth <u>untold</u>，译作"数不清的财富"。

（14）work <u>done</u> factor，译作"做功系数"。

某些专有名词为了要表明它的王位、区域或时代，一般放在它的定语前，即定语后置。

（15）George <u>the Second</u>，译作"乔治二世"。

（16）Asia <u>Minor</u>，译作"小亚细亚"。

3.14.2.7　否定词 not 的位置

1）not 应在 any 前。

（1）I have not any dogs. 我没有狗。

（2）Anything…not。（错误。）

（3）Anyone did not know about it. （错误。）

（4）anywhere…not。（错误。）

对比：

（5）Anyhow（让步状语）I shall not go today. 不管怎样，我今天不去了。

对比：

（6）Each of us could not understand him. （错误。）

可改为"None of us could understand him."，译作"我们没人理解他"。

2）"…介词 + not + 宾语…"。

（1）Xiao Li was unhappy for not having been given. 小李因没有得到东西而不高兴。

（2）The tragedy is not in not knowing, but in not knowing that you don't know. 世间悲剧不在于无知，而在于不知道自己的无知。

（3）但 not 不能插入短语介词（phrasal preposition）之间，如"in not front of…"是错误的。

3）"…not + 动名词/分词/不定式…"。

（1）I regret not having taken part in the work. 我后悔没有参加工作。

对比：I do not regret having taken part in the work. 我不后悔参加工作。

（2）Not having got an answer, she wrote another letter to him. 由于没有得到回复，她又给他写了一封信。

（3）Not（being）fond of studying…，译作"不喜欢学习……"。

Being not fond of studying…（错误。）

（4）I spoke to her kindly so as not to frighten（不定式）her. 我和和气气地跟她说话，为的是不吓着她。

4）祈使句或情态动词的否定如下：

（1）Don't be afraid to do so. （祈使句。）不要害怕这样做。

（2）Let her not come. 让她不要来。

（3）Don't let them come near the edge. 不要让他们接近边缘。

（4）We ought not to do it. 我们不应该这样做。

（5）It need not be true. 这不一定是真的。

（6）We needn't take our textbooks. 我们不必带课本。

（7）I would rather not do it. 我宁愿不做。

（8）You had better（语气较强，有恫吓意，对上级人士勿用）not do it all. 你最好不要全都做。

不能说：You had not better do it all.

不能说：You had better not to do it all.

但在否定疑问句中则可以说"Had I not better wait?"或"Hadn't I better wait?"，意思是："我是不是最好等一等？"

3.14.2.8　谨记下列句型结构

1）"how/however/so/too/as + 形容词 + a + 名词"。

（1）How large a city it is! 多大的一座城市啊！

（2）However small a house it is! 不管房子有多小！

（3）That is so large a room. 那是一个很大的房间。

（4）He is as diligent a man as ever lived. 他是个勤勉不让古今的人。

（5）He is a so-called man of his word. 他就是所谓守信之人。

He is so-called a man of his word.（错误。）

以 how 在句首的句子或从句，若其后接一形容词或副词，则再后才是主语加动词谓语。

（6）I must tell you how pleased I was to receive a letter from you. 我必须告诉你，收到你的来信我是多么高兴。

不能说：I must tell you how I was pleased to receive a letter from you.

2）"quite/only/such/what + a + 形容词 + 名词"。

（1）quite a few books，译作"相当多的书"。

（2）only a few books，译作"仅几本书"。

（3）such a large city，译作"这么大的一个城市"。

（4）What a beautiful girl! 多漂亮的女孩！

3）"twice/three times + as + 原级 + as…"。

The output of our plant is three times as much as that of theirs. 我厂产量是他们的 3 倍。

对比：

（1）The output of our plant is twice more than that of theirs. 我厂产量比他们的多 2 倍。

（2）Some computers can work 500 000 times faster than any person can. 有些计算机的运算速度比人的快 500 000 倍。

（3）Wheel A turns as fast again as wheel B. A 轮比 B 轮转速快 1 倍；A 轮的转速是 B 轮的 2 倍。

4）"数词 + 量词 + 比较级 + than…"。

（1）He is two inches taller than I.（ = He is taller than I by two inches.）他比我高 2 英寸。

以 by 引介相比时的差额要放在后面，以 in 引介"相同点"或"差异点"。

（2）This shirt is similar to that one in style. 这件衬衫和那件款式相似。

（3）This movie differs from that one <u>in theme</u>. 这部电影和那部电影的主题不同。

3.14.3　部分倒装的形式与用例

1）问句用部分倒装。

（1）Jane speaks French, but <u>does Jack</u>? 简会说法语，杰克会吗？

疑问词作为主语或修饰主语时，则用顺装。

（2）<u>Who</u> is studying Chinese? 谁在学中文？

（3）<u>How many students</u> study English? 多少学生学英语？

2）句首用否定词或带否定意义的词时用部分倒装。

句首是如下否定词或带否定意义的词语时，用部分倒装：seldom（很少）、rarely（很少）、in no way（决不）、in no case（绝不）、at no time（从不）、neither（两者都不）、little（极少）、never（从不）、not only（不仅）、not（不）、by no manner of means（决不）、by no means（决不）、not for the world（无论如何也不）、not once（一次也不）、nor（也不）、under no account（绝对不）、on no account（决不）、under no circumstances（决不）、in no circumstances（在任何情况下都不）、under no consideration（绝不）、on no consideration（决不）、nowhere（没有一个地方）、barely…when（刚……就……）、hardly…when（一……就……）、scarcely…when（刚……就……）、no sooner…than…（一……就……）。

（1）<u>At no time</u> will China be the first to use nuclear weapons. 中国在任何时候都不会首先使用核武器。

对比：China will <u>at no time</u>（不在句首，故不用倒装）be the first to use nuclear weapons. 中国在任何时候都不会首先使用核武器。

（2）<u>Not</u> a word did she speak in my favor. 她没有为我说一句话。

对比：<u>Not</u> both answers can explain the reason. 并非两个答案都能解释原因。（用 no 或 not 修饰主语时，则主语、谓语不必颠倒。）

（3）<u>Not only</u> is he clever, but also he is kind. 他不仅聪明，而且善良。

（4）<u>Not only</u> can she sing, but she can dance as well. 她不仅会唱歌，而且还会跳舞。

（5）<u>Not only</u> does she sing well, but she also dances beautifully. 她不仅歌唱得好，舞跳得也很美。

（6）<u>Not until</u> we lose it, do we realize the preciousness of health.（= It is not until we lose it that we realize the preciousness of health.）直到失去健康，我们才意识到健康的珍贵。

此类强调句，须将 not 放在 until 之前，意思是"直到……才"。

<u>Not until</u> World War II did the jet plane come into use. 喷气式飞机直到第二次世界大战才投入使用。

（7）Hardly/Scarcely had he seen me before/when he ran away. 他一见到我就跑了。

（8）If he won't agree to do it, neither will she. 如果他不同意做这件事，她也不会同意。

neither、nor、either、too 的异同：

neither 用作代词时表示"两者都不"，可单独使用，也可以和 of 连用。

nor 用在倒装句中代替上文提到的情况，其前通常是否定句。

either 用作副词时放在否定的动词或形容词后，表示"也（不）"，加强语气。

too 用于肯定句。

A. Proton has a positive charge and electron a negative charge, but neutron has neither. 质子带正电荷，电子带负电荷，但中子两者都不带。

B. This book is not so good, neither is that one. 这本书不太好，那本书也不太好。

C. This book is not so good, nor is that one. 这本书不太好，那本书也不太好。

D. This book is not so good, that one is not, either. （either 作为副词时，常在句末，其前有无逗号皆可。）这本书不太好，那本书也不太好。

E. A：Do you want to see him or her? 你想见他还是她？

B：Oh, either one will do. 哦，哪个都行。

F. She likes China, too. 她也喜欢中国。

3）句首是 so、such、"only + 状语"时，用部分倒装。

（1）So happy is he that he is willing to join them. （＝He is so happy that he is willing to join them.）他很高兴，所以愿意加入他们。

（2）Janes works in a shop（and）so does Jack. 简斯在一家商店工作，杰克也是。

（3）I'm going to the meeting（and）so is John. 我在赴会途中，约翰也是。

（4）Such a good student is he that we all like him. （＝He is such a good student that we all like him.）他是个这么好的学生，我们都喜欢他。

（5）Only until he was out of prison, could his son go to school. 直到他出狱，他的儿子才能上学。

4）表示惊叹，有时可用部分倒装。

（1）Have you ever seen anyone like him! 你见过有谁像他这样子！

（2）Has he grown! 他长大啦！

5）虚拟条件句的谓语含 were、should 或 had 时，可省掉 if 用部分倒装。

Had we known about the method, we should have succeeded. （＝If we had known about the method, we should have succeeded.）如果我们知道这个方法，我们就应该成功了。

6）句型"the more…the more…"中的部分倒装。

（1）The more you read, the better you will write. （＝The more you read, the better will you write.）读得越多，写得越好。（第二个 the more 后面的句子才能倒装。）

（2）The harder she studied, the happier she felt. （＝The harder she studied, the happier did she feel. ）她越学越开心。

7）than 引导的比较状语从句有时可以部分倒装。

（1）China produces better porcelain than does any other country in the world. 中国生产的瓷器比世界上任何一个国家都好。

（2）Smith plays tennis better than does Tom. ［= Smith plays tennis better than Tom（does）.］史密斯网球打得比汤姆好。

8）让步状语从句中的倒装现象。

（1）以 as、though 引导的让步状语从句，表语、状语或谓语可提前至句首。

A. 位于句首的名词前习惯上不用冠词，即使其前有形容词修饰也不用冠词。

Child as/though he is, he knows to help others. （= Though/Although he is a child, he knows to help others.）虽然他是个孩子，但他知道帮助别人。

Little girl as/though she is, she knows so many things. 虽然她是个小女孩，但她知道很多事情。

B. Small as/though this device is, it works efficiently. 尽管这个设备很小，但它工作效率很高。

C. Much as I like you, I couldn't live with you. 我尽管很喜欢你，却不能和你在一起生活。

D. He was unable to make much progress, hard as he tried. 尽管他做了努力，却未能取得很大进步。

E. 主语后的动词通常为 may、might、would、did 等情态动词或助动词。

Try hard as he might, he couldn't solve the problem. 尽管他想方设法，却未能解决这个问题。

Lose money as I did, I got a lot of experience. 虽然亏了钱，但我得到许多经验。

（2）让步状语从句的 be 多放在前。

Be the problems easy or difficult, this method applies. （= Though the problems are easy or difficult, this method applies.）不管题目容易还是难，这种方法都是适用的。

（3）让步状语从句的主要动词可放句首。

Come what may, I will do it. （= Whatever may come, I will do it.）不管怎么样，我都会做的。

3.14.4　完全倒装的形式与用例

1）状语为方位词（如 there、here、away、up、out、down、in）放在句首，谓语动词为 go、come、be 时，用完全倒装。但主语是代词时，则不倒装。

（1）Here comes the bus. 公共汽车来了。

（2）Here it comes. 它来了。

（3）Out you come! 出来吧!

（4）In you go! 进去吧!

（5）There is said to be oil under the North Sea. （= It is said that there is oil under the North Sea.）据说北海下面有石油。

2）状语为表示地点的介词词组放在句首时用完全倒装。

（1）In this chapter will be found the answer. 在这一章将会找到答案。

（2）From the valley came a sound. 山谷里传来声音。

3）now、then、hence、thus 放在句首时用完全倒装。

（1）Now goes the car. （其中此处的 now 并非指具体时间。）现在车子开了。

（2）Thus ended the Second World War. 第二次世界大战就这样结束了。

4）表语放在句首时用完全倒装。

（1）Great have been our achievements since 1980. 1980 年以来，我们的成就是巨大的。

（2）Such is the case. 情况就是这样。/确实如此。

（3）Very important in farmer's life is the radio weather report. 在农民的日常生活中，无线电台的气象报告是极为重要的。

（4）Blessed are those who suffer. 受苦之人有福。

（5）Gone forever are the days. 日子一去不复返。

（6）Contained in this tiny chip are more than 200 components. 这块微小的芯片包含200 多个组件。

5）有直接引语的主句用完全倒装。

"They must be at home," said Jack. "他们一定在家"，杰克说。

6）句型 "the + 比较级 + 主语 + 谓语，the + 比较级 + 谓语 + 主语"。

The higher you go up, the rarer becomes the air. （= The higher you go up, the rarer the air becomes.）你爬得越高，空气变得越稀薄。

7）古英语遗留的倒装句。

（1）Mind you! （= You mind!）听着!

（2）Look you! （= You look!）注意!

3.15　词与句的强调

3.15.1　强调句

3.15.1.1　陈述句型

"It is/was + 被强调的部分 + that/who + 其他部分"。

（1）被强调的部分一般是主语、宾语或状语。

（2）被强调部分为"人"时可用 who/that，被强调部分是事物时用 that。

（3）强调句中的连接词一般只用 that 和 who，即使在强调时间状语和地点状语时也如此，that 和 who 不可省略。

（4）强调句去掉了 it is/was 和 that/who 后，对句子的完整性不造成影响，这也是与其他句子区分的一个重要标志。

I met Li Ming at the railway station yesterday. 我昨天在火车站遇见李明。

强调主语：It was I that/who met Li Ming at the railway station yesterday. 是我昨天在火车站遇见李明。

强调宾语：It was Li Ming that/who I met at the railway station yesterday. 我昨天在火车站遇见的是李明。

强调地点状语：It was at the railway station that I met Li Ming yesterday. 我昨天是在火车站遇见的李明。

强调时间状语：It was yesterday that I met Li Ming at the railway station. 是昨天我在火车站遇见了李明。

强调方式状语：It is by reason of friction that nails hold in wood. 正是由于摩擦力，钉子才能钉住木头。

3.15.1.2　一般疑问句型

"Is/Was + it + 被强调的部分 + that/who + 其他部分"。

（1）Was it the new teacher that/who taught them English yesterday? 昨天是新老师教他们英语吗？

（2）Was it in 1939 that the Second World War broke out? 第二次世界大战是在1939年爆发的吗？

3.15.1.3　特殊疑问句型

"特殊疑问词（when/where/why/who/what/how）+ is/was + it + that + 其他部分"。

（1）Who was it that broke the window? 打破窗户的是谁？

（2）When was it that you called me yesterday? 你昨天给我打电话是什么时候？

（3）What is it that makes metals different from non-metals? 是什么使金属不同于非金属。

3.15.1.4　有时可用"It might be…that…"或"It must have been…that…"句型表示强调

（1）It might be his father that you're thinking of. 你想到的可能是他父亲。

（2）It must have been his brother that you saw. 你看到的一定是他的兄弟。

3.15.1.5 "not…until…" 结构的强调句型

1)"It is/was not until + 被强调部分 + that + 其他部分"。

此句型只用 until，不用 till。

（1）It was not until last year that they built the house. 直到去年他们才建了这栋房子。

（2）It was not until transistors were invented that people could make the equipment smaller. (= People could not make the equipment smaller until transistors were invented.) 直至发明了晶体管，人们才能将设备做得更小。

3.15.2 感叹句也表示强调

3.15.2.1 "How + 主语 + 谓语！"

How time flies! 光阴似箭！

3.15.2.2 "How + 形容词/副词（ + 主语 + 谓语）！"

（1）How clumsy you are! 你真笨啊！
（2）How hard he studies! 他学习真努力啊！

3.15.2.3 "How（ + 形容词）+ a/an + 单数可数名词 + （主语 + 谓语）！"

How lovely a girl she is! (= What a lovely girl she is!) 她是一个多么可爱的女孩啊！

3.15.2.4 "How + 形容词 + of + 介词宾语 + 动词不定式！"

How stupid of him to do such a thing! 他做这样的事是多么愚蠢啊！

3.15.2.5 "What + a/an（ + 形容词）+ 单数可数名词 + （主语 + 谓语）！"

（1）What a wonderful time we have had today! 今天我们玩得多开心啊！
（2）What a marvellous concert it was! (= How marvellous a concert it was!) 这场音乐会真是太棒了！

3.15.2.6 "What（ + 形容词）+ 复数可数名词或不可数名词 + （主语 + 谓语）！"

（1）What kind women they are! 她们是多么善良的女人啊！
（2）What nice music it is! 多好听的音乐啊！

3.15.3　某些结构表示强调

3.15.3.1　"名词 + to + 名词/代词" 结构表示强调

（1）Glory to the people！光荣属于人民！

（2）Good luck to you！祝你好运！

对比：

（1）Here's to Betty！为贝蒂干一杯！

（2）Here's to the new job！为新工作干杯！

3.15.3.2　"if a/an + 名词"结构表示强调

（1）She measures six feet if an inch. 她足足有 6 英尺高。

（2）She is on the wrong side of fifty if a day. 她肯定有 50 多岁了。

（3）It costs 100 000 pounds，if a penny. 它足足值 10 万镑。

（4）The kite is a mile up in the sky if a yard. 这风筝飞得足有 1 英里高。

3.15.3.3　"…and that/those（而且，并且）"结构表示强调

（1）Return to your work，and that at once. 回去干活，马上去！（强调后面部分。）

（2）I have only two watches，and those not of the best. 我只有 2 个手表，而且还不是最好的。

3.15.3.4　"not…too much"结构表示强调

I can't thank you too much. 我无论怎样感谢你都不过分。

3.15.3.5　"抽象名词 + itself（= all + 抽象名词）"结构表示"非常"

主语可以是人，也可以是物。

（1）He is diligence itself. （= He is all diligence. = He is very diligent.）他很勤奋。

（2）That problem is simplicity itself. 那个问题很简单。

3.15.4　用某些单词或短语表示强调

3.15.4.1　用助动词 do 强调其后的谓语动词

1）用助动词 do 可强调其后的谓语动词。

（1）He did do this work well. 他工作确实做得很好。

（2）Jack <u>does look</u> well. 杰克看起来确实很好。

（3）John is bad. He <u>did do</u> number two in his pants. 约翰不乖，他把屎拉在裤子里了。

2）在第二人称祈使句中，可用 do 强调 be。

<u>Do be</u> careful in your work. 工作一定要细心。

但 be 在陈述句中则不用 do 来强调，即"He <u>does be</u> a student."为错误。

3）祈使句之前多加主语 you 可表示强调。

<u>You</u> mind your own business! 你管好你自己的事。/你少管闲事。

4）在否定祈使句中加 you，表示强调；而在肯定祈使句中加 you，表示对比。

（1）<u>Don't you</u> dare do that again! 你敢再那样做！/不要这样胆大妄为！

（2）<u>You</u> take the high road and I'll take the low road. 你走大路，我走小路。

5）谓语有助动词时，则不用 do 来强调动词。

例如，"He <u>will</u> come here."不能加 do 改为"He will do come here."表示强调。此处只用语调重读来强调。

3.15.4.2 可以表示强调的形容词或副词

可以表示强调的形容词或副词：very、much、any、only、enough、even、ever、just、right、certainly、surely、simply。

（1）You are the <u>very</u> man I am looking for. 你正是我要找的那个人。

（2）Can I <u>ever</u> forget that dreadful scene? 我忘得了那可怕的情景吗？

3.15.4.3 可以表示强调的短语

可以表示强调的短语：at all（根本，究竟）、on earth（究竟，到底）、the blazes（究竟，到底）、the devil（究竟）、the deuce（究竟）、the hell（到底，究竟）、in the world（究竟，到底）、the dickens（究竟；极了）、all too（实在太，极其）、no end（非常）、in no way（绝不）、by no means（决不）、to save my life（绝不，宁愿死也不）、from first to last（自始至终，完全，彻底）、to a day（一天也不差）、least of all（最不；尤其）、best of all（最）、for all I care（= I don't care）（与我何干）、to be sure（的确）、as good as（= almost）（几乎，差不多）、the last（最不可能的）、for good（永久地）等。

（1）Was she <u>at all</u> annoyed? 她究竟有没有生气？

（2）What <u>on earth</u> is he? 他到底是干什么的？

（3）How <u>on earth</u> would I know that the mail service would be so slow! 我怎么会知道邮政服务来得这么慢呢！

（4）How <u>the blazes</u> did he do it? 他究竟是怎么干的？

（5）What <u>the hell</u> are you doing? 你究竟在搞什么鬼？

（6）Where <u>in the world</u> did you go? 你到底去哪儿了？

（7）Where <u>the deuce</u> can the house be? 这房子究竟会在什么地方呢？

（8）What <u>the devil</u> is he? 他究竟是什么人？

对比：What <u>a devil</u> he is! 他是多么坏的一个人啊！

（9）I left Lilliput <u>for good</u>（＝forever）. 我永远离开了小人国。

（10）I won't do it <u>to save my life</u>. 我死也不会干这种事。

（11）We have stayed here for three months <u>to a day</u>. 我们在此已整整逗留 3 个月。

（12）She is 40 years old, <u>to a day</u>. （＝She is 40, if a day.）强调年龄，译作"她正好是 40 岁"。

（13）They enjoyed the concert <u>no end</u>. 他们极其欣赏那音乐会。

（14）It is a delusion <u>from first to last</u>. 这是个彻头彻尾的妄想。

（15）He may die, <u>for all I care</u>. 他死了也不关我事。

（16）I like dancing <u>least of all</u>. 我最不喜欢跳舞。

（17）He would be <u>the last</u> man to say such things. 他决不会说这种话。

（18）It doesn't matter <u>a straw</u>. 一点儿也没有关系。

3.15.4.4　"good + and + 形容词/副词"强调 and 之后的形容词或副词

"good + and + 形容词/副词"强调 and 之后的形容词或副词，句中的 good 还可以用 nice、big、fine、rare、lovely 等词替换，意思上相当于"very + 形容词/副词"。

They are <u>good and happy</u>. （＝They are very happy.）他们非常高兴。

3.15.4.5　something、anything、nothing 及 much 后加 of

something、anything、nothing 及 much 后加 of，可加强语气。

（1）Is he <u>anything of</u> a musician? 他真是位音乐家吗？

（2）He is <u>nothing of</u> a philosopher. 他根本不是哲学家。

（3）He is <u>something of</u> a physician. 他懂点医道。

（4）He is very <u>much of</u> a poet. 他大有诗人气派。

3.15.4.6　so、very、too、quite 强调形容词或副词的原级

1）so。

（1）There were <u>so many</u> things. 有很多事。

（2）We bought <u>so much</u> expensive furniture. 我们买了很多贵家具。

2）very。

（1）very 修饰形容词或副词的原级或最高级，不修饰比较级。very 不修饰现在分词和过去分词，但可修饰它们转化而来的形容词。very 不可修饰动词，不然，则应改为 very much。

He is very rich. 他很富有。

This is a very interesting book. 这是一本非常有趣的书。

不可以说：We very like you.

应改为：We like you very much. /We very much like you. 我们很喜欢你。

"very + tired/pleased/puzzled/surprised/amazed"，译作"非常疲劳/满意/迷惑/惊讶/吃惊"。

（2）very 忌与作为表语的 a-开头的形容词连用，也忌与介词词组连用。

A. 错误：He was very awake.

正确：He was wide awake. （=He was much awake.）他完全清醒了。

B. 错误：Very to my surprise, he was a police officer.

正确：Much to my surprise, he was a police officer. 使我大为吃惊的是，他是个警官。

（3）对比 much、very much、many。

A. much 修饰比较级及最高级、过去分词或动词。

He is much the richest of/among the villagers. （前后是同类名词，用 of 或 among。）他是村民中最富有的。

He is much the richest in the village. （前后是不同类名词，则用 in。）他是村里最富有的人。

I much like it. 我很喜欢它。

B. much 或 very much 可以修饰以 a-开头的表语形容词，如 "much/very much + a-like/alive/alone/awake（很相似/很活跃/很孤单/完全醒了）"。

C. much、many 多用于疑问句或否定句。

Does she earn much money？她挣很多钱吗？

D. much、many 可用于其前有 how、too、as、so、very、a great 等词的肯定句中。

I am sorry to give you so much trouble. 很抱歉给你添了这么多麻烦。

E. 若 much、many 作为主语，或修饰主语，也可用于肯定句。

Much snow has fallen. 下了很多雪。

F. 用于对比时可作为表语。

We are many, but they are few. 我们是多数，他们是少数。

3. 15. 4. 7 much、far、still、even、ever、a great deal、a lot、a little 强调形容词或副词的比较级

（1）This subject is much/still easier than the last one. 这门课比上一门容易多了。

（2）Taihu Lake is a great deal larger than the West Lake. 太湖比西湖大得多。

（3）TV news is a lot more interesting for us than printed news. 对我们来说，电视新闻比印刷新闻有趣得多。

227

3.15.4.8 感叹词表示强调

（1）Hip！Hip！Hurrah！嗨！嗨！万岁！

（2）How maddening！真令人抓狂！

（3）How romantic！真浪漫！

3.15.4.9 "诅咒语"表示强调

（1）Where's the bloody switch？那该死的开关在哪？

（2）That car's going damn（ed）fast. 那辆车开得真他妈的快。

3.15.4.10 better 有时可以放在 had 之前，表示强调

A：I promise I'll pay you back. 我保证还钱给你。

B：You better had. 你最好如此。

3.15.5 用某些修辞手法表示强调

3.15.5.1 重复法

（1）The two weavers were cheats out and out （"完全，彻底地"，多用于反面语境）. 那两个织工是彻头彻尾的骗子。

（2）He's British through and through （"完全，彻底地"，多用于正面语境）. 他是地地道道的英国人。

（3）We are confronted with a difficulty of difficulties. 我们面临着最难解决的困难。

（4）Thackery was an Englishman of Englishman. 萨克雷是个十足的英国佬。

（5）We know your ears to be the sharpest of the sharp. 我们熟知你耳尖。

（6）There are books and books. 那边书本堆积如山。

（7）You great big baby！你这傻大个儿！（不能说 "…big great…"。）

3.15.5.2 夸张法

（1）She read a thousand and one books during her life. 她一生读了无数本书。

（2）John smiled, and all the world was gay. 约翰一笑，整个世界都是欢乐的。

（3）Her eyes were as powerful as X-ray. 她的眼睛像 X 光般厉害。

3.15.5.3 对照法

Speech is silver, silence is gold. 雄辩是银，沉默是金。

3.15.5.4 渐进法

He gambled recklessly and lost <u>his friends, his family and his life</u>. 他不顾一切地去赌博，失去朋友、家人，甚至他的生命。

3.15.5.5 突降法

As a serious young man, I loved <u>Beethoven, Keats, and hot dogs</u>. (hot dogs 与前面的 Beethoven, Keats 放在一起看起来不伦不类，形成明显的"落差"。) 作为一个严肃的年轻人，我喜欢贝多芬、济慈和热狗。

3.15.5.6 反语

He sprang to his feet, flung off his coat, drew his sword, jumped upon the enemy, and <u>burped</u>. 他直跳起来，衣衫也摔了，抽出利剑蹦向敌人面前，然后打了个饱嗝。（反衬他外强中干，令人发笑。）

3.15.5.7 加"附加语"强调前面代词（主语或宾语）

（1）<u>They</u> are all the same, <u>these politicians</u>. 他们全都一样，这帮政客。

（2）<u>He</u> is carefree, <u>is John</u>. 他，就是那个约翰，是无忧无虑的。

（3）I know <u>them</u>, <u>men</u>. 我可了解他们，这些男人。

（4）<u>He</u> hasn't a chance, <u>Fred hasn't</u>. 弗雷德没有机会，他的确没有。

（5）<u>You're</u> living in the clouds, <u>you lot</u>. 你们都活在云端，你们这些人。

（6）<u>You</u> are really clever, <u>you are</u>. 你实在聪明，你确实是！

（7）<u>You've</u> gone mad, <u>you have</u>. 你变疯了，真变了！

（8）<u>He</u> likes his beer, <u>John does</u>. 约翰喜欢啤酒，他的确喜欢。

（9）<u>They</u> are very polite, <u>your children</u>. 你的孩子很有礼貌，他们的确是这样。

3.15.6 通过变换词句的形式表示强调

3.15.6.1 用被动式表示强调

His books <u>were taken</u> great care of. 他的书保管得甚好！

3.15.6.2 用进行式表示强调

She <u>was being</u> sweet. 她现在真是可爱。

3.15.6.3 用形容词作为名词可加强语气

（1）You are a <u>dear</u>. 你真乖。

（2）You are a silly. 你真蠢。

3.15.6.4　用名词复数可加强语气

It is thousand pities. 遗憾之极。

3.15.6.5　变换句型来表示客气，也属加强语气的方法之一

原句：Thank you for answering my letter. 谢谢你给我回信。

变换为 "I should like to thank you for answering my letter." 或 "May I thank you for answering my letter."。

3.15.7　表示强调的其他常见表达

（1）May you have a long happy life! 祝你幸福长寿。

（2）May you succeed! 祝你成功！

（3）Long live our country!（＝May our country live long!）祖国万岁！

（4）Much good may it do you! 但愿这对你有好处！

（5）You certainly have grown!（＝You have certainly grown.）你确实长大了！

3.16　文段的连贯与断句

3.16.1　通过联系上下文完成文段的连贯性来理解

每篇文章都是一个整体，译解时应根据上下文意思和搭配关系去推敲。文章第一段大多扼要地提出主题，写作目的或交代故事的背景、人物等，而最后一段则常概述主要内容，明确表露作者的意见或点出故事结局，故值得重视。

（1）They beat the roads. 他们拦路打劫。

They beat the woods. 他们入丛林，驱出猎物。

They beat flour. 他们搅拌面粉。

三句的动词虽然同是 beat，但由于其后所搭配的单词不同，就有不同的句义。

（2）If the aching tooth is not too far gone, he'll stop it.

stop 原意为"停止"，但根据全句意义，可译作：若这只痛牙不是全然无望，他会让它止痛的。

（3）Oh well, I'll risk it, but if the worst comes to the worst, don't blame me.

倘单从这句的字义上看，说到的只是自己，而与受话人无关。但如果结合上文，说话者说过 "I am not much of a sailor."，而受话者以 "Oh, you won't be seasick today, the sea is perfectly calm; we're sure to have a good crossing. I'll get a couple of deck chairs, up here, in the sun." 作答时，就可知说话者这一句话应译作：好吧，我就试试吧，但如果有什么三长两短的话，可别怪我。

（4）May the gates of heaven be opened at your death.

由于这句包括 gate，heaven，open，your death 这类单词，倘全照此句字面意义译作"让天堂的门等待您的死亡"，则像是咒骂别人快要死了之意。但接上文"You have behaved with so much kindness."这么一句来看，显然整个文段并不含恶意，故应译作：（你行为如此仁慈高尚），就让天堂的门为你的来访而迎候吧。

（5）There was a weak attempt at applause, but it died early.

由于上文提及鼓掌，故下文 died 译作"停止"。整句译作：有人勉强地鼓了一下掌，但很快便停止。

（6）He was turned to stone.

由于上文描述过存在一件可怕的事情，故此句可译作：他吓呆了。如不看上文，而单纯根据字面来译作"他变成了石头"就不通了。

（7）No fellow in his senses would do such a thing!

虽然 senses 在词典中有"感官、理性、意义、舆论、思虑、意识、感觉、本性"等几种含义，但根据前面 in 和它所构成的搭配关系，in his senses 译作"心智健全的"，故整句应译作：没有一个心智健全的人会干这种事儿的！

（8）Is the called party a gentleman or a lady?

本来 party 解作"党"，但从句中结构看出它是被分词 called 所修饰，而下文是 gentleman 和 lady 这类生活用语，故 the called party 应译作"受话人"。整句译作：被叫方是男士还是女士？

（9）Wait a moment, I'll do you later.

若只看这句，则很难了解句中的 do 一词是什么意思。其实它是接着对方所说"Let's see how well you can cut my hair."句中的 cut 来用的，故应解作：等一等，我稍后会替你理发。

（10）This has gradually become a common practice.

common practice 本解作"共同实践，惯例"，但按整句实际情况，本句应译作：这逐渐形成风气。

（11）They are grabbing out everywhere under all sorts of covers.

covers 本解作"盖子"，但现根据整篇文章实际，这句应译作：他们打着种种骗人的幌子到处"伸手"。

（12）The enemies began consuming their own dogs. And at last they betook themselves to the horses.

betook 本解作"到……去、委身于、专心、试行"，但现根据上文情况意义而解作"吃"。故整句应译作：敌人开始吃自己的狗。而最后，他们就连马也吃了。

（13）The papers in Japan spoke about the men having been called out on all the <u>lines</u>.

句子中 lines 的意义不明确，但由于下文有 "Soon one of the companies owning trolley lines announced…"，故才知道 lines 是指 "各线电车"，故上下文两句解作 "日本报纸报道了各线电车工人都罢了工的消息。不久，其中一个电车公司宣布……"。

3.16.2　解决结构形式与意义的矛盾

某些句子的结构与所含意义很不相同。同一个思想可有几种不同的表达方式。相反，同一种结构形式也可以有几种意思，如果不留意，就会因此造成误解。为此，有时需从说话者的表情、姿态和措辞方式等方面或从是否与事实相符去推想语句的真正含义。

3.16.2.1　注意特定的词语结构

（1）I've been <u>on my legs</u> a few days. 我病后开始走路才几天呢。

（2）She is <u>naive</u>. 她经验不足。

（3）Welcome to the <u>club</u>! 同病相怜！

（4）With your <u>leave</u>. 对不起；如蒙许可；如果您同意。（其后还有 "准备作逆耳的陈述" 之意。）

（5）He's <u>history</u>. 他是 "明日黄花" 了。

（6）He is being <u>canned</u>. 他被解雇了。

（7）We <u>challenge</u> change！我们反对变化！

（8）He is called "vertically <u>challenged</u>". 他被称为 "矮仔"。

（9）You are called "horizontally <u>challenged</u>". 你被称为 "肥肥"。

（10）He is called "physically <u>challenged</u>". 他被叫作 "残疾佬"。

（11）As all（others whom）I speak of have been.

此句似乎不通，其实译作：就像我提到过的其余人一样。

（12）What has <u>become of</u> all your mirth and gaiety? 你怎么不快乐了？

（13）He was convinced <u>beyond</u> the power of doubt that… 他毫不怀疑地相信……

（14）She <u>measured her length on the floor</u> as soon as she entered the room. 她一进房就跌倒在地板上。（"在地板上量高度" 显然与事实不符。）

（15）The work is <u>pretty well</u> finished. 这项工程快要完成了。（其实未完成。）

（16）We enjoyed <u>good cheer</u>. 我们享受盛宴。

（17）What he said is <u>falsely true</u>.（ ＝ What he said is seemingly true but actually false. ）他的话似真实假。

（18）He's calling it a <u>career</u>. 他宣告引退。

（19）She is <u>loaded</u>. 她富得很。（她很有钱。）

（20）He got a reward for his <u>defeat</u> of the enemy. 他因克敌而受赏。

（21）He suffered a <u>defeat</u>. 他遭到一次失败。

（22）He is <u>being overlooked</u> by her. 他正被她监视。

（23）We <u>overlooked</u> one tiny point. 我们忽略了一个细微之处。

（24）Through an unfortunate <u>oversight</u>, … 由于不幸的疏忽……

（25）They are under our <u>oversight</u>. 他们受到我们的照料。

（26）He is <u>available</u>. 他单身。

（27）Please <u>drink a cup or two</u>. (＝ Please drink some tea/wine, etc.) 请喝一两杯。

（28）We <u>put</u> it <u>away</u>. 我们把它收好。

（29）若遇上不同词义而有相同结构，则词义对句义的影响较大。

She is <u>eager to please</u>. 她想讨好别人。

She is <u>hard to please</u>. 很难讨好她。

3.16.2.2 注意特定的句式结构

（1）See if I do!

从结构看是祈使句，似乎是说：看我是否会做。

而实际是：我不会这样做的。

（2）Catch me!

从结构上看是祈使句式，实际意为：我可不会再干那种事了！

对比：Catch it! 受罚吧！

（3）Don't you ever weaken.

从结构看来像是疑问句，实际意为：你决不可气馁。

（4）Only don't you see. 你得明白。(＝你难道还不知道？)

（5）Remove and I'll shoot you.

虽然从结构上看本句是祈使句，但其实并非叫对方移动，而是威胁对方不要动，译作：再动一动我就射杀你！

（6）Don't tell me you are ill.

本句虽是祈使句式，但其实表示疑问，译作：不要告诉我你病了，难道你病了吗？

（7）I insist that you do it.

本句虽是陈述句式，却并非真的叙述事实，译作：我坚决要求你做。

（8）I am not going to be tested by a boy.

从结构上来看，am going to 似解作"即将"；有了 not，则似解作"将不"。但实际上 am not going to 应是"不愿让"。整句译作：我不愿让一个小孩考我。

（9）Do you have a Ph. D? 你是博士吗？

（10）She was a perfect martyr to a death of a cold. 她得了要命的伤风。

（11）You wash yourself. 你洗澡。不应说"You wash your body."。

（12）Thanks to you！拜你所赐！（＝都是你的错。）

（13）She doesn't begin to speak English. 她英语一点儿也不会说。

（14）He has no English. 他不懂英语。

（15）用不定式或改用从句可以影响主语的释义。

She is sure/certain to win. 她肯定会赢。（＝I'm sure/certain/confident that she'll win. 我确信她会赢。）

（16）有时强调句有相反意思。

It is a good workman that never blunders. 无论怎样好的工人有时都不免做错。／智者千虑，必有一失。

It is a wise father that knows his own child. 再聪明的父亲也未必了解自己的孩子。

3.16.2.3　注意说话语气的不同

与较相熟的朋友对话时应注意对方有时会故意夸张、诙谐，而与意见不合的人对话时则须防讽刺，以防词语转为相反的意义。

（1）He is an unqualified fool. 他是一个大傻瓜。

（2）It's a perfectly killing play. 那是一出令人捧腹大笑的戏。

（3）She is a regular beauty. 她是一个十足的美人。

（4）Now we shan't be long（一般用作讽刺语）！好啦！差不多啦！一切顺利！（暗示事情的终结。）

（5）They go up King Street. 他们破产了。

（6）Lucky beggar！幸运儿！

（7）Lucky you！你真走运！（表示羡慕或讽刺。）

Just our luck！（＝Oh, sugar！）糟糕！

（8）Would to heaven it were false！但愿它是假的！（其实是真的。）

（9）Gracious me！天啊！／哎呀！

（10）You are a real politician. 你真八面玲珑。

（11）Good for you！真服了你！真佩服！

（12）I wish you joy of it. 愿你走运！（反语。）

（13）I'll beat you well. 我要好好揍你一顿。

（14）He was past hunger. 他已经饿过头了。

（15）It's a bumper book. 这是一本内容空洞的大厚书。

（16）He has gone to the Lord/gone to glory. 他死了。

（17）That is a fine-toothed comb. 那是一次彻底的检查。

（18）Let's do a dry run. 让我们彩排／演习吧。

（19）She's his better half. 她是他的妻子（另一半）。

（20）They kiss and tell. 他们泄露私人信息、揭发内幕。

（21）They kissed the post. 他们吃了闭门羹。

（22）They kiss one's ass. 他们巴结某人。

（23）She passed on quietly. 她静静地走（去世）了。

（24）What good are you! 那你有什么用！

（25）His jaw dropped. 他大吃一惊。

（26）She has a rare voice! 她有一副难得的好嗓音。

I was rare and hungry. 我很饿。

I am good and tired. 我很累。

（27）I like his impudence！（反语。）他真不怕难为情！／我看你就是脸皮厚。

（28）Well, I like that！哎，亏你说得出口！／干得好事！／真出乎意料！／我不同意！

（29）He's a dark edition of his brother John. 他跟他哥哥约翰长得一模一样，不过皮肤黑一些。

（30）A：Did he cry? 他哭了吗？

B：Didn't he, just! 没哭吗，哭得很哪！

（31）He's a gentleman of the pad. 他是强盗。

（32）It's a comfort station. 这是公共厕所。

Would you like to refresh yourself? 要不要上厕所？（委婉表达。）

（33）It's his Majesty's hotel. 这是监狱。（戏谑表达。）

（34）It's in a nice fix. 进退两难，非常窘困。

They are in a pretty fix. 他们处境困难，不知如何是好。

（35）Here is a nice mess！这里真是一团糟！

（36）You're a nice fellow, I must say. 你真是个讨厌的家伙。

（37）They are nicely landed. 他们一筹莫展，毫无办法。（反语。）

（38）I like lobster but it doesn't like me. 我喜欢吃龙虾，但它不宜于我的健康（使我消化不良）。

（39）We'll give him lodgings for nothing. 我们给他地方住，不收钱。

（40）You like your joke. 不要取笑了。

（41）They are big sporting men. 他们是大赌客。

（42）Deuce a bit I care. 我毫不在乎。

I don't care for the color. 我不喜欢它的颜色。

For all I care. 与我何干？

（43）You don't say so！未必吧！

（44）Hear and tremble. 好好听着。（表示"我现在要讲啦"之意。）

（45）I'll be blest if I go. 我才不去呢！

I am blessed, if I know! 我一点儿也不知道啊！（我知道才怪呢。）

（46）I dare you to do it. 量你也不敢！

235

（47）Oh that it were so！我巴不得这样！

（48）We gave the intruders a hot welcome. 我们给予入侵者迎头痛击。

（49）There goes everything. 一切泡汤了。／一切都完了。

（50）Some hope（s）!（＝What a hope!）想得美，简直是妄想！

（51）You will be loved again! 你的爱将会得到回报！

（52）You shouldn't have done that. 你不该那么做的。

（53）She is a madam. 她是个妓院的鸨母。

（54）He is better off than you. 他比你境况好。

（55）She likes to play basketball, volleyball, table tennis and what not. 她爱玩篮球、排球、乒乓球等。

（56）He is turned of boy. 他已经不是小孩了。

（57）That is a gold-brick. 那是件赝品。

（57）You may thank yourself for that. 你真是活该。／真是自作自受。

（59）It's yellow dirt. 那是黄金。

（60）He's a crack hand. 他是个高手。

（61）Well, I declare! 怪了！／真想不到！

（62）He's the old gentleman! 他是恶魔！

（63）Quite a few students went to the football game. 有不少学生去看足球比赛了。

（64）He managed to get quite a little dignity. 他设法获得很多威严。

（65）It's all very well for you to say that but what can we do? 你说的倒蛮好，但我们能干啥？（表示讥讽口吻。）

3.16.2.4　注意搭配不同，意思相同的词组

某些词虽然用不同或甚至意义相反的词搭配，但却具相同意义，故在译解某一句子而发现与上文显然存有矛盾时，就得考虑它是否有相反解法。这类词往往与某些惯用词组的来源和意义很有关系。

（1）He's out of temper（＝in a temper）. 他发脾气。

（2）I thought the matter out（＝thought over）. 我仔细想过了。

（3）He ran against（＝ran towards）a fence. 他朝篱笆奔过去。

3.16.2.5　注意虚拟语气表达的不一定是事实

1）"…wish…动词过去式/过去完成式……"表示没能实现的愿望。

（1）We wish we knew a lot about laser. 要是我们能多懂得一些有关激光的知识就好了。（可惜我们懂得不多。）

（2）We wish you had seen the football game five years ago. 要是你们能在5年前看到足球赛就好了。（可惜你们没有看到。）

236

2）"If...过去式动词...would/should..." 表示与事实相反的愿望。

<u>If I were</u> you, I <u>would/should</u> ask him about it. 如果我是你，我就问他了。（事实上我不是你，所以我没有问他。）

3）as it were，译作"就像是，可以说是"。

（1）Li Ming is, <u>as it were</u>, a walking dictionary. 李明可以说是一部活字典。

as it is/was，译作"事实上，实际上"。

（2）<u>As it is</u>, we have been very busy these days. 其实，这些天来我们很忙。

（3）<u>As it was</u>, we did discuss the plan. 其实，我们的确讨论过这个计划。

3.16.2.6 看似不合情理，但是对的表达

（1）They all raised their <u>hands</u>. 他们全都举起了手。

hands 虽是复数，但事实上各人只举一只手。

对比：若各人都举双手，则用 their both hands。

（2）I am good <u>friends</u> with him. 我和他是好朋友。

若说成 "I am a good friend with him." 反而错误。

（3）凡名词前有 a、any、some、no、this、that 等时，则其后加 of，再加双重所有格。

A. She is <u>a</u> friend <u>of</u> my mother's. 她是我母亲的一个朋友。

B. She has <u>some</u> property <u>of her own</u>. 她有自己的财产。

C. That is <u>no</u> business <u>of yours</u>. 那不关你的事。

3.16.3 正确划分意群

句中词与词之间相互联系的紧密程度各有不同，对毫无联系的或联系得较松散的可以读断，但对联系紧密的、有习惯搭配关系的，在同一意群之内的单词就不应停顿，而应该把它们作为一个整体意义来译，否则就会理解错误。

3.16.3.1 可从意义上划分

（1）If you are apologizing for some little piece of impoliteness you say, "I beg your pardon". 倘你要为某一些小的失礼道歉，你得说"请原谅"。

应将 "If...impoliteness" 这一从句作为整个意群读断，而如果把单词分成 If you are apologizing 及 for some little piece of impoliteness you say，就会错译作：倘你在道歉，为了某些小的失礼你说。

（2）The word "there" is pronounced the same as the word "their". 单词 there 与 their 的读音相同。

如果不懂得将 the word "there" 作为一个意群，而在 the word 后读断，认为 there is

是一个意群，译作"有"，就会错译作：这个单词，有发音同于这个词"它们的"。

（3）What do you have to say?

应将 What do you have 与 to say 分开，故译作：你有什么可说的？但在"Do you have to say this?"句中，则不应把 have to say 读断，此句应译作"你必须这样说吗？"。

（4）The trees which grew all over the mountain stood yellow, green and red.

不应在 all over 之后读断，而应将 all over the mountain 作为一个意群来读，故整句译作：满山生长的那些树有黄的、绿的、红的。

（5）Tom had hopes of astonishing the picnickers with the treasure the next day.

如果按结构上来看，词组 with the treasure 似乎较接近于修饰 picnickers，但若从意义上来看，此处译作"带着财宝参加野餐的人"就比不上译作"汤姆希望第二天把财宝带去，使参加野餐的人大吃一惊"合适了。

（7）When do you think there will be a Third World War? 你认为第三次世界大战会在什么时候发生呢？

凡含有 do you think 这类句子，应把它抽出来译。不然的话，这句会错译作：你什么时候想……

（8）Some old people may live in homes for the aged. 一些老人可以住在养老院中。

若把 homes for the aged 拆散就会错译了。

3.16.3.2　可从结构上划分

某些词，若按常规语法分析，本来不只属于一个意群，但事实上却只表示一个意思。因此，若遇到难解的句义时，也可照下列结构重新划分意群，再考虑其译法。

1）"介词 + 名词 + 介词"。

（1）"in apposition to..."，译作"与……同格"。

（2）"in appreciation of..."，译作"作为……的感谢"。

2）"名词 + 介词 + 名词"。

（1）shoulder to shoulder，译作"肩并肩"（作为状语）。

（2）cash on arrival，译作"货到付款"。

（3）a poor attempt at a smile，译作"勉强一笑，苦笑"。

3）"名词 + 连词 + 名词"。

day and night，译作"日夜"（作为状语）。

4）"动词 + 名词 + 介词"。

"make an ascent of..."，译作"攀登，上升"。

5）"动词 + 介词 + 名词 + 介词"。

focus on the feeling of，译作"专注于……的感觉"。

6）"动词 + 副词/介词"。

get up，译作"起床"；look after，译作"照顾"。

7）"动词＋形容词/副词＋介词"。

（1）become aware of…，译作"发觉"。

（2）They <u>come in through</u> the cabin window. 他们靠亲戚关系发迹。

8）"形容词＋介词"。

"avid for…"，译作"渴望……"。

9）"be＋形容词（＋介词）＋动名词"。

She <u>is engaged（in）writing</u> a letter of thanks. 她忙着写感谢信。

10）"形容词＋名词"。

a dead heat，译作"不分胜负，势均力敌"。

11）"代词＋不定式"。

Yours to command，译作"顿首，再拜（是信尾表亲切而谦恭的说法。正式的说法是 Yours obedience）"。

12）"动词/名词/形容词＋不定式"。

（1）He <u>had to support</u> his mother. 他得养活妈妈。

（2）easy to get along with，译作"容易相处"。

（3）the right to vote，译作"选举权"。

3.16.3.3 可用标点符号划分

句中有引号、括号或破折号时，一般可以从它们的前后分断。

（1）If I say someone wants "to run the whole show", what do I mean? 如果我说某人想要"掌控全局，全面包办"，我是什么意思？

在"to run the whole show"引号前后分断。

（2）In（a）the action goes from one person to another. 在"（a）"中，行为动作从一个人转到另一人身上。

若不懂得在"（a）"后读断，而在 action 之后读断，则整句译不通。

（3）There's one word that you used — I wrote it down — and I'm not quite sure of its meaning. 有一个你用过的单词——我把它写下来了——但我不太懂它的含义。

可依据破折号来分断理解句子。

3.16.3.4 可用某些语法成分划分

有时，插入语、定语从句、介词词组、分词词组等可以把主语和谓语分开。

（1）Each little party of guests have their own table and every table, <u>as you see</u>, has its own lamp. 每一小群客人有他们自己的桌子，正如你所见一样，每张桌上有灯一盏。

由于 as you see 是插入语，故应将 table 与 has 连译。

（2）The difficulties <u>that the lunar explorers have to encounter</u> are incomparably greater than those that have to be faced in the endeavor to reach the summit of Mount Jolmo Lungma.

月球探险者所遇到的困难比努力登顶珠穆朗玛峰的人所面临的困难要大得多。

定语从句把主语 difficulties 和谓语 are 分隔开。

3.16.3.5 把固定词组看作一个整体

要把固定词组看作一个整体，并且将它们与其他单词区分开来。

（1）We may go off alone for a week or so in the car. 我们可以独自坐车离去一个星期左右。

不懂得把固定词组 for a week or so 与 in the car 分开，而把 so 与 in the car 连在一起作为一个词组，就会错译。

（2）He wanted to go in for a look. 他想进去看看。

若把这句的两个词组 go in 和 for a look 分成 go in for 和 a look 就会错译作"爱好一看"。

（3）She jumped on to the stage. 她跳上舞台。

She went on to the next town. 她继续前进，到下一个镇去了。

由于第一句的动词是 jumped，若与 on 连在一起译作"继续跳"，就似乎显得太勉强了，故应将 on 看成与 to 连在一起作为词组 on to 理解，这与第二句的动词 went 与 on 连在一起表示"继续"之意，有所不同。

（4）I sighted a steamer to starboard.

因为 sighted 与 to starboard 没有固定的搭配关系，所以可以在 to 之前读断，故译作"我看见一只船在我的船的右边"，而不译作"我看见一只到右边去的船"。

3.16.3.6 拆分句子以便理解

一般而言，在连词、关系代词、关系副词、动词、副词、介词或标点符号等之前拆开句子会容易理解。

（1）As she stepped down from the carriage, three men in tradesman's dress scurried away from the entrance and stood in the shadow of the wall. 当她下车时，三个穿商人衣服的人匆匆从门口跑到墙的暗处去了。（in 的介词短语修饰 three men。）

（2）He said that if he had John, who is a big man, to defend him, he was willing to see what would happen.

把 if、who、what 三个词所连接的从句 if he had John, who is a big man 及 what would happen 读断，即可知 to defend him 等于接在 John 之后，而且也可清楚地看到 what would happen 是 to see 的宾语。这样，可译作：他说如果他让那大个子约翰护卫他，他就很愿意看看会发生什么事。

（3）We find that most of the things that you want to know when you are first learning English are never in the books that teach you English.

先把三个从句 that you want to know，when you are first learning English 及 that teach you English 抽出来，就可以显示还有一个宾语从句 that most of the things are never in the books 插入句中了，这样，句义就易于理解为：我们发现，在你初次学英语的时候，你想知道的大多数东西从来都不是在教你英语的书本中的。

（4）To prevent tangling of the threads <u>place them</u> underneath presser foot of the sewing machine and <u>pull them</u> to the rear as shown in fig. 8.

从 them 这两个宾格代词中可见它前面的 place 和 pull 是动词，故可以在动词 place 和 pull 之前分拆开来，整句译作：为了防止缠线，将线放在缝纫机压脚之下，然后，把线拉向后面，如图 8 所示。

（5）When a force moves a body <u>on which it acts</u>, it is said to do work upon that body, <u>and the amount</u> of the work done is measured by the product of the force acting and the distance <u>through</u> which it moves the body.

在 on which it acts、and the amount，以及介词 through 等这些词之前读断。若句中有状语从句，一般可先译之。此句译作：对一个物体，用力使它移动时，就可以说是对该物体做功。做功多少以作用力乘物体移动的距离来计算。

（6）We must examine the relationship between work in the literary <u>and</u> artistic fields <u>and</u> work in general.

句中有两个连词 and 而没有逗号，第一个 and 连接 literary 和 artistic fields，把它们合起来解作"文艺"；而第二个 and 连接前后两个 work。故整句译作：我们必须研究文艺工作和一般工作的关系。

（7）While I was sitting in the shop of one of these merchants, <u>whose name was Bedreddin</u>, a lady, <u>richly attired and of a distinguished air, and accompanied by a girl</u>, entered the shop.

将 whose name was Bedreddin 和 richly attired and of a distinguished air, and accompanied by a girl 挪开，就可知 lady 不是 Bedreddin 的同位语，两者不是同一个人，故整句译作：当我坐在其中一位名叫 Bedreddin 的商人的店铺里时，一位装束华丽、神气十足的贵妇人由一个女伴陪着进入店内。

（8）<u>So that</u> no one should see it, we hid it carefully.

目的状语从句可放在句首，而结果状语从句则不能。故此句应译作：为了不让别人看见，我们小心地把它藏起来。而不应把"so that..."作为结果状语从句来翻译，更不应将 so 与 that 分开处理，即不应译作"因此，那么……"。

（9）It is six of one <u>and</u> half a dozen of the other.

可在连词 and 前后分断，不妨直译作：这是一者的六个而（那是）另一者的半打。也可意译作：前者与后者数目相当，半斤八两。

3.16.3.7　意群划分不同有时会造成歧义

（1）有时搭配关系不清，也就是，用不同停顿来分"意群"，会造成歧义现象。

如：My object is not to eat.

可译作：我的目的不是吃饭。（not 修饰 is。）

也可译作：我的目的是不吃饭。（not 修饰 to eat。）

（2）两个词分开写（读时则在两个词之间停顿一下）或不分开来写（读时则不停顿且后一部分不重读），有时会大不相同。

例如，blind man，译作"盲人"。

blindman（＝blind-reader/blind officer），指"邮局里专门负责辨认地址、姓名不清之邮件的邮务员"。

我父亲是一位真正的"教授"

世间的命题作文中，最常见的也许莫过于《我的父亲》了。但在我的记忆里，自从上小学以来，我从未以"我的父亲"为题写过文章。其实，我父亲宋兆鸿先生一生坎坷的经历、积极乐观的人生态度、对我学业和生涯的巨大影响，都足以被编写为一部有分量的传记。

父亲的个头并不高，身高只有 1.60 米。但在我心里，父亲却有着伟岸的身躯，他一直撑起我们的家，对我的未来寄予厚望。

父亲虽然一生辗转于不同职场，饱受过不公待遇，但从来没有怨天尤人，相反地，他一直坚信自己会做出一些贡献。和天下的父亲一样，我的父亲也望子成龙，希望我能有杰出的成就，但是他从来没有给我过高的目标和过大的压力。他善于看到我的进步，为我点滴的成绩自豪。"你已经做得很好，以后一定会很出色"，这是他常常给我的鼓励。

1928 年，父亲出生于香港，在香港受殖民统治期间的英文书院完成小学教育，这为他后来大半辈子从事英文教学事业奠定坚实的基础。太平洋战争爆发以后，为了躲避战乱，他随我爷爷和伯父们逃难回到广东鹤山乡下。由于日军侵华，爷爷家道中落，爷爷无法再负担一大群成长中的儿女的教育费用。为了减轻家庭负担，父亲只身到曲江（现在韶关市）就读豁免学费的华侨中学，不久又以全省第二名的成绩考取当时的中国海军军官学校，奔赴重庆求学参军，在民族存亡之际立志报效国家。

在军校，父亲不仅学到航海的专业知识和技能，更学会优雅的海军礼仪。他常常回忆教官培训他们时说的话："作为海军，你们出洋过海，是要代表国家的，所以一定要培养优雅的礼仪。"因此，父亲对我们生活上的细节管教得很严，尤其是餐桌礼仪。我想这也许就是他的海校情结吧。

在军校，虽然父亲的个头偏矮小，但是他的学习成绩优秀，赛跑时总能拿到冠军。他和同学们相处得很融洽，大家都亲切地称呼他为"小海军"。可惜的是，抗日战争胜利不久后，父亲便因为近视被迫辍学。父亲永远记得他离开军校的那一刻——他们正在青岛的军舰上见习，几个好朋友帮他把行李和厚重的英文航海课本从舰上用绳索吊下来。父亲就这样乘坐小艇离开他热爱的军校，离开他的朋友们，开始新的历程。

父亲一直把航海专业书带在身边。后来父亲在轮船上工作，这些书给了他很多帮助。再后来，这些书就一直保存在我家书柜里。小时候我同学来我家玩，看到那些厚厚的英文书籍，羡慕地问我："你爸爸是教授吧？"

离开军校后，父亲回到香港，在一家英国轮船公司找到一份航海工作。由于受过航海高等教育，他很快便当上英国商船上的二副，随后晋升为大副，协助船长管理轮船。

船长是英国人，而船员大多不懂英文。父亲不仅负责船务和航务，还担负船长和船员之间的沟通工作。航海很艰苦，完成一次航程要离家几个星期，但薪资不低。在20世纪40年代末的香港，父亲的月薪高达600多港元。父亲把大部分工资交给奶奶作为家用，省下一部分供他唯一的妹妹就读财会学校，让她也学点技能。我姑姑后来回忆："你父亲说，我们都是家里最小的（我父亲排行第十六，我姑姑排行第二十），父母顾不上我们的教育，只能靠自己，让我出来读个会计什么的，将来说不定有用。"姑姑凭着在财会学校学到的文化操持家庭，她的3个子女中，其中的2个子女考上了在世界排名前列的香港大学。

父亲在轮船公司工作不到3年，中华人民共和国成立了，很多海外赤子满怀希望地回到祖国。父亲打听到在广州黄埔成立的黄埔人民海校，那里需要招收大量教员，于是他辞去轮船公司的工作，告别老母亲和兄弟姐妹，回到广州，应聘于黄埔人民海校。我的五伯父，即父亲最敬重的哥哥，送父亲从香港到罗湖过关，一路上叮嘱父亲照顾好自己。没想到这一别就是30年，直到改革开放后他们才有机会重逢。

父亲在黄埔人民海校工作1年多后，学校就整体搬迁到东北大连。父亲没有随学校搬迁，而是投靠广州唯一的亲人——他的姐姐，并找到一份在中学教授英语的工作。虽然父亲并非毕业于师范学校，但教师却成为他从事了五十余年的职业，也成为他最热爱和最有成就感的事业。

为了尽快进入教师角色，父亲参加了很多期教师进修培训班，钻研外语语法和外语教学的理论知识，很快成为教学标兵、模范教师，在全市中学外语教师大会上介绍教学经验，还被抽调到市属重点高中，在当时的广州市实验中学担任英语教研组主任。20世纪50年代末，我国的外语教育从以英语为主要语种的外语教育转型为以俄语为主要语种的外语教育，父亲又得从头开始学习俄语。即便如此，父亲凭着刻苦钻研的精神，加上语言天赋的优势，其俄语水平在短期内飞速提高，很快他便当选为广州市俄语教学委员会的副主任。父亲虽然没有教过我俄语，但是他有一套很简便的方法，从小便训练我"弹舌音"。直到现在，我还熟练掌握这种特殊的弹舌方法。

父亲大半辈子都从事外语教学。从中学到业余大学，从电视大学到教师进修学院，包括外企的英语学校，他都在这些学校进行过外语教学，栽培桃李万千，积累了精辟独到的教学方法。他在管理学生方面很有一套方法。不管他走到哪里，学生们都佩服他、爱戴他，很多学生还成为他终生的朋友。遗憾的是，由于辗转多所学校，加上某些领导"忌才"，父亲虽然工作了一辈子，却连副教授都没评上。我上大学时非常仰慕学校里的教授，记得有一次和父亲顶嘴，一时冲动，讥讽他说："你连个副教授都不是。"这句话刺痛了父亲，他很介意，虽然当时没有发怒，事后却多次跟我解释他为什么没评上副教授。就为这句话，我懊悔至今。

在我们两兄弟中，父亲是偏爱我的。但他的偏爱不会让哥哥觉得不公平。父亲经常教育我们"打虎不离亲兄弟"。一家人聚在一起谈古论今的时候，父亲会讲很多历史上"兄友弟恭"的故事。因此，哥哥不但不会妒忌父亲对我的偏爱，还帮父亲照顾和教育我。哥哥常常回忆我出生的情景，那是我国第一颗人造地球卫星"东方红一号"上天的夜晚，我在家附近的卫生所出生。出生时我没有像其他婴儿那样啼哭，卫生所医生以为我呛了羊水，一下子慌了手脚。但父亲果断地抱起我，将我送至儿童医院就诊。临走前他特地吩咐哥哥："你现在有了弟弟，是哥哥了，要负起哥哥的责任，学会照顾自己，照顾弟弟哦。"然后父亲给哥哥一点钱，让他自己在回家路上买面食，便抱着我去儿童医院了。哥哥说起这些往事时，仿佛这些往事就发生在昨天。

父亲对我的教育让我终身受益。父亲教我为人处世之道，传授我英文知识，做到水乳交融，润物无声。父亲是出色的英语教师，从我记事起我便接受他精心的英语教育。他把英文日常用语和会话汇编成册，每天教我若干日常问答句。例如，他问"What's news?"，让我回答"Nothing in particular."；他又问"Would you do me a favor?"，我回答"With pleasure."。诸如此类，反复训练，形成条件反射。每天复习旧句，又添加新句。这样累积起来，我还没到上学年龄，就已经掌握上百句英语会话问答句。除了教我日常会话，他还给我灌输英语单词，把单词归类为水果、日用品等，每天教我一点。日积月累，我的词汇量就越来越多。几十年后，我终于明白父亲的教育方法是最好的，他培养我持之以恒的学习习惯。这不仅是一种良好的学习习惯，更是一种进取的人生态度，最终让我成才。

小时候物资匮乏，家里没有什么玩具。父亲便给我买了一台留声机和一套《灵格风英语》唱片。我每天玩得最有趣的游戏，就是跟着唱片"学舌"。因此，我还没看懂一个英语字母，就能跟着《灵格风英语》说出标准的英语，懂得上百句英语会话，掌握数百个英语单词。那时父亲利用晚上的时间在家里教学生，教授"灵格风英语"课程。每次开课前，我总喜欢学着父亲的样子，装模作样地把课本打开，逐句带领父亲的学生念课文。后来他们才惊讶地发现，原来我虽然看不懂英文字母，但能够出口成句。

我上小学后，父亲越发精心培养我的英语语言能力，从听力到会话，从语法到俚语，从各类英语课本到英文小说，他都悉心教导。小学功课不多，别的孩子放学后都去玩耍，父亲却要我跟着他读英文课本和英文小说。他总说，抓住零碎时间，积少成多，日久见功力。我心里委屈，常常一边哽咽一边跟他读英文。父亲见状并不心软，总是告诫我："等以后你英文高人一筹，就会发现很多事能胜人一筹。"到了我的中学阶段，每个周末和每个寒暑假，父亲都在家里系统地给我的同学和好友讲授语法知识、口语会话、美国俚语等。渐渐地，我体会到父亲的良苦用心。扎实的英文功底不仅让我在高考中占得先机，还为我打开通往世界的大门，甚至让我迈入哈佛医学院的殿堂。

父亲除了教授英语，闲暇时还常常给我们讲故事。他喜欢历史，读过大量史书。一家四口在饭桌上时，父亲总喜欢讲述历史故事，谈论人生道理。我对历史的兴趣就是这样培养起来的。父亲善于边讲故事，边说道理。直到现在，我还清晰记得父亲对很多历史故事绘声绘色的讲述。

从记事起，我就觉得父亲的藏书像一片森林，那些大部头书籍，中文的、英文的、俄文的，就像是我儿时的玩伴，陪着我慢慢长大，我熟悉它们的样子，却在多年以后才读懂它们。父亲常常说，这些书是他一生中最宝贵的财富，等他退休后有空，要从头好好再读一遍。他有句口头禅——"有书真富贵，无事小神仙"。因此，从小在我心目中，我们家虽然居住面积狭小，家境并不宽裕，若论藏书，却堪称"巨富"。

朋友们来我家，都会诧异于父亲的藏书——房子这么窄，竟然能藏下这么多书籍。他们最常问的是："这么多书，都读过吗?"是呀，古语有云"书非借不能读也"。可父亲的藏书他不仅大都读过，还留下很多心得笔记。他的读书秘诀就是他常常教导我的——每天抓住一点零碎时间，坚持多读一点书。秉承他的教诲，我也养成惜时爱书的习惯，陆续读了许多医学、文学、历史的相关书籍。

如今，驾鹤西去的父亲无法再像从前那样，对我进行各种叮咛和教诲。但是，多少回他走入我的梦里，体魄依然健壮，形象依然高大。他鼓励我快乐做人，乐观做事，教导我坚持便是胜利。我父亲是我生命中最好的导师，塑造了我的人生。我父亲是一位真正的"教授"。

宋尔卫

2023 年 5 月 18 日